本书受国家自然科学基金项目

"东西部地区产业升级及其机制比较研究"〔项目批准号（70963017）〕

经费资助出版

Economic Analysis of International Corridor

国际通道的经济学分析

张正华　史红亮／著

人民出版社

责任编辑:李椒元
装帧设计:文　冉
责任校对:余　倩

图书在版编目(CIP)数据

国际通道的经济学分析／张正华，史红亮著.-北京:人民出版社,2013.9
ISBN 978－7－01－012373－8

Ⅰ.①国…　Ⅱ.①张…　②史…　Ⅲ.①国际贸易-经济分析　Ⅳ.①F74

中国版本图书馆 CIP 数据核字(2013)第 171709 号

国际通道的经济学分析
GUOJI TONGDAO DE JINGJIXUE FENXI

张正华　史红亮　著

人 民 出 版 社 出版发行
(100706　北京市东城区隆福寺街 99 号)

北京世纪雨田印刷有限公司印刷　新华书店经销

2013 年 9 月第 1 版　2013 年 9 月北京第 1 次印刷
开本:710 毫米×1000 毫米 1/16　印张:15.5
字数:233 千字　印数:0,001－3,000 册

ISBN 978－7－01－012373－8　定价:32.00 元

邮购地址 100706　北京市东城区隆福寺街 99 号
人民东方图书销售中心　电话 (010)65250042　65289539

目　录

前　言

随着经济全球化进程不断加快,国家和地区之间的联系与合作不断加强,人、财、物及信息等各种要素在国家或地区间的流动空前加速。在经济全球化的过程中,作为国际区域间主要客货运输载体的国际通道,承担着跨国运输联系的大部分或全部任务。国际通道的可达性和便捷性为实现全球经济一体化创造了必要条件,为开展双边和多边贸易提供了更为广阔的合作空间。因此,在全球各国政治、经济与文化交流日益加强的今天,从经济学角度分析国际通道及其对区域经济发展带来的广泛影响,探讨如何加快国际通道建设就显得尤为迫切和重要。

许多学者对国际通道在一国社会经济发展过程中的重要作用进行了大量深入的研究。纵观国内外有关国际通道的研究成果,所涉及的内容十分繁杂,主要关注国际通道的区位条件以及国际通道对区域经济空间结构和社会经济发展的综合影响等方面。

本书中的"国际通道"是指在对外特定区位和特定方向上,依托公路、铁路、水运、航空、管道等交通基础设施,以大能力运输装备为技术手段,以国际通道边界口岸及通道沿途增长极城市、场站(包括海空港口)设施为连接枢纽,以双方或多方运输线路网络运行为支持,担负国家间公共和特定运输使命的双向运输系统。在研究过程中,本书以区位理论、增长极理论、点轴开发理论、聚散效应理论、产业结构调整理论以及贸易引力理论等六个与国际通道有关的经济学理论为基础,以国际通道形成和发展过程中各参与主体利益最大化的视角,研究国家、地方政府、企业以及居民在追求各自利益过程中是如何促进和推动国际通道的形成和发展。主要内容如下:

第一章为本书的绪论,阐述了国际通道的定义、分类、主要特征与功能以及相关的基本经济学理论;第二章论述了国际通道的复合区位条件及对复合区位条件进行综合评价的依据和原则;第三章主要对国际通道经济贸易过程中的资本、劳动力、技术等要素流动进行深入分析;第四章主要探讨国际通道区产业结构的演替规律,包括国际通道区产业结构演替的影响因素、阶段特征及其演替过程;第五章主要研究国际通道的边界效应,包括国际通道边界效应的测算方法、屏蔽效应、中介效应及其转化等;第六章则在构建国际通道聚散效应理论模型的基础上,对国际通道产业聚散模式以及国际通道区企业的集聚机理进行剖析;第七章通过论述点轴开发理论的形成与发展,在设计国际通道点轴开发模式的基础上,研究国际通道中的"点"所形成的驱动力;第八章阐述国际通道项目的便利性和通达性评价方法,对相关国际运输政策、协定以及国际通道运输管理体制改革的趋势进行分析;第九章对西伯利亚国际通道、新亚欧大陆桥国际通道、密西西比河国际通道、德国莱茵河国际通道、泛亚国际通道等世界著名国际通道的发展历程和产生的影响进行分析与总结;第十章基于引力模型对滇越、桂越双边贸易效应进行比较分析;第十一章则是从云南省的角度,研究"GMS"便利运输协定的实施问题。

我国地理疆界广阔,有众多与邻国相连接的国际通道,在我国加快推进"面向西南开放重要桥头堡"建设的今天,对国际通道开展经济学分析,不仅能深化国际通道理论,而且在推进我国国际通道的建设与发展,推进我国与世界其他国家或地区间开展互利合作等方面具有重要的现实意义。

本书是云南大学 211 工程(三期)资助项目"国际通道的经济学分析"的研究成果,受国家自然科学基金项目"东部地区产业升级及其机制比较研究"[项目批准号(70963017)]经费资助出版。该课题的研究一直得到云南大学发展研究院院长杨先明教授的指导。曾有几届"管理科学与工程"、"技术经济及管理"、"项目管理"专业的硕士研究生参与到本书的写作。早期参与的有张迪、谷玉、赵婷婷等研究生,后期参与的有韩腾、温小英、张龙、王凯等研究生。他们在资料收集、文字处理、部分章节撰写和校对上做了大量工作,在此,特向他(她)们一并表示感谢。本书第十一章是云南省交通运输厅委托课题《关于云南进一步实施大湄公河次区域便利货物与人员跨境运输协定的对策研究》的部分研究成果,在此特向参与该课题研究的彭智辉、陈勤彦、雷晓凌及课题组其他成员表示感谢。在写作过程中,还参阅了国内外同行的研究成果,在此特向相关著作和论文的作者表示衷心的感谢!

作　者
2013 年 8 月

第一章　国际通道绪论

全球范围内日益加深的市场化改革趋向,为区域经济一体化的发展奠定了物质和体制基础。战后各国各地区之间的分工与依赖日益加深,生产社会化、国际化程度不断提高,使各国的生产、流通及其经济活动进一步越出国界。全球经济一体化以自由贸易区、关税同盟、共同市场和经济联盟多种形式表现出来,欧盟、北美自由贸易区、亚太经合组织等经济一体化组织纷纷涌现;各国正在通过一体化组织消除商品、生产要素、资本以及技术在国家间进行流动的体制障碍,跨越双边或者多边国家边界的国际通道,作为联结不同国际区域的重要、便捷的一种或多种运输干线的组合,作为国际区域内主要客货运输的载体,承担着跨国运输联系的大部分或全部任务,国际通道的可达性和便捷性,为实现全球经济一体化创造了必要条件,为开展双边和多边贸易提供了更为广阔的合作空间。

第一节　国际通道的定义和分类

一、国际通道的定义

目前,国际运输通道还没有一个统一的定义。韦氏大词典以"横过外国领土的狭窄地带,或是连接一国一部分与他国地带或连接两国间的一部分地带",对国际通道有过一个粗略的解释。国际公共运输联盟和西德公共运输企业联盟主编的《公共运输词典》对国际通道解释为"在某一区域内,连接主要交通流发源地,有共同流向,可以有几种运输方式可供选择的宽阔地带"。美国交通工程专家威廉姆.w.海解释为"在湖泊、河流、溪谷、山脉等自然资源分布、社会经济活动模式、政治等因素的影响下而形成的客货流密集地带,通常由多种运输方式提供服务"。国际通道更多被解释为国际综合运输通道。

大陆桥作为国际综合运输通道的一种,是以铁路、公路、航空、海运、河运和管道运输以及光缆通讯相配套的横跨洲际,连接海洋,实行海陆统一直接运输的新型现代化海陆国际通道。大陆桥的主要功能是便于开展海陆联运,缩短运输里程。这一定义凸显了大陆桥的综合国际通道的物理功能。

国际通道是运输通道的一个具体类别,对其概念的定义基础必然是运输通道。一般认为只要能承担运输任务的某一道路、桥梁、水域、空域等都可以称为运输通道。综观目前运输通道的各种定义和解释,运输通道可以综合界定为"在一定区域内,联系客货流源地与目的地的交通流密集地带、相互协作的多种运输方式的综合体,其运输能力大、运输成本低,稳定承担着该区域一定规模物资和人员运输任务。"运输通道具备以下几个基本要素:①运输通道是一个运输地带,并非一条运输线路,它担负着大量重要的客货运输任务;②运输通道是连接客货流发源地与目的地的客货流密集地带,具有较强的吸引力;③运输通道具有完整的线路系统,即交通基础设施不仅包括运输线路,还包括枢纽、港口、机场以及与交通运输相配套的服务设施;④运输通道具有载体系统,即承载客货流动的运输工具;⑤运输通道具有软管理系统,即维持通道正常运作的软系统,包括相对先进的技术、设备和管理方式等。

基于运输通道的概念和特征要素,可将国际通道定义为:"国际通道"是指在对外特定区位和特定方向上,依托公路、铁路、水运、航空、管道等交通基础设施,以大能力运输装备为技术手段,以国际通道边界口岸及通道沿途增长极城市、场站(包括海空港口)设施为连接枢纽,以双方或多方运输线路网络运行为支持,担负着国家间公共和特定运输使命的双向运输系统。国际通道是承担国际交流的基础,是国家间经济联系的桥梁。

上述定义强调了国际通道的以下方面:

(一)国际通道大道定理

国际运输通道通常由多种运输方式提供服务,运输能力大,规模经济效应明显,运输成本低。国际交通运输经济带作为运输骨干,具有最优的通达性。

(二)国际通道有广阔的交通经济带

伴随国际通道的发展,依托国际交通干线,融合、集散人口、产业、城镇、物流、能流、信息流的线状空间地域综合体不断生成,并带动国际通道区域经济系统迅速发展,这种独特的空间地域综合体就是由国际通道的发展而伴生的国际通道交通经济带。

（三）国际通道的交易量要有规模

处于双方边界地带相应位置的贸易口岸的交易量是反映国际通道交易量的一个重要指标。口岸是由国家指定对外往来的门户，是国际货物运输的枢纽。相对于国内通道，国际通道的交易量更大。以我国的沿海港口为例，2011年港口吞吐量最大的前十位分别为宁波舟山港（6.91亿吨）、上海港（6.2亿吨）、天津港（4.51亿吨）、广州港（4.29亿吨）、苏州港（3.8亿吨）、青岛港（3.75亿吨）、大连港（3.38亿吨），唐山港（3.08亿吨）、秦皇岛港（2.87亿吨）、营口港（2.61亿吨）[①]。

（四）国际通道运输的国际性

国际通道运输的运距往往比较长，需要使用多种运输工具，通过多次装卸、搬运，经过许多中间环节，经由不同国家，运输业务要适应各国不同的法规，符合多个国际道路便利运输公约的要求。国际通道运输不仅涉及一个国家内的多个部门，而且还要涉及不同国家或地区的各种类型的运输参与企业、交通运输、商检机构、保险公司、银行或其他金融机构、海关、港口等管理部门。

二、国际通道的分类

由于国家间接壤地区（包括海上相邻）所属的环境、条件、地理和功能存在差异，世界上现已形成和可能形成的通道按不同分类标准可分为许多不同的形态，国际通道总的分类如表1—1所示。

表1—1　国际通道分类

通道分类标准	通道分类类别
自然地理条件	天然国际通道和人工国际通道
通道空间位置	空中通道、海上通道、陆地通道
运输方式构成	单一型运输通道和综合型运输通道
通道发展功能	一般通道和战略通道
通道的空间层次	双向运输通道和国际间公共运输通道

---

① 数据来源于上海国际航运研究中心：《全球港口发展报告2011》，2012年3月。

（一）按自然地理条件,可分为天然国际通道和人工国际通道

天然国际通道主要指自然形成的江、河、湖、海等水域中的通道,人工国际通道主要指在陆上人工开发的国际通道和人工开辟或开凿的运河通航渠道。如太平洋与大西洋的海上国际通道中,天然国际通道有德雷克海峡、麦哲伦海峡,人工国际通道有巴拿马运河。

（二）按通道的空间位置,分为空中通道、海上通道、陆地通道

空中通道是指由飞机或其他航空器进出国境、飞行频繁的地区而划定的通道。海上通道主要指海峡和连接海洋之间的大运河,如马六甲海峡、麦哲伦海峡、巴拿马运河、苏伊士运河等,一直是海上作战进行封锁或夺取的对象。陆地通道又可以细分为地形通道、陆地运输通道和管线通道三种。

（三）按运输方式构成,可分为单一型运输通道和综合型运输通道

运输方式构成反映了国际运输通道的结构类型。国际运输通道可由单运输方式干线组成,也可以由多种运输方式干线组成。单一型国际运输通道即只有一种运输方式,这种类型的国际运输通道多出现于通道的建设初期。综合型国际运输通道是多种运输方式联合而形成的运输通道,联合的方式有多种,可以是由几种运输方式并联而成,即联系同一起止点国际区域的运输方式由多种;也可以是由几种运输方式串联而成,如铁路—水路联运,铁路—水路—公路联运等;还可以是由多种运输方式混联而成,即既有并联又有串联。国际通道运输由不同运输方式组成,可以有效分配各种运输方式的建设投资,最经济地分配各种运输方式的交通量,从而达到国际通道交通运输系统的最小消耗和最大收益。

（四）按发展功能,可分为一般通道和战略通道

一般通道是指主要满足两个国家或多国(或地区)间正常贸易与人员往来运输现实需求的通道。战略通道则大多与国家安全与战略考虑紧密相关,满足特定条件、特定方向、针对特定地区和特定现实(或潜在)需求的通道。如满足于敌对势力国家或地区,形成威慑或战争力量的跨国界和联结边疆地区的运输需求。战略通道通常是世界大国之间进行战略联合或对抗而采用的,用于运送军事物资与战略物资的通道,对战争的进程、大国关系甚至格局的演变起着决定性的作用。

（五）按通道空间层次,可分为国家间双向运输通道和国际间公共运输

通道

国家间双向运输通道作为沟通两国经贸活动和人员往来的主要渠道和桥梁,有效连接资源区与市场区两个经济发展重点区域,并能直接或间接诱发加工制造业、服务业沿通道走向或通道重要节点的聚集。如果国际通道的运输效率与运输能力具有较大的优势,能吸引更为广阔地理范围上的经济要素流动,使得周边相邻国家之间的资源与市场(包括现存和诱发新生)的关系更为紧密,从而使国际通道的服务对象和利益相关方从双边向多边拓展,此时,通道的性质已演变为国际间公共运输通道。

第二节 国际通道的主要特征

国际通道与国内通道相比,其是一种跨越双边或者多边国家边界的通道,是联结不同国际区域的重要、便捷的一种或多种运输干线的组合,承担着跨国商品、生产要素运输联系的大部分或全部任务。因此,国际通道的形成与发展具有以下特征:

一、结构变化的阶段性

国际通道早期发展阶段,多数国际通道显示出高度的亲水性,在其后的发展阶段,陆运和航空运输愈益重要,目前则形成为多种模式的综合型国际通道。

基于时间维度,国际通道沿线的城市和区域的发展呈现出明显的阶段性。不同阶段的社会经济发展具有不同的运输需求,为满足这些需求就需要构筑不同服务水平的通道,因而国际通道的发展也呈现出阶段性。各阶段的顺序组合就是国际通道的时间结构。运输量在国际通道各种运输方式或路径间的分配导致国际通道内部结构的变动,也导致国际通道结构由低级形态向高级形态发展。主要表现为:①规模由小变大,即交通运输方式和路径的数目逐渐增多;②结构水平由低变高,即由劳动密集型为主的通道结构转化为以技术密集型为主的通道结构;③结构联系由疏松变紧密,即交通运输方式间的关联关系增强,在完成运输任务的过程中,由以单一运输方式为主向多式联运转变。

二、构成要素的系统性

通常情况下,各国的产业布局和人口集聚区均不会过于靠近边境线,因此对于主要承担国家间经贸活动与人员往来运输需求的国际通道,也不可能是一条孤立的封闭线路,往往基于水运、陆运、航运以及其他方式,由巨大的综合交通枢纽和多条基本平行的高效率交通干线组成,从而形成一个相对完整的运输系统,以实现国际通道的功能向其国土纵深范围扩展。因此,国际通道的交通服务设施和运输方式具有突出的系统性特征。

其次,交通运输业务的顺利完成涉及国家的安全、外交、海关、税务、检验检疫,基础设施建设和各项法规等国际事务,涉及不同类型参与主体。因此,国际通道又具有参与主体多样性和系统性特征。

三、参与主体的互利性

国际通道形成与发展和相关国家的经济与安全利益紧密相关,是相关国家意志和共同利益的产物。因此,互利“双赢”乃至“多赢”是国际通道发展的内在基础。随着通道运行效果所影响的国家间关系的变化,双方乃至多方的利益交集很可能超越单纯的运输利益与贸易利益,国际通道具有明显的利益特征,是国家利益的集中体现。

国际通道所在地国家、地方政府、企业等参与主体在通道功能和利益上的平等互利是国际通道健康发展的重要基础。双边国家虽然共同拥有通道的控制权,但其互利的态势却并非是账面收益的绝对平分,而是各种收益综合体的差异化平衡,更多时候则表现为国际通道所支持的经贸活动与人员交流所产生的对双方国家社会经济发展的促进和带动。

国际通道的种类差异、区位差异和功能差异造成各利益主体对国际通道的依赖度、参与层次和关注度存在差异,其中可能仅涉及对贸易活动的保证,但也可能涉及特定国家发展战略的压力(如台湾海峡对于东北亚国家和我国所具有的意义就存在潜在的利害差异)。因此,各国对不同国际通道采取不同的参与和控制行为,在利益多元化和互利性基础上力图维持利益平衡[①]。

---

① 陆成云、冯浩:《国际通道建设的相关问题研究》,《综合运输》2011 年第 3 期。

四、合作方式的多元性

国际通道的特殊区位和功能使各方参与主体受利益驱动介入通道的力度和欲望加大,不仅如此,对参与方及其能力的需求开始增加,双边合作开始向多边合作发展,以通道为平台的参与主体和及其合作方式的多元化开始形成。特别是一些处于全球市场与资源聚集地要素的运输通道(如马六甲、苏伊士、好望角、巴拿马等),已经成为全球利益的战略要地,任何国家都难以对其进行绝对控制,互利合作、共同利用、参与控制成为国际通道的又一重要特征。

五、支撑腹地的广阔性

国际通道沿线及其附近一般分布有多个大城市、中等城市、一系列小城镇,是国际通道区上的发展极,它们与周边地区共同形成广阔的国际通道支撑腹地区。国际通道一般具有两个以上人口超过百万的特大城市作为发展的发展极,在国家交界区域一般有对外口岸,发展极和口岸之间有便利的交通支干线作为国际通道的发展走廊,交通走廊及其两侧人口稠密,有较多的中小城市,加之周边的欠发达或人口稀疏地区,共同形成国际通道绵延的支撑腹地。

六、经济影响的带动性

国际通道区内具有复杂的土地、物质、人力资源、信息等交换形态,如土地方面就存在有农业用地、工业用地、居住用地、交通用地等。资源要素不断交换的需求,带动了通道区内经济主体间的相互联系。国际通道首先带动国际通道区内增长极的发展,再由增长极带动更广范围内的整个国际通道区社会经济的发展。因此,国际通道对其腹地乃至更大范围内区域的社会经济发展具有很强的带动性。

七、通道分布的地理性

国际通道的地理属性主要表现在国际通道的自然区位属性和国际通道的口岸属性。

一方面,自然地理影响运输通道线路的走向,地理上的路径、湖泊、河流、山脉是国际通道路线的限定因素。例如,河流不仅便利水运而且由于岸坡较缓,也为铺设铁路、公路提供了便利条件。大湖和大河流域既是人口、工业集中地区,对交通有很大需求,为各种交通运输提供了天然路径。

　　一方面,国际通道具备连接两个(或多个上)国家的能力,路经双方或多方领土。而处于双方边界地带特定位置的贸易口岸,将因其重要而独特的地理区位,顺理成章地成为国际通道上的运输枢纽和交接控制节点,担负起运输组织、过载换装、关检处理、安全控制和技术协调的任务。国际通道也因口岸的地理布局具有较为鲜明的区位特征。

八、发展需求的导向性

　　国家之间若没有要素流动需求,国际通道就没有发展的基础,国际通道因贸易和人员往来需求而发展,贸易和人员往来需求的水平和层次决定了国际通道发展的服务功能和层次。全球经济一体化使国家间产生大量的经贸活动和人员往需求,这些需求都需要通过大能力的国际运输通道加以实现。因此,相关国家间现实或潜在的大能力运输需求无疑构成国际通道存在和发展的现实基础,国际通道的发展具有较强的需求导向性。

九、边界效应的双重性

　　国际通道穿越双边或者多边国家的边界,这部分国家边界与国际通道相连接,形成了跨越两个或多个国家边境地区的特定国际通道区。国际通道承担了国家边界的功能,并在特定国际通道区表现出显著的国际通道边界效应,对于跨边界经济行为产生重要影响,具体表现为"屏蔽效应"和"中介效应"。"屏障效应"是指国际通道表现出的阻碍两国或多国空间相互作用的效应。由于国际通道的自然地理障碍,或是政治和军事利益等因素,使国际通道成为跨国贸易和人员往来的屏障,阻碍了两国或多国的空间联系;"中介效应"是指国际通道表现出的促进两国或多国空间联系的效应。此时,国际通道承担着两国或多国间经济、社会、文化等交流的中介作用,是两国间接触和交往最频繁的地带。

第三节　国际通道的主要功能

　　国际通道功能是指其建设和运行中所具备或产生的作用。任何一条国际通道首先具有现实功能、长远功能和潜在功能，是这三大功能的综合体。国际通道的现实功能主要通过国际通道的运输能力状况和技术形态发挥作用，满足现实状态中跨境或多国间的贸易与人员交往运输需求；国际通道的长远功能主要通过密切经贸往来和人员交往，在满足各自国家发展需求的基础上，和睦相关国家间的国际关系，维护国家发展环境的稳定和国家间交往，同时保证重要战略物资和资源的长期稳定供给；国际通道的潜在功能是指平时并不发挥作用，而在特定条件下启用的备用功能，此类功能大多与国家安全与战略紧密相关，而在日常经贸活动中通常被隐含①。

按照国际通道具体的功能，本书将国际通道的主要功能分为跨国规模运输功能、促进国际经贸功能、聚散生产要素的功能和促进次区域合作的功能。

一、跨国规模运输功能

国际通道是大量物流、人流、信息流集中通过的地带，在分布上必然要联结并跨越两国或多国的主要经济中心或生产基地。国际通道的分布取决于世界生产能力的地域分布。国际通道运输容量大，需求集中，承担的运输量包括区际客货运量、过境客货运量。

二、促进国际经贸功能

运输成本的存在使贸易范围相对缩小，运输费用越高贸易数量就越少，同时，空间运输距离越短，不同空间经济实体间进行贸易的优越性和可能性就越大。运输费用一旦变得低廉，运输需求就会增加，生产者和消费者之间的距离就会拉开，贸易范围就会扩大。因此，廉价的运输总是扩大贸易区的范围，并促使区域经济规模不断扩大。可见，运输成本的降低是工业和贸易能够实现规模经济的先决条件之一。缩短地域间的时间距离，降低运输成本，提高区域交通可达性，从而为商品流通规模的扩大和商品购销市场的开拓创造了条件。国际通道使人员、物资、信息及其他生产要素等的跨国运输更加方便、快捷地流动，促进国际经贸的规模的扩大。

---

① 当通道在满足于特定条件、特定方向、针对特定地区敌对势力国家或地区形成威慑或战争力量的跨国界和联结边疆地区的运输需求时，表现出的是国际通道的潜在功能。

另外,国际贸易在很大程度上依赖于物流业的发展,而物流业是伴随路网体系完善和货物运输发展而发展起来的①。国际通道的完善将使通道沿线节点区域内的企业拥有良好的运输条件,可减少企业的在途物资数量,减少企业的物资储备,从而减少企业商品在流通过程中的数量,节省流动资金,促进企业产品成本降低,利润提高,有利于企业扩大再生产,进一步促进国际经贸的发展。

三、要素聚散功能

国际运输通道是由多个相关元素组成的特定功能的系统,具有一切系统所具有的基本属性即集聚与辐射特性。国际通道的集聚性和辐射性统称为聚散性。国际通道对通道区的要素流动具备集聚和辐射两种功能。集聚是指某些国际通道区在空间上所表现出的要素相对集中的倾向。集聚使克服距离的成本或费用达到最低,而使生产效率和相互往来频率达到最大。由于要素流动成本的存在和国际通道沿线优越的交通通达性,资源、物流、人流、基础设施及资金沿国际通道交通沿线集中。辐射则是集聚的反过程,当要素集聚区的规模越过规模经济临界点,便产生要素的辐射,受利益驱动,要素流向其他周边区域。国际通道区便是通过部门与部门、区域与区域之间的相对辐射得到发展。此时,国际通道运输走廊在通道支撑腹地经济发展中起到催化剂的作用。

国际通道实现要素聚散的方式主要有三种:

（一）对通道区内交通方式的聚散

国际通道的聚散功能首先表现为对两个中心"节点"之间多种运输方式（公路、铁路、航空、水运、管道）及运输线路的聚散②。

（二）对通道区内客货流的聚散

由于国际通道运输的便利性、可达性及其较小的交通阻抗,促使人口、岗位及大量第三产业设施在国际通道四周集聚,引发大量的交通流,从而引起通

---

① 根据国外的经验,产品成本用在生产运输等各环节的比例为,生产成本:销售成本:运输成本:利润＝48:27:24:4。根据企业的操作经验,运输成本的节约要比生产和其他过程成本的降低见效快,收益大。

② 张铱莹、彭其渊:《论运输通道的聚散现象》,《铁道运输与经济》2010年第2期。

道区内客货流的聚散。

(三)对通道区经济发展的聚散

国际通道的基本线路结构是由"节点"和"线路"两部分组成。运输通道对通道区的影响主要表现为以"节点"为核心的经济圈形式的聚散性,以及以"线路"为核心的经济带形式的聚散性。由于"节点"具有便利的交通条件,改善区域空间的可达性,可增强"节点"的经济引力,提高"节点"所在区域对社会经济、技术、文化、产业、人口的集聚力,吸引资金、技术、信息、人才等生产要素在以"节点"为核心的经济圈集聚,并逐渐形成具有一定规模的区域发展中心。同时,国际通道改善"线路"沿线区运输的可达性,提升"线路"沿线区的经济地理位置,改变沿线区的区位优势,增强沿线区的经济吸引力和凝聚力。大量具有前向、后向和旁侧联系的各种产业必然会将产业布局在国际通道沿线区,以获得低成本、高利润的竞争优势。而集聚在"节点"、"线路"周围的经济社会发展设施对附近区域又有产品、信息、技术、人员、金融等生产要素的扩散或辐射作用,使被辐射区域形成新的生产力,从而推动整个国际通道区社会经济的发展。同时,随着生产、生活服务水平的改善和提高,交通、科技的进步,国际通道的不断完善,又会进一步产生新的聚散。

在国际通道形成和发展的不同阶段,聚散效应的强度不同。在国际通道形成初期,国际通道的集聚性起着主导作用,引发周围区域的人口、资金、技术、信息、产业、物资等向"节点"聚集,从而促进"节点"的迅速发展;在国际通道的发展期,集聚性功能逐渐减弱,扩散性功能不断增强;当国际通道进入成熟发展阶段,集聚性和扩散性功能同时发挥作用,其表现形式就更为复杂,一般情况下,扩散性的功能强于集聚性。

四、促进次区域合作功能

次区域通常是指地理上毗邻的三个或三个以上国家的跨国合作区。由于地理位置相邻近,国际通道的建设使国家之间的投资和贸易活动中的运输、通讯等费用降低,从而大大节约交易成本。国际通道在发展过程中,运输的空间范围和聚散规模不断增加,对次区域国家或地区形成巨大的吸引力和辐射力,使更多的次一级运输线路、人口、区域经济实体、城市、乡镇、口岸等都集聚在国际通道沿线区域空间,提高次区域社会经济活动的空间运行效率。国际通道的建设使次区域国际合作范围越来越广泛,合作的内容往往会包括投资、旅游、基础设施建设、人力资源、环保、技术等多个合作领域。

第四节   国际通道的理论基础

国际通道理论主要源于区域经济学的区域经济空间结构理论和国际贸易经济学的贸易引力理论。空间结构理论和贸易引力理论在实践中可用来指导国际通道建设和国际通道区发展战略的制定。

空间结构理论是在经典区位理论基础上发展起来的、总体的、动态的区位理论,是揭示了一定区域内社会经济各组成部分及其组合的空间相互作用和空间位置关系,反映这种关系的空间集聚规模和集聚程度的学说①。经典区位论所揭示的区域经济活动的空间分布形态是当今区域经济空间结构演化的基础性理论。新空间经济学对经济活动的空间集聚和增长集聚的动力分析,为区域经济空间结构演化研究提供了新思路与方法。国际通道形成理论主要依托于经济空间结构理论的区位理论,国际通道的作用和效应的解释,经济贸易要素流动的解释主要依托于经济空间结构理论中增长极理论、点——轴开发理论、聚散效应理论和产业结构调整理论。

国际贸易经济学的贸易引力理论自 20 世纪 60 年代初引入到国际贸易的研究中,随后被广泛应用于双边和多边贸易流的研究。贸易引力模型不但开启了对双边和多边贸易流量的探寻之门,也为国际贸易的理论和模型研究开创了新的领域。学者不断通过增设外生变量来改进和拓展引力模型,其中既有在同一个经济体内将经济活动中更多要素逐步纳入计量模型的逻辑型,也有根据不同经济体的特性来增设外生变量的外延型。目前,引力模型的应用已经遍及国际贸易研究的各个角落,既有对双边和多边总体贸易的研究,也有对具体贸易部门的研究;既研究有形的商品贸易,也向无形的服务贸易领域延伸。国际通道经济贸易要素流动的解释和边界效应的分析,主要依托于国际贸易经济学的贸易引力理论。

---

①   区域经济空间结构理论的发展经历了从 19 世纪初至 20 世纪 40 年代的基于产业、企业的区位选择、空间行为研究阶段,和第二次世界大战至 20 世纪 80 年代的区域总体空间结构与形态演化规律研究阶段,以及 20 世纪 80 年代以后的新空间经济学阶段。

一、区位理论

(一)新古典区位理论

新古典区位理论(也可称为新古典经济学区位理论)是指以新古典经济学家阿尔弗雷德·马歇尔及 A·韦伯为代表的传统区位理论体系①。马歇尔的《经济学原理》对区位理论特别是区位理论中的产业集聚现象有三个重要的贡献。第一,劳动力市场的共同分享;第二,中间产品的投入与分享;第三,技术外溢。由于这三个重要概念具有理论创新的突破性进展,因此从 1920 年一直到 1990 年,这三个基本定义便成为从新古典区位理论到以新经济地理学为核心的现代区位理论,在研究产业集聚现象时的共同理论基础。新古典区位理论的另一位奠基者 A·韦伯在 1929 年出版的《工业区位论》一书中,则更进一步对集聚经济现象的形成机理、动力机制、集聚类型、竞争优势等内容加以梳理与补充。对新古典区位理论的创立也做出一定贡献的还有 B·俄林、A·罗奈、w·伊萨德等人。他们主要针对韦伯理论的薄弱之处,着重论证了工业区位、原材料产地及消费市场三者之间的相互依存关系。

(二)现代区位理论

1990 年以后,世界政治、经济、科技格局进入到大改组、大发展的历史性阶段,信息技术、基因技术、航天技术进入高速发展期,在席卷全球的改革浪潮中,除了西方七强(美、日、德、英、法、意、加拿大)外,金砖四国(巴西、俄罗斯、印度、中国)的经济也初露锋芒。在这种历史背景下,现代区位理论应运而生,现代区位理论的最权威的创立者,首推保罗·克鲁格曼(P.Krugman)及迈克尔·波特(M.E.Porter)两人。1990 年,波特发表了《国家竞争优势》一书,打破了几十年来区位理论的沉闷局面,引发了西方经济学界研究区位理论及产业集聚的热潮。除了上述两位经济学家外,戈登、菲力普、雷科、哈里森、西尔、布雷那、科兰西等人也在此一领域做出巨大贡献。

根据上述经济学家的研究成果,"现代区位理论"、"现代集聚理论"的共同核心论点如下:

1. 规模经济

---

① 指马歇尔在 1920 年出版的《经济学原理》,以及韦伯在 1929 年出版的《工业区位论》。而在 1920 年代及 1930 年代初形成了新古典区位理论的第一波学术繁荣期。

现代区位理论重点描述某一区域的产业集聚现象,指出"规模经济"是最大的竞争力来源。由于数量可观的企业集聚在一起形成了产业链条,形成了规模经济。这种规模经济能最大限度地降低成本、提高效率,并形成相关产业的核心竞争优势。

2. 外部性

在最先进入集聚地点的企业,不可能数量很多,大多数企业是以后陆续进入的。先进入的企业会给后进入的企业创造基础设施、劳动力市场、中间产品、原材料的供应渠道、专业知识的扩散等正面外部效益。

3. 向心力或离心力

正面外部性显然还产生对相关企业的吸引力(或叫做向心力、集中力),使产业集聚区域吸引到更多的相关企业。进入的企业越多,规模经济就越大、效率就越高。但事物的发展总有"度"的问题,企业过密、过多就会使投资环境恶化,产生诸如交通、污染、噪音等问题,使产业集群的规模经济效益下降,于是吸引力转变成了离心力、分散力,使相关企业向产业集聚地点的外围边缘扩散,直到两种力量相对平衡。

4. 区位竞争

以往的区位理论,大多局限在区位主体(一般指相关企业)如何根据现有条件选择投资设厂的地点(即区位选择问题),而忽略了地区主体(即有意吸引投资的土地所有人,包括政府机构)如何改善投资环境与潜在对手开展积极的区位竞争,力争本地区成为集聚性投资行为的首选地点,以造福当地人口。除了上述重要内容之外,现代区位理论还在延伸产业的支撑作用、自然资源、运输成本、跨国公司投资、社会文化及政策因素(企业家精神、历史文化传统、体制架构、政府政策)对区位的影响方面有着丰富的研究成果。

二、增长极理论

佩鲁把产业部门集中而优先增长的先发地区称为增长极。在一个广大的地域内,增长极只能是区域内各种条件优越,具有区位优势的少数区域①。增

---

① 增长极概念最初是由法国经济学家弗郎索瓦·佩鲁提出来的,他认为,如果把发生支配效应的经济空间看做力场,那么位于这个力场中推进性单元就可以描述为增长极。

长极一经形成,就能吸纳到周边的生产要素,使增长极日益壮大,并使周边地区成为极化区域。增长极不仅能迅速增长,而且能通过乘数效应推动其他部门的增长。

当增长极已扩张到足够强大时,会产生向周边区域的扩散作用,将生产要素扩散到周边区域,从而带动周边区域的增长。增长极的形成关键取决于推动型产业的形成。推动型产业或主导产业是一个区域内起方向性、支配性作用的产业,区域一旦形成主导产业,必然会形成前向联系产业、后向联系产业和旁侧联系产业,从而形成乘数效应。

三、点轴开发理论

点轴模式是从增长极模式发展起来的一种区域开发模式。点轴开发理论最早由波兰经济家家萨伦巴和马利士提出。点轴开发模式是增长极理论的延伸,从区域经济发展过程看,经济中心总是首先集中在少数条件较好的区位,成斑点状分布。这种经济中心可称为区域增长极,也是点轴开发模式中的"点"。随着经济中心逐渐增加,由于生产要素交换的需要,交通线路以及动力供应线、水源供应线等得到迅速发展,"点"与"点"之间相互连接起来这就是轴线。这种轴线首先为区域增长极服务,轴线一经形成,对人口、产业便具有吸引力,吸引人口、产业向轴线两侧集聚,产生新的增长点。点轴贯通,就形成点轴系统。

点轴开发理论是增长极理论的扩展。由于增长极数量的增多,增长极之间出现了相互联结的交通线,这样,两个增长极及其中间的交通线的综合体便成为"发展轴"。发展轴应当具有增长极的所有特点,而且比增长极的作用范围更大。点轴开发理论是增长极理论聚点突破与梯度转移理论的完美结合。

四、聚散效应理论

集聚效应与扩散效应是诺贝尔经济学奖获得者缪尔达尔在其累积循环因果论中提出的①。集聚效应指生产要素从不发达区域向发达区域流动,使区

---

① Myrdal G：*Economic Theory and Underdeveloped Regions*，London：Duck-Worth Press，1957. pp212－214.

域差异不断扩大的现象;扩散效应则指各生产要素从发达地区向不发达区域流动,并使区域发展差异趋于缩小的现象。集聚效应和扩散效应是一切系统的基本属性①。

集聚作用的原动力是经济利益。人们的经济活动总是追求利益最大化,使集聚作用不断强化、经济中心不断膨胀,但集聚作用使成本降低、利益最大化的功能是有限度的。集聚过度容易成为促进扩散的契机,只有适度扩散才能保证产业聚集体的规模适度与结构优化。当集聚达到一定程度时,扩散性逐渐发挥主导作用,经济中心以梯度扩散、等级扩散、位移扩散等方式不断向邻近地区转移产业及技术要素。

五、产业结构调整理论

在产业结构调整理论中,影响较大的是刘易斯理论(二元结构转变理论)、赫希曼的不平衡增长理论、罗斯托的主导部门理论和筱原三代平的两基准理论。

(一)刘易斯理论

该理论建立在以下三个基本假定上:一是农业的边际劳动生产率为零或接近零;二是从农业部门转移出来的劳动力的工资水平由农业的人均产出水平决定;三是城市工业中的利润储蓄倾向高于农业收入中的储蓄倾向。

因农业的边际劳动生产率为零或接近零,农业剩余劳动力对城市工业的供给价格低,且工业的边际劳动生产率远远高于农业剩余劳动力的工资,故工业发展就可以从农业中获得无限廉价劳动力供给,在劳动力供给价格与边际劳动力差额中获得巨额利润。又由于工业利润中的储蓄倾向高,使得城市工业发展对农村剩余劳动力的吸纳能力进一步提高,由此产生累积性效应。累积效应的结果是农业劳动力的边际生产率提高,工业劳动力的边际生产率下降,以致达到工、农业劳动力边际生产率相等。此时,二元经济转变为一元经济。托达罗批判了刘易斯的二元结构转变理论,认为刘易斯的理论过于简单化,没有考虑农村劳动力进入城市以后能否找到合适的工作。在发展中国家,农村劳动力在城市寻找工作的难度很大,从而在经济发展过程中会出现大量

---

① 张国文:《聚散原理—可持续发展的一般理论》,《系统科学学报》2006 年第 2 期。

的无业游民,农村劳动力向城市的转移面临很大的阻力。

(二)赫尔曼的不平衡增长理论

于发展中国家资源的稀缺性,要全面投资和发展所有部门几乎不可能,只能把有限的资源有选择地投入到某些行业,以使有限资源最大限度地发挥促进经济增长的作用,此即不平衡增长。赫希曼认为,在发展中国家,有限的资本在社会资本和直接生产之间的分配具有替代性,因而有两种不平衡增长的途径:一是"短缺的发展",即先对直接生产资本投资,引起社会资本短缺,而社会资本短缺引起直接生产成本的提高,这便迫使投资向社会资本转移以取得二者的平衡,然后再通过对直接生产成本的投资引发新一轮不平衡增长过程;二是"过剩的发展",即让社会资本和直接生产达到平衡后再重复上述过程。不平衡增长理论基本符合我国的实际情况,因为我国改革开放以来30多年的经济发展走的就是一条"不平衡增长"的途径。

(三)罗斯托的主导部门理论

罗斯托根据技术标准把经济成长阶段划分为传统社会、为起飞创造前提、起飞、成熟、高额群众消费、追求生活质量六个阶段,每个阶段的演进是以主导产业部门的更替为特征的[①]。与六个经济成长阶段相对应,罗斯托在《战后二十五年的经济史和国际经济组织的任务》一文中,列出了五种主导部门综合体系。

1. 作为起飞前提的主导部门综合体系,主要是食品、饮料、烟草、水泥、砖瓦等工业部门;

2. 替代进口货的消费品制造业综合体系,主要是非耐用消费品的生产;

3. 重型工业和制造业综合体系,如钢铁、煤炭、电力、通用机械、肥料等工业部门;

4. 汽车工业综合体系;

5. 生活质量部门综合体系,主要指服务业、城市和城郊建筑等部门。罗斯托认为主导部门序列不可任意改变,任何国家都要经历由低级向高级的发展过程。罗斯托提出的主导部门通过投入产出关系而带动经济增长的看法,

---

① 罗斯托认为经济成长的各个阶段都存在相应的起主导作用的产业部门,主导部门通过回顾、前瞻、旁侧三种影响带动其他部门发展。

以及主导部门并非固定不变的看法可供借鉴。

(四)筱原三代平的两基准理论

"两基准理论"中的基准指收入弹性基准和生产率上升基准。收入弹性基准要求把积累投向收入弹性大的行业或部门,因为这些行业或部门有广阔的市场需求,便于获得规模经济效益,迅速提高利润率;生产率上升基准要求积累投向生产率(指全要素生产率)上升最快的行业或部门,因为这些行业或部门由于生产率上升快,单位成本下降最快,在工资一定的条件下,该行业或部门的利润也必然上升最快。两基准理论以下列条件为其前提:一是基础产业相当完善,不存在瓶颈制约;或者即使存在一定程度的瓶颈制约,但要素具有充分的流动性,资源能够在短期内迅速向颈瓶部门转移,可以迅速缓解瓶颈状态;二是产业发展中不存在技术约束;三是不存在资金约束。如果上述条件不存在,两基准理论就未必成立。

六、贸易引力理论

贸易引力理论的概念和范式源于牛顿 1687 年发表的普适万有引力定律,该理论认为两个经济体之间的双边贸易流量与它们各自的经济总量成正比,与它们之间的距离呈反比。引力模型最早由 Tinbergen 和 Poyhonen 分别在 1962 年和 1963 年应用到国际贸易的研究中,Linnemann(1966)首先对贸易引力模型的研究分析进行了系统集成,首次将人口作为内生变量、贸易政策作为虚拟变量引入模型。认为贸易量主要受三方面因素的影响:一是出口国的供给因素,二是进口国的需求因素,三是两国贸易的阻抗因素。一般认为,供给和需求因素是贸易的促进因素,包括经济体的经济规模、人口规模、人均收入和消费、产品的产量等;贸易的阻抗因素则包括关税、运输成本、汇率等因素,而贸易双方之间是否有比其他国家更为优惠的双边贸易政策也影响到双边的贸易量。Aitken(1973)首次将贸易引力模型运用到对自由贸易协定(FTA)的政策效果评估中,对欧共体(EEC)成员国和欧洲自由贸易协定(EFTA)成员国的贸易创造效应和贸易转移效益进行了分析。随后,Leamer(1974)将关税水平和资源禀赋程度引入模型,Bergstrand(1989)在模型中引入人均收入、汇率等变量。随后,贸易引力模型的应用从对贸易伙伴国之间贸易总量的分析拓展到到行业或部门的研究之中。Bergstrand(1989)首先用 SITC(国际贸易标准分类)分类数据,将 OECD 国家的贸易分为 9 个行业或部门,通过分析发现不同行业或部门之间的回归系数有较大差别,这也开创了将引力模型用于行业分析的先河。

对贸易引力模型的进一步研究发现,除距离变量构成贸易阻力之外,货物通关、货币汇率、语言、历史上形成的殖民关系、贸易联盟等因素都会对双边贸易产生影响,形成所谓"边境效应"(Border Effect)或"本地偏好"(Home Bias)。这在国际市场一体化进程逐渐深入的背景下引起了广泛的关注,并由此引发了大量运用引力模型对边境效应的研究。近年来,贸易引力模型的研究方法已经逐渐引入到对具体产品和产业部门、贸易集团内部的实证检验中,广范地应用于对贸易保护程度、贸易潜力、边境效应的测度中,成为对非关税壁垒、市场保护、贸易集团效应测度的一种补充性、间接性的研究手段。

第二章 国际通道复合区位条件评价

国际通道复合区位是指影响国际通道存在或发展因素的统称。一般来说,国际通道复合区位条件包括通道区域的地理位置、自然条件和社会经济条件等。国际通道及通道区域的发展过程就是充分利用复合区位条件,形成合理经济结构、空间布局,并获取最佳综合效益的过程。具有有利的复合区位条件的国际通道区将对通道区周边的产品、信息、技术、人员等生产要素产生集聚,甚至会形成通道区中的各级增长极。对国际通道复合区位进行科学的分析和评价是国际通道经济学分析的重要组成部分。

第一节 国际通道复合区位条件

一、地理区位条件

国际通道地理区位条件是指地球上某一国际通道区域与其周围地区所形成的空间关系,某一国际通道区域只能占据特定的地理位置①。以地球表面的经纬网来确定的某一通道区域位置就是它的数理地理位置。某一国际通道区与周围的陆地、海洋、山脉、河流等自然地理事物所形成的空间关系为国际通道区自然地理位置。国际通道地理位置属于自然范畴,变化极为缓慢,同时,对国际通道区社会经济发展影响相对稳定。

地理区位影响国际通道及通道区的发展。例如,从全球视野看,云南位于东亚、东南亚和南亚三亚的枢纽位置,分布有亚洲6条大河即独龙江(伊洛瓦底江)、怒江(萨尔温江)、澜沧江(湄公河)、金沙江(长江)、元江(红河)、南盘江(珠江),这些河流均可在云南形成自然的国际大通道。

---

① 国际通道的地理位置有基于经纬度和基于与周围自然地理事物两种空间定位方法。

地理区位影响国际通道区产业结构的类型。国际通道上地理区位条件比较优越的水陆枢纽或陆路交通连接点容易成为工业和商贸业的选址地,这些据点也容易形成国际通道区的增长极,并多以中轻型产业结构为主,同时产业将优先向高精尖方向发展;相反,不利的区位条件将阻碍通道区产业结构向高层次转化。同时,地理区位也影响国际通道区产业的空间布局,第二、第三产业一般会向地理区位相对重要的交通沿线两旁集聚。

二、自然区位条件

国际通道自然区位条件亦称国际通道区自然环境。国际通道区自然环境条件是指与国际通道区人类经济活动有关的各种自然要素的统称,包括地质条件、地貌条件、水文条件、气候条件、土壤条件、生态条件和自然资源条件等。

丰富的自然资源是国际通道区存在和发展的物质基础。国际通道区资源的种类、数量、质量、开发利用条件及地域组合状况直接决定国际通道区开发的时序、经济发展状况及国际通道区的优势。例如,云南是闻名遐迩的自然资源富集区,人均自然资源拥有量为全国平均水平的 2 倍,植物物种为全国之最。云南在国际通道区分工中具有发展多熟种植和立体农业的潜力和优势。中外驰名的云南白药、三七、天麻、虫草、砂仁、当归、草果等名特产品品种众多,烤烟、茶叶、蔗糖、蚕桑等产品的质量在全球贸易中得到公认[1],云南通过国际通道出口的特色农产品多为上述产品。

国际通道自然区位条件间接影响第二产业的集聚。第二产业是对第一产业产品进行加工的部门,包括原材料工业、加工工业和建筑业等。原材料工业、重型机械制造业以及以农副产品为原料的轻工业和食品工业大多分布在工业自然资源基地和农业自然资源丰富的地区。

国际通道自然区位条件影响通道区产业结构的类型。自然条件优越、资源丰富且匹配关系良好的国际通道区有利于形成资源型产业结构。例如,乌克兰的顿涅茨第聂伯河流区拥有世界闻名的顿巴斯煤田、克里沃罗格铁矿和尼科波尔锰矿,同时,水资源和农业资源也非常丰富,这种自然条件和自然资

---

[1]　高旗:《云南国际大通道建设的重要经验——特色农产品出口优势的发挥》,《全国商情》2009 年第 16 期。

源的地域组合状况十分理想,使该区域发展成为世界上以钢铁、重型机械和化学工业为主的资源型国际通道经济区。

三、交通区位条件

国际通道交通区位条件直接约束着国际通道的发展。国际通道要有较快的发展,必须首先改善对外的交通状况。交通区位条件主要包括交通路线、交通工具、港站、枢纽状况。国际通道的功能发挥存在交易成本,其中运输成本是最重要的交易成本。运输费用不仅会改变贸易结构和比较优势,甚至可能使正常贸易无法进行。交通不通即市场不通,信息不通,资源不通,商品不通。

国际通道通过运输线路将通道区增长极与其他区域和城市联系起来,并决定通道区各"点"之间运输联系的数量、强度、速度及旅客与货物的流向,因而,国际通道的交通状况是实现通道区各"点"之间运输联系和资源配置的基础条件。随着国际通道支线的持续扩张,国际通道的线路布局进入网络扩张阶段。干线会逐渐扩展自己的支线,支线又逐渐发展自己的次级支线,这样不同等级的国际通道交通线路相应会发展成不同级别的发展轴。

现代国际综合运输通道是一个高度集成化的运输系统,其基本功能就是输送大量的交通流,包括人流、物流、资金流、信息流和技术流。国际运输通道所发挥的通联功能加强了通道区与外界的空间运输联系,使通道区外部的人员及物资、信息等更为方便、快捷地流向通道区,提高了通道区的集聚能力,促进通道区的经济和商贸发展。例如,伴随云南小(勐养)磨(憨)公路的完工,昆(明)曼(谷)国际大通道实现了中国境内公路的高等级化,同时,老挝段也实现了全线通车,标志着连接中国昆明至泰国曼谷的国际大通道基本建成,使昆曼国际通道成为中国云南连接东南亚、南亚国家的四条陆路通道之一。该通道起于中国昆明,止于泰国首都曼谷,全长 1818 公里,中国境内路段有 688 公里,昆曼国际大通道在云南省内与国道 213 线重合,昆(明)玉(溪)高速公路和玉(溪)元(江)高速公路①将玉溪市的一区(红塔区)三县(峨山县、新平县和元江县)与南亚、东南亚的众多国家紧密地连接在一起,这必将提升云南

---

①　罗辉:《昆曼国际大通道背景下的玉溪旅游业发展研究》,《玉溪师范学院学报》2008 年第 12 期。

省在大湄公河次区域经济技术交往过程中的地位,也会促进政策、资本、技术、信息等各种资源向这两条国际通道聚集。

四、社会经济条件

国际通道区社会经济条件主要包括通道区基础设施条件、技术条件、市场条件、资源互补性和政策等五个方面。

(一)通道区基础设施状况

国际通道的基础设施网络建设,如交通运输网、电力网、通讯网、港口、飞机场等设施会积极影响国际通道区产业经济演化进程。只有通道沿线区建立有完整的基础设施网络体系,才能真正改变通道区整体的可达性,促进各种要素顺畅的集聚与扩散,形成国际通道区内部比较完整的产业分工体系和市场体系。

(二)通道区技术发展水平

技术条件直接制约通道区的发展。首先,技术条件影响国际通道区产业结构的演变。在新技术革命冲击下,传统的工业部门如钢铁工业、纺织工业等逐步演变为"夕阳工业",而电子、激光、光导纤维、生物工程、新材料等新兴产业被称为"朝阳工业"。这些新兴产业属低能耗、低物耗、低污染、高附加值、高创汇的技术密集型产业,它们依托的主要是国际通道区的技术发展状况。所以,如果国际通道区在技术上具有比较优势,就为其通道区内的产业向技术密集型方向发展创造了条件。其次,技术条件影响国际通道区经济布局的态势。传统的工业部门消耗原燃料较多,在布局上大多倾向于原燃料产地或沿海通道区。而技术密集型工业产品具有运量少、体积小、附加值大和运费低的特点,运费对成本的影响不大,特别适宜于利用航空运输,从而在国际通道区形成"临空型"产业布局态势。

(三)通道区市场发达程度

国际通道区市场主要由两个因素决定①。一是国际通道区商品经济的发达程度。商品经济的发达程度直接决定国际通道区的流通水平,而流通水平

---

① 国际通道区市场的发育程度是由通道区经济要素的流动水平和通道区消费水平决定的。

的高低,影响客货生成量,其主要标志是商品或货物的交流量;二是国际通道区的社会消费水平。国际通道区的社会消费水平主要取决于该通道区在一定时期内的人口规模、居民货币收入水平(人均货币收入额)和消费倾向(货币收入中用于本期消费的比重)等因素;三是市场运作机制。如果国际通道区市场运行健康,对通道区内的经济结构调整和经济效益的提高会起导向作用。总之,国际通道区市场条件是在多种因素综合作用下形成的,既有主观因素,也有客观因素。

(四)通道区之间的互补性

国际通道区之间的互补性就是国际通道区之间存在的对某种商品、技术、资金、信息、人员等的供求关系,一般指国际通道区资源互补性、产业互补性、市场互补性。从供需关系的角度看,国际通道辐射区与受辐射区之间的相互作用有一个前提条件,即一方有大量剩余生产要素可以而且愿意向另一方扩散,而另一方对这些要素又恰恰有需求并有吸引力,这时才会出现国际通道增长极与波及地区之间的作用过程,这种关系即为国际通道区的互补性。交互作用的双方中,增长极主要发挥扩散效应的作用。从根本上讲,只有当国际通道区之间具有互补性,才会引起商品、技术、资金、信息、人员等的流动。否则,国际通道区的空间交互作用就很难发生。可以说,国际通道区的空间交互作用在很大程度上是针对通道区之间的互补性。国际通道区之间互补性越大,空间交互作用也越大,生产要素的配置就越有效,越能充分挖掘生产的潜能。国际通道区的互补性为通道区经济一体化提供了"多赢"的合作动力,有利于发挥各方的比较优势,为国际通道区的发展开辟了广阔的前景。

(五)通道发展政策

国际通道发展政策是由政府制定和实施的旨在处理通道相关经济关系,通过影响国际通道的发展实现经济要素空间配置的一系列政策。通道发展政策,特别是国际通道运输便利协定对国际通道的发展扮演着极其重要的角色。以澜沧江——湄公河国际通道为例,1994 年 1 月中老两国签订了《澜沧江——湄公河客货运输协议》,1997 年 11 月中缅两国签订了《澜沧江——湄公河客货运输协议》;2000 年 4 月中老缅泰四国政府在缅甸仰光签署了《澜沧江——湄公河商船通航协定》,随即共同制定了与通航协定配套的实施规则,为澜沧江——湄公河四国间国际航运提供了政策保障;随后成立了中、老、缅、泰澜沧江——湄公河商船通航联合协调委员会;2001 年 6 月中、老、缅、泰四国政府在云南西双版纳州举行了四国商船通航仪式①。澜沧江——湄公河国际航运政策的不断完善,推动了湄公河沿岸各国港口、码头、航道的发展,中、老、缅、泰四国间已经形成你来我往的跨国运输格局,也有效加快了东盟自由贸易区的建设进程。

第二节　国际通道复合区位条件评价的依据与原则

一、国际通道复合区位条件评价的理论依据

(一)人地关系协调论

人地关系协调论一方面强调自然环境对人类活动和通道区的重要影响,另一方面强调人类活动对自然环境进行认识、利用、改造的可能性。可能性大小取决于当时社会生产力水平、科技能力以及人的主导性。只有人和自然形成了协调关系才能创造出有利于人类活动的最佳环境。人地关系协调论要求我们要不断促进通道区人地关系协调发展和良性循环,避免出现因过分利用通道区位条件,而引发环境退化和资源枯竭,从而导致人地关系恶化;也要避免忽视对通道区优势的利用,从而影响人地关系的改善。如果把产业发展与布局视为通道区发展的中心,那么所有产业发展与布局的环境要素均可看做为影响通道区产业发展与布局的条件。通道区复合区位条件能否被充分合理的利用是通道区人地关系是否协调的重要标志。在通道复合区位条件分析评价过程中,要以人地关系协调论为指导,客观、实事求是地分析"人"和"地"及二者之间的关系,全面系统地考察通道区复合区位条件的总体质量。

(二)比较优势论

由于国际贸易与国际通道贸易在空间可达性和贸易跨国性上相似,作为国际贸易核心理论之一的比较优势理论也是国际通道区优势分析的重要理论。

比较优势论源于英国经济学家大卫·李嘉图的国际分工理论,他在 1817

---

① 李云霞:《澜沧江—湄公河国际航运简介》,云南新闻网:http://www. yn. chinanews. com/pub/special/2011/1019/5519. html。

年出版的名著《政治经济学及赋税原理》中指出,在国际分工和贸易中起绝对作用的不是绝对利益,而是比较利益,决定国家贸易及利益分配的不是绝对成本的低廉,而是相对成本的低廉。20世纪30年代初,瑞典经济学家伯尔蒂尔·奥林在《区际贸易与国际贸易》一书中提出了比较全面的要素禀赋论。他认为每个国家或通道区生产要素、资源禀赋各不相同。一般说来,通道区同外部相比,在使用相对丰富的生产要素进行商品生产方面具有相对优势。每个国家或通道区生产和输出本区域具有丰裕而廉价的生产要素的商品,输入本区域具有稀缺而价高的生产要素的商品。国际通道区从整体上可划分为若干层次的经济区,经济区之间在地理位置、自然条件与自然资源、人口与劳动力、社会经济条件等方面往往存在着明显差异。对国际通道区之间条件差异进行比较分析,可以使我们发现不同国际通道区所具有的优势。国际通道区之间往往要进行物资、资金、技术、人才和信息的双向流动,为取得最大经济效益,通道区之间需要进行分工,而支配通道区分工的动力是通道区比较优势,而不是绝对优势。由此可见,在国际通道区开发过程中,要以比较优势理论为指导,把国际通道区复合区位条件放在更大范围内去认识、确定其比较优势和比较劣势。唯此,才能发挥整体优势,形成合理分工,促进国际通道的协调发展。

(三)优势区位论

优势区位论是人类关于选择空间活动区位的理论,即研究人类各种空间活动应在什么地点最佳的理论。地点、位置或场所是否最佳最终取决于区位条件。国际通道区位条件是针对决策活动而言的。决策活动的性质不同,通道区位条件随之不同。例如,在选择工业区位时,劳动力、资本、原料、能源、运输、市场等一般是主要的区位条件;而在选择农业区位时,光热与温度条件、土壤条件、劳动力条件、交通以及市场条件则构成主要的区位条件。古典区位论侧重于从微观领域探讨优势区位的形成因素及其机制。古典区位论有以杜能(Johann Heinrich von Thunen)为代表的农业区位论,以韦伯(Alfred Weber)为代表的工业区位论,以费特尔(Frank A Fetter)为代表的商业区位论,以及克里斯塔勒(W. Christaller)的中心地理论和奥古斯特·勒施(Agust Losch)的区位理论。他们无一例外地将区位优势分析作为立论的根本,开展区位理论的研究。

国际通道复合区位条件的评价是在一定的背景下进行的。国际通道区经济发展目标、产业结构和通道区发展空间组织的确定,都要对国际通道复合区位条件进行全面、系统和动态的分析①。为此,国际通道复合区位条件要以优势区位论为指导,深入剖析区位条件,找准主导因素和限制因子。在具体评价过程中,可以通过建立国际通道复合区位条件综合评价指标体系,结合区位评价专家系统进行科学客观评价。

二、国际通道复合区位条件评价的基本原则

国际通道复合区位条件评价原则是对通道复合区位条件客观规律认识的反应。根据国际通道复合区位条件相关理论,结合国际通道形成与发展的实践经验,在进行国际通道复合区位条件评价时应遵循统筹兼顾原则、发展阶段原则和系统平衡原则。

(一)统筹兼顾原则

统筹兼顾指顾及系统整体的各个方面,并对统一体各方面的各种关系进行统一协调。该原则要求要抓住系统的所有组成与关系,使其成为一个有机的整体,才能使系统呈现出最佳的状态和发挥最大的功能。国际通道的形成与发展要与一定的地表空间相结合,即要落实到一定的国际通道区上,统筹兼顾原则要求经济活动系统与地理环境系统相结合,并形成自然——社会经济的综合体。此时,不仅要关注经济活动在生产、流通、交换、消费等方面,还要考虑经济活动体系在通道区地理位置、自然条件与自然资源、人口与劳动力条件和社会经济条件的联系,分析通道区地理环境系统的自然要素和社会经济要素的数量特征、质量特征、空间特征、动态变化特征及相互关系,更要正确处理、协调这个统一体的局部与整体、重点与一般、目前状态与远期状态、区内与区外等各方面的关系,使统一体的活动各得其所和使系统形成合理的结构。

(二)发展阶段原则

通道区所处的社会经济发展阶段不同,产业结构现状就不同,产业结构调整及其所依托的国际通道复合区位条件也就有所差异。所以发展阶段原则是国际通道复合区位条件评价的重要原则之一。目前关于国际通道发展阶段划

---

① 国际通道复合区位条件评价特别关注自然环境、政治制度和技术发展水平等的影响。

分的相关理论有罗斯托的经济成长阶段论、科罗索夫斯基的区域经济发展五阶段论等。从产业结构的演化角度,可以把国际通道复合区位条件的发展变化过程划分为第一产业主导型阶段、第二产业主导型阶段和第三产业主导型阶段。通道区复合区位条件在不同的产业主导型阶段并不是平均起作用。如在第一产业主导型阶段,产业发展与布局对自然条件与自然资源、劳动力的数量等条件依赖很大,而对其他条件的依赖相对要弱;在第二、三产业主导型阶段,地理位置、劳动力素质和社会经济条件的依赖程度明显加强。因此,在进行国际通道复合区位条件评价时,一是要明确国际通道区产业结构现状及与之配套的通道区经济条件,二是要明确国际通道区产业结构调整方向,以利用好国际通道的区位优势。

(三)开放性原则

国际通道复合区位条件受周围更大范围内的自然条件和社会经济条件的影响,同时与其上一级增长极、中心地存在着紧密的辐射与被辐射的联系,还涉及产业层次梯度转移与产业接收的过程,因此,国际通道复合区位条件的评价遵循开放性原则,既要评价国际通道区内的自然、社会、经济条件,还要对其上层通道区系统乃至通道区的经济腹地进行评价。

第三节　国际通道复合区位条件的综合评价

国际通道复合区位条件的综合评价要以人地关系协调论、比较优势论和优势区位论为指导,遵循统筹兼顾原则、发展阶段原则和开放性原则,进行科学的综合分析。

一、国际通道复合区位条件评价的综合性

国际通道的形成与发展不是某个单项区位条件作用的结果,而是诸多区位条件共同作用、综合影响的产物。只有综合分析国际通道复合区位条件,才能准确把握国际通道的客观发展状况[1]。

从时序看,不同发展阶段的国际通道的形成与发展对区位条件的要求程

---

[1]　朱传耿、沈山、仇方道:《区域经济学》,中国社会科学出版社 2001 年版,第 43—44 页。

度是不一样的。如工业化初期国际通道的形成与发展对自然条件与自然资源的要求较高,工业化中期阶段则对位置、交通、资金等条件有较高的要求,到工业化后期阶段对技术、劳动力素质及政策、法律等条件的要求高。这正是发展中国家对自然条件与自然资源的分析较为重视,而发达国家对社会经济条件的分析更为关注的原因。

总的来看,自然区位条件是国际通道形成与发展的自然基础,地理位置与交通区位条件是国际通道形成与发展的前提与先导,劳动力和资金是国际通道发展的动力,社会经济区位条件是国际通道发展的社会基础,市场需求是国际通道发展的导向,政策和法律是国际通道发展的保障。

二、国际通道复合区位条件评价的过程

国际通道复合区位条件评价一般分为以下两个过程:

(一)国际通道复合区位条件的全面调查

国际通道复合区位条件的全面调查主要包括以下方面:

1. 地理区位的调查;

2. 自然条件与自然资源的调查;

3. 交通区位与状况的调查;

4. 市场发达程度的调查;

5. 城市化水平的调查;

6. 技术发展水平的调查;

7. 人口与劳动力状况的调查等。

(二)国际通道复合区位条件的综合分析

国际通道复合区位条件的综合分析主要包括以下方面:

1. 分析区位条件的组成及其特征;

2. 分析影响区位条件的主导和次要因素;

3. 分析区位条件的有利与不利方面;

4. 分析区位条件的区位特色;

5. 分析区位条件的动态发展规律。

在国际通道复合区位条件评价过程中,要注重分析国际通道区之间的互补性、区域政策、资金和技术状况,以及通道区与其经济腹地之间的正确定位。

（三）国际通道复合区位条件的综合评价

国际通道复合区位条件的综合评价主要包括以下方面：

1. 确定通道区的比较优势与比较劣势；

2. 确立通道区的现实优势与潜在优势；

3. 确立通道区的竞争优势；

4. 结合通道发展的所处阶段，确定制约通道发展的主导因素与辅助因素；

5. 对上述四点进行比较分析，归纳国际通道复合区位条件的基本特征，确定国际通道发展中存在的突出问题，提出改善国际通道复合区位条件的对策及建议。

三、国际通道复合区位优势的确定

（一）关于优势的内涵

1. 绝对优势与比较优势

国际通道的发展都有其绝对有利的、适宜特定通道区发展的区位条件，这种仅从自身国际通道区着眼所体现出的有利条件即为复合区位绝对优势。如果能充分发挥通道的区位条件绝对优势，那么该通道就会获得良好的发展。但是，任何国际通道及通道区的发展都不是封闭的，都要与其他通道区进行物资、资金、技术、信息和人才等的交流。另外，国际通道及通道区的发展不仅仅追求发展成本最低，而是追求参与主体利益最大化或目标最大化。要实现国际通道发展过程中参与主体利益最大化或目标最大化，就必须充分发挥通道区位条件比较优势。通道区位条件比较优势是指国际通道较其他通道相比所具备的有利条件。可见，比较优势一定是绝对优势，但绝对优势不一定是比较优势。

在国际通道复合区位条件评价过程中，很容易出现混淆绝对优势与比较优势的情况。通常所说的国际通道区位优势应是国际通道及通道区的比较优势，因为国际通道区位条件比较优势是通道区域分工及发展的真正动力。因此，在进行国际通道复合区位条件评价时，要与其他国际通道及通道区进行比较，尤其是与周围区域进行比较，以便真正把握国际通道区位优势。

2. 现实优势与潜在优势

国际通道的发展只有既满足技术上的可行性和经济上的合理性,又符合国家或区域产业政策,国际通道区位优势才能转化为现实优势,否则仅是潜在优势,因此,在国际通道发展与建设过程中要注重将潜在优势转换为现实优势。

3. 竞争优势

比较优势不等于竞争优势,前者是后者的基础,后者是前者的发展。比较优势能否转变为竞争优势取决于诸多因素,国际通道区的产业基础、企业活力、制度先进性、布局合理性等都直接影响比较优势向竞争优势的转化。20世纪80年代,美国哈佛大学经济学家麦克尔·波特突破了比较优势理论,创立了竞争优势的分析模型,为国际通道复合区位条件的竞争优势评价提供了新的分析框架。

(二)国际通道复合区位优势的确定

国际通道复合区位优势的确定是国际通道复合区位评价的关键所在。在确定复合区位优势时,应从以下三方面入手:

1. 在与周围区域区位条件对比中确定通道区的比较优势

在系统评价国际通道区位条件的基础上,要与其他通道区进行比较来确定国际通道区位条件比较优势。例如,某一国际通道区的特定产业发展条件很优越,并且完全有能力发展该产业,但如果在更大区域内还存在着一个甚至几个在发展条件上更为优越的产业,那么,该产业就不能确定为该国际通道的比较优势产业。

2. 在与国家总体发展战略目标一致性对比中确定通道区位条件的现实优势

国际通道区位条件比较优势只有与其国家总体战略目标相一致,符合国家及区域的相关政策,比较优势才有可能转化为国际通道区位条件的现实优势。如果国际通道区在发展某产业上具备非常有利的条件,但从国家总体发展战略目标看,该产业属于应逐步淘汰或者在相当长时期内国家实施抑制性发展政策时,该产业在国际通道区位条件上的比较优势就难以成为该通道区的现实优势,只能作为潜在优势。例如,俄罗斯远东地区拥有丰富的煤炭资源,若能充分利用这一有利条件,大力发展采煤、发电与煤化工产业,就能有效促进俄罗斯东部地区的经济繁荣,但是俄罗斯现阶段的国家战略是通过开发西、中部能源来满足国内需求及出口,因此,在国家总体战略目标背景下,现阶段俄罗斯远东地区丰富的煤炭资源优势就不能成为现实优势。

3. 在结合通道区社会经济发展现状分析中确定国际通道区位条件竞争优势

由有利区位条件转化而来的现实优势,只有与产业优势和产品优势、资源配置效率、市场组织水平等因素有机结合起来,才能真正形成竞争优势。国际通道区位条件分析时,要紧密结合通道区社会经济发展现状及资源整合水平,才能确定出国际通道区位条件的竞争优势。

第三章 国际通道与要素跨国流动分析

要素具有丰富的内涵。从流动性角度,土地、矿藏、区位等要素在空间上是不可移动的(即使可移动代价也会很高),所以本章主要关注国际通道与劳动力、资本、技术要素的跨国流动的关系。国际通道使通道区的贸易不断加深,通道区之间的经济联系越加紧密,要素的跨国流动日趋频繁。国际通道对通道区内要素的跨国流动有着重要影响,同时要素的跨国流动也反作用于国际通道区的发展。本章在对国际通道贸易特征进行分析的基础上,着力分析国际通道对通道区资本、劳动力、技术要素跨国流动的影响,进而分析了资本、劳动力、技术要素跨国流动对通道区经济发展和产业结构的影响。

第一节 国际通道贸易特征分析

一、国际通道贸易的概念

国际通道贸易是指由国际通道区及国际通道连接的两国或多国之间所开展的商品、技术和服务的交换活动。国际通道贸易是国际经济关系的基本形式,是国际通道区经济发展的重要因素。国际贸易强调的是国与国之间的贸易行为,通常被称为世界贸易[1];区际贸易注重国内不同行政区域接壤边界上所进行的贸易,而国际通道贸易是通道区和通道连接国之间发生的贸易活动,因而既具有很强的区域特点,同时又涉及国与国之间的贸易交换,所以它和国际贸易、区际贸易之间既存在共性,又有着区别[2]。

---

[1] 吕春城:《国际贸易学原理》,中国财政经济出版社 2002 年版,第 11—12 页。

[2] 李拓晨、周强:《国际贸易》,哈尔滨工业大学出版社 1998 年版,第 9—10 页。

二、国际通道贸易与国际贸易、区际贸易的共性与区别

(一)国际通道贸易与国际贸易、区际贸易的共性

1. 三者都是贸易,属于流通的范畴,它们都是连接生产与消费的中间环节。

2. 三者均对生产具有反作用。由于生产决定交换,交换也对生产发展具有反作用。因此,区际贸易的规模受该地区或该国生产力发展水平的限制,同样国际通道贸易和国际贸易的规模也要受到通道区和参加贸易国家生产力发展水平的限制。另一方面,区际贸易的发展对该国的生产起促进作用,同样,国际通道贸易和国际贸易对参加国的社会经济发展起促进作用。

3. 三者均受价值规律的支配。在商品生产条件下,价值规律在区际贸易,国际通道贸易和国际贸易中同样自发地起着调节作用①,且价值规律调节方式与作用在区际贸易,国际通道贸易和国际贸易都是一样的。

4. 三者对促进要素流动发挥积极作用。首先,国际通道贸易表现为通道区或通道所在国内部的商品交换,在通道所在国市场的综合调控下,国际通道贸易满足通道区或通道所在国的消费需求。其次,生产要素通过国际通道进行跨国流动。

5. 三者对资源的优化配置发挥着积极作用。通过价值规律的作用,商品流向市场价格相对高的地区,劳动力要素流向工资回报相对高的地区,资本、技术流向回报率相对高的地区,从而实现资源的高效配置。区际贸易使资源在一个国家内部进行优化配置,国际通道使资源在通道区和通道国之间进行重组和配置,国际贸易则使资源在世界范围内进行重新配置。把三者结合起来看,对资源进行优化配置的范围分别是地区与地区、地区与国家、国家与国家三个层次。

6. 较区际贸易,国际通道贸易和国际贸易存在更大的贸易壁垒。国际通道贸易、国际贸易已涉及国与国的经济关系,由于政治、制度、文化、历史背景等的国别差异及汇率的影响,国际通道贸易和国际贸易在促进资本、劳动力、技术、信息等要素的跨国流动上作用受到抑制。

---

① 调节区际生产和交换的是国内的价值规律,调节世界生产和贸易的是国际价值规律,而国际通道贸易同时受国内和国际市场价值规律的调节。

7. 三者均对区域经济增长发挥积极作用。贸易作为一种商品交换活动，能给理性的贸易双方带来"剩余"。贸易使某区域(或某国)有可能跨越本区域(或本国)生产可能性边界去获取资本和消费品，以较低的价格获得本区域(或本国)稀缺的资源，从而为生产规模或产出的扩大创造有利条件。贸易还对区域经济增长产生拉动效应，这种作用被一些学者称为"经济增长的发动机"。贸易扩大了一地同另一地的交流，输入该地所没有的新商品，使消费者的偏好向这些新商品转移，从而产生新需求，从而带动新产业的发展，由此推动该区域的经济增长。

(二)国际通道贸易与国际贸易、区际贸易的区别

1. 国际通道贸易与国际贸易的范围不同。国际贸易是指国与国之间所进行的商品、技术和服务的交换活动。从地域上讲，贸易的两国可以是跨国家、跨大洋的，所以也被称为世界贸易。而国际通道贸易通常是指通道区及通道连接国之间的贸易行为，贸易国之间互为毗邻，且要由国际通道连接，由此进行的商品交易行为有强烈的地域性，相对于国际贸易范围要窄。同时影响国际贸易的因素较国际通道贸易而言更为复杂。

2. 国际通道贸易与区际贸易的贸易基础不同。区际贸易的基础是区域内的生产条件、区域内社会化分工和专业化，国际通道贸易的基础是通道区和通道国的生产条件、社会化分工和专业化。通道区内各国执行着不同的对外贸易政策，通道国之间存在着关税和非关税壁垒及限制移民的法令，通道区之间生产要素的流动受到国界的限制，即使在实行自由贸易的通道国之间，这些限制政策也不可能完全取消。而区际贸易方面，由于在一个政权的管辖之下，政策是一致的，各种生产要素相对来说可以自由流动，不存在关税和其他贸易限制，因此通过竞争或市场管理，产品价格趋于一致。

3. 国际通道贸易和区际贸易达成的难易程度不同。国际通道贸易交易合同的达成比区际贸易困难得多，主要表现在以下几个方面：

(1)对通道国市场资料和情报的收集、整理与分析较区际贸易困难，同时，买卖双方调查对方资信状况相对困难，使国际通道贸易较区际贸易困难。

(2)不同通道国使用的货币不同，如果汇率不稳定或存在外汇限制的法规，在贸易谈判时，贸易双方不仅要考虑到商品的价格，还要考虑汇率问题和用什么货币计价和支付款项。而区际贸易则不存在这些问题。

（3）不同通道国之间由于文字、语言、气候环境、风俗习惯、生活水平各异，都是造成国际通道贸易比区际贸易复杂和困难的重要因素。例如，在进行国际通道贸易谈判时要使用两国或国际上通用的语言，用语不当会使贸易双方发生误解，影响到贸易的进行；因此，要使国际通道贸易顺利进行，除了满足其他因素外，还要对通道贸易国之间的情况，包括自然条件、经济发展情况、风俗习惯等深刻的了解，这也是国际通道贸易和区际贸易的不同之处。

三、国际通道贸易的作用

国际通道贸易是互为毗邻的国家在国际通道区域发生的贸易活动，对于参与贸易的国家乃至世界经济的发展具有重要作用，具体表现在以下几方面：

（一）调节通道国市场的供求关系

调节通道国市场的供求关系，互通有无始终是国际通道贸易的重要功能。通道连接国由于受生产水平、科学技术和生产要素分布状况等因素的影响，生产能力和市场供求状况存在一定程度的差异。通道国国内既存在产品供不应求的状况，又存在着各种形式的产品过剩状况。而通过国际通道贸易不仅可以增加国内短缺产品的市场供给量，满足其国内消费者的需求，而且还为通道国国内市场的过剩产品提供新的出路，在一定程度上缓解国内市场供求的矛盾。

（二）促进生产要素的优化配置

即使在地域上相邻的两国，其劳动力、资本、土地、技术等生产要素的分布也是不平衡的。有的国家劳动力富余而资本短缺，有的国家资本丰裕而土地不足，有的国家土地广阔而耕作技术落后。由于自然区位和交通基础设施的制约，相邻两国的资源也往往不能顺畅流动，如果没有国际通道贸易，这些国家国内生产规模和社会生产力的发展都会受短缺生产要素的制约，一部分生产要素被闲置或浪费，生产潜力得不到发挥。通过国际通道贸易，这些国家就可以通过国际通道开展商品贸易、劳务输出、资本转移和技术转让，用国内富余的生产要素与通道区域内其他国家交换国内短缺的生产要素，从而使短缺生产要素的制约得以缓解或消除，富余生产要素得以充分利用，促使生产规模扩大，加速经济发展。

（三）发挥比较优势，提高生产效率

利用比较优势进行国际分工和国际通道贸易，可以扩大通道区优势商品的生产，同时缩小劣势商品的生产，通过国际通道出口优势产品从国外换回本国居于生产劣势的商品，从而可在社会生产力不变的前提下提高生产要素的效能，提高生产效率，获得更大的经济效益。

（四）提高生产技术水平，优化通道区产业结构

在经济全球化迅猛发展的今天，通过国际通道贸易引进先进的科学技术和设备，以提高国内或通道区的生产力水平，加快经济发展；同时使国内或通道区的产业结构逐步合理和完善，促使国民经济协调发展。

（五）增加财政收入，提高国民福利水平

国际通道贸易可为一国政府开辟财政收入的来源。政府可从对过往边境的货物征收关税、对进出口货物征收国内税、为过境货物提供各种服务等方面获得大量财政收入。国际通道贸易还可以提高国民的经济福利，还可以通过进口国内短缺商品，或者进口比国内商品价格更低廉、质量更优、式样更新颖、特色更突出的商品，使国内消费者获得更多的经济福利。此外，国际通道贸易的扩大，特别是劳动密集型产品出口的增长，可为国内或通道区提供更多的就业机会，间接增进国民福利。

（六）加强互为毗邻通道国之间经济联系

随着越来越多的国际通道的建成，国通通道贸易有了长足发展，不仅能促进了通道国之间的物资和生产要素流动，互通有无，同时也把生产力发展水平不同的通道国互相联系起来，促使先进技术和管理在通道国之间流动，从而促进通道区或通道国的经济发展，从而推动世界经济发展。

四、国际通道贸易模型

首先，模型假定只有两种生产要素劳动力和资本。假定只有两种商品 X、Y，且 X 商品是劳动密集型商品，Y 商品是资本密集型商品。要素密集程度由两种商品生产中所投入的资本——劳动比率确定，资本——劳动比率（K/L）高的为资本密集型商品，资本—劳动比率低的为劳动密集型商品。还假定通道区内只有两个国家 A、B，且 B 国资本充裕，A 国劳动力充裕。要素充裕程度通过两国生产要素的相对价格或生产要素总量相对比例而确定，B 国的资本

价格与劳动力价格之比小于 A 国,则 B 国资本充裕,A 国劳动力充裕,或者 B 国的资本总量与劳动力总量之比大于 A 国,则 B 国资本充裕,A 国劳动力充裕。两国具有相同的偏好,有同一组社会消费无差异曲线。此时,资本充裕的国家在资本密集型商品上具有相对优势,劳动力充裕的国家在劳动力密集型商品上具有相对优势,在进行国际通道贸易时,出口密集使用其相对充裕或便宜的生产要素的商品,而进口密集使用其相对缺乏或昂贵的生产要素的商品。下面对此进行说明。

图 3—1 表示两国在进行国际通道贸易前的均衡。图中,横轴表示 X 商品的数量,纵轴表示 Y 商品的数量,曲线 Ⅰ、Ⅱ 是社会消费无差异曲线,社会消费无差异曲线是能带来相同效用满足程度的两种商品不同数量组合点的连线,是由个人无差异曲线合成而来,且具有与个人无差异曲线性质相同的特点。在一个平面上有无数条社会消费无差异曲线,离原点越远的曲线表明效用满足程度越高。由于两国具有相同的偏好,图中只有一组社会消费无差异曲线。图中曲线 PPF_A、PPF_B 分别是国家 A、B 的生产可能性边界(production possibility frontier),由于国家 A 劳动力充裕、国家 B 资本充裕;X 商品劳动密集,Y 商品资本密集,国家 A 生产的 X 相对较多、国家 B 生产的 Y 相对较多,这样曲线 PPF_A 平而宽,曲线 PPF_B 陡而窄。

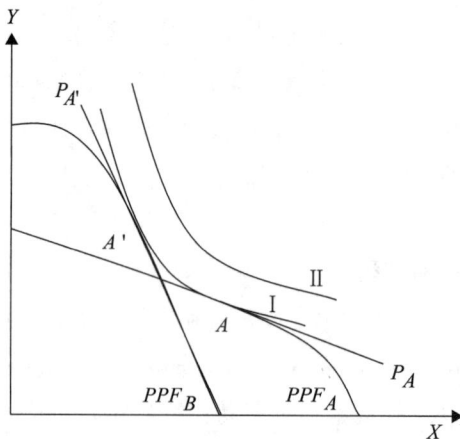

图 3—1　国际通道贸易前的均衡

图 3—1 中,社会无差异曲线 Ⅰ 与 PPF_A、PPF_B 分别相切于 A、A′ 点。A、

A' 所表示 X 和 Y 商品的数量组合分别是国际贸易前国家 A、B 的 X 和 Y 商品的生产量和消费量，A、A' 分别是国家 A、B 的生产点和消费点。过 A 点的 PPF_A 切线斜率为 PA，它是国家 A 的 X 商品相对价格(PX/PY)或机会成本。过 A' 点的 PPF_B 切线斜率为 PA'，它是国家 B 的 X 商品相对价格。图中显示，过 A 点的切线比过 A' 点的切线平坦，这意味着 $PA<PA'$，也即国家 A 的 X 商品的相对价格小于国家 B 的 X 商品相对价格，国家 A 在 X 商品上具有相对优势，国家 B 在 Y 商品上具有相对优势。国家 A 出口 X 进口 Y、国家 B 出口 Y 进口 X，各国都是出口密集使用其相对充裕的生产要素的商品，而进口密集使用其相对缺乏的生产要素的商品。

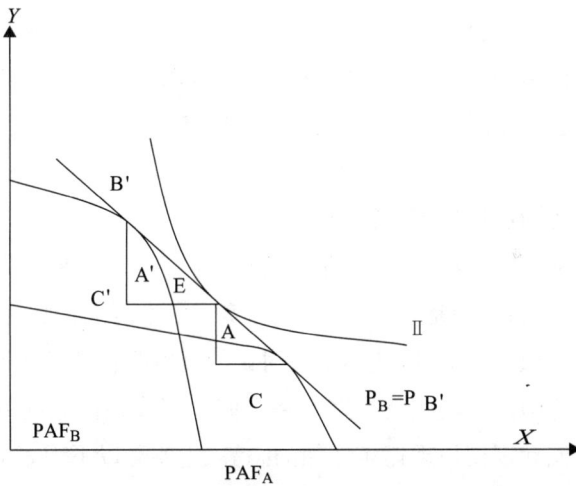

图3—2　国际通道贸易后的均衡

下面用图3—2进一步说明各国进行国际通道贸易时的进出口商品数量和来自国际贸易的利益。当国家 A 出口 X 进口 Y，国家 B 出口 Y 进口 X 时，国家 A 逐步增加 X 生产、减少 Y 的生产；国家 B 逐步增加 Y 的生产、减少 X 的生产。国家 A 的生产点沿 PPF_A 从 A 向 X 轴方向移动，国家 B 的生产点沿 PPF_B 从 A' 向 Y 轴方向移动。这使得国家 A 的 X 商品相对价格上涨，过生产点的 PPF_A 斜率变大；国家 B 的 X 商品相对价格下跌，过生产点的 PPF_B 斜率变小。当两国 X 商品相对价格都变成 PB 时，生产点的移动就停止。这时斜率为 PB 的直线与 PPF_A、PPF_B 分别相切于 B、B'，B、B' 分别为国家 A、B 国际通道贸易后的生产点。这条斜率为 PB 的直线同时还与社会消费无差异曲线 Ⅱ 相切于 E 点,E 点所表示的 X、Y 商品数量为国家 A、B 的消费量,E 点为两国消费点。国家 A 的消费点 E 是通过出口 BC 段的 X、进口 CE 段的 Y 来实现的。国家 B 的消费点 E 是通过出口 $B'C'$ 段的 Y、进口 $C'E$ 段的 X 来实现。此时 BC $= C'E$、CE $= B'C'$。国家 A、B 通过国际通道贸易提高了本国消费水平,获得来自国际通道贸易的利益。

第二节　国际通道的资本要素流动

在国际通道区经济中,资本要素占有中心地位。因为资本的形成被视为经济增长的发动机,而且资本的空间分布决定了工作岗位的供给,从而也影响着劳动力的迁移结构。国际通道对资本要素流动有着很大影响,同时资本要素的跨国流动也反作用于国际通道区的经济发展。

一、资本跨国流动的有利因素

资本有两种基本存在形式,一是实物资本,指生产出来的生产资料,如厂房、机器、设备等;另一种是货币资本,是为实物资本所准备的资金。本章所讨论的资本概念近似于投资,因此本书所讨论的资本既包括实物资本,也包括货币资本。资本跨国流动其实就是资本在不同国家或地区之间的单向、双向流动。资本跨国流动规模呈现逐年增加的态势,主要受以下因素的影响:

(一)各国金融管制的放松及巨额金融资产的累积

20 世纪 70 年代以来,各国兴起了放松金融管制的浪潮,国内市场逐步开放,原有的对外资进入国内市场的限制逐步减少或者取消。到 20 世纪 90 年代中期,发达国家基本上取消了对资本流动的汇兑限制。另外,除了某些国家保留了与国际贸易无关的外国银行信贷,对外国在某行业投资、买卖房地产和证券方面的限制外,发达国家已经放松或取消了对国际资本流动的限制。与此同时,各国纷纷采取措施鼓励吸引外资,并允许本国居民到国外投资或进行资本保值,这极大地促进了资本的跨国流动。

巨额金融资产的不断累积则为资本的跨国流动提供了前提条件。第二次世界大战以来,伴随着经济的快速发展,能源供应略显不足,已经先后爆发了能源危机,特别是石油危机,这为少数产油国积累了大量的石油美元。其次,美国利用其在战后获得的美元优势地位,不断增发货币,以掠取世界各国的资源,进而造成大量美元充斥国际市场。第三,伴随着金融管制的放松,金融机构派生出大量的金融资产。上述变化使资本跨国规模流动成为可能。

(二)资本收益率的差异

资本是趋利的,资本运营遵循在保持资本安全与流动性基础上追求收益的最大化。国际金融市场上,各国利率水平受各自国内政策目标、货币供求、平均利润率水平、政府管制等因素的影响而存在一定的差距。此外,国际金融市场与国内金融市场资本运营成本也存在一定的差异,成为资本跨国流动的巨大诱因。

(三)资本规避风险的需要

国际金融市场存在的风险[①]增加了金融资本运作的不稳定性。出于规避风险的考虑,国际资本在国家之间进行频繁流动,不断买入卖出,以实现套期保值和规避风险的目的。

资本跨区域流动的根本动因在于追逐高额利润和规避风险,投资者的选择模式可以概括为,在既定的收益下使风险最小,或在预定的风险下使收益最大。由于资本追逐利润最大化,一个地区要吸引外部资本,就必须保证外部流入资本在流入地区能够获得相对于流出地区更高的收益。但是,由于交易成本和风险的存在,如果收益差额不足以补偿交易成本和风险,资本就不会从收益较低的地区流向较高的地区。收益的增加或风险的降低都会使资本的效用水平提高。因此,除资本的收益因素外,风险因素也是资本区际或跨国流动的另一主要动因。落后地区的政策法规和制度不完善、基础设施落后、市场规模小、劳动力素质低,在落后区域的投资风险远远高于发达区域,投资不确定性也大于发达区域。此外,投资者通常缺乏落后地区的投资信息。因此,投资者一般倾向于在那些设施和产业配套条件较好的区位尤其是中心城市投资。

二、国际通道对资本流动的影响

区域经济发展的不平衡性要求资本在不同国家或地区之间进行流动,而

---

① 国际金融市场中存在的风险主要有信用风险、利率风险、市场风险、炒作风险、法律风险、国家风险等。

国际通道对资本跨国流动的影响不可小视。

（一）国际通道对资本流动的直接影响

1. 国际通道能影响土地价格,影响运输成本,进而影响劳动力要素的实际收益率与收益预期,在本质上改变企业投入要素的价格,并最终引致企业投资回报率的变动。

2. 国际通道的改善意味着企业通达率水平的提高,这将在时间与空间上改善企业寻求廉价原材料和生产要素的便捷性与可能性,这实质上改变了企业的投资回报率。同时,由于国际通道的改善使区域间的社会交流更加容易,从而带来交易成本的节约并在本质上影响资本要素的实际收益率或收益预期,促进资本的跨国流动。

3. 时空距离的缩短也有利于技术的扩散与传播,这将影响源自于企业转移引致的资本流动。

（二）国际通道对资本流动的间接影响

国际通道通过促进国际经济一体化从而加速资本的跨国流动。地域性决定了区域经济要快速发展,就要加强与其他区域的相互协调与联系。以国际通道为基础而形成的经济带对促进国际经济一体化起着重要的作用。最为常见的以国际通道为基础而形成的经济带就是城市带(或城市圈)。城市与城市通过紧密合作,从而实现这些城市的共同发展。由法国地理学家戈特曼首次提出的城市带(或城市圈)是城市集团式发展战略在不同层级上的空间表现形式,是由核心城市及其周边城市和地域共同组成的联系紧密的一体化区域。而城市带(或城市圈)之间的链接纽带正是各种交通通道。对于跨国城市或地区的城市带(或城市圈)而言,连接纽带即是国际通道。经济一体化不但促进商品和生产要素在不同区域之间的流动,而且还促进在产业分工和专业化基础上的经济联系与协作。由于企业及区域之间的关系既相互竞争又相互协作,区域内以及区域之间的经济贸易关联、产业关联和企业关联都依赖于生产要素和产品的流动,从而产生在更大范围内的资源配置以及市场、税收、货币和经济政策与管理一体化的要求,由此加速资本的跨国流动。

从现实来看,一系列国际通道促进了资本的跨国流动,带动了世界经济的发展。如苏伊士运河、莱茵河、巴拿马运河、横贯欧亚的铁路大动脉——欧亚大陆桥等的完善,使通道区上国家之间的经济联系更为紧密。如莱茵河发源于欧洲南部的阿尔卑斯山脉,全长约 1400 千米,流经瑞士、法国、德国、荷兰等国,通航里程达 1000 多千米,年货运量 3 亿吨以上,是目前世界上航运量最大、航运业务最为繁忙的内陆河流①。欧洲重要的工业中心鲁尔区处于这一内河航运的中间位置。1850 年以来,鲁尔工业区依托莱茵河发达的航运能力与周边地区及邻国进行生产资料和商品交换,继而带动了包括瑞士、法国、德国、荷兰等区域的资本跨国流动,也使鲁尔工业区发展成为欧洲的工业心脏。曼昆国际公路通道途经玉溪、思茅、西双版纳、金三角、清莱、清迈、曼谷等重要城市,该通道不仅满足了中国对缅甸、老挝等国的资源需求,也满足了缅甸、老挝、泰国等国家对中国日用品的需求,还带动了中国东盟自由贸易区国际旅游业的迅猛发展,也加快了中国东盟自由贸易区资本的跨国流动。

三、国际通道跨国资本流动的特点

资本跨国流动的强度和规模由国际通道区社会经济发展水平、投资环境、区域间联系强度和资本的供求状况等因素决定。同时,资本跨国流动对国际通道区经济发展有着重要的影响。

(一)资本的跨国流动由通道区内资本的供求关系决定

在没有外来资本流入的情况下,特定区域的资本供给取决于本区域的储蓄能力和居民的储蓄倾向,而储蓄能力直接与区域国民收入水平相关,在资本供给不足而本区域储蓄率已达到临界值时,只有通过资本流动从外界输入资本。通道国或通道区可以通过国际通道资本跨国流动平抑资本供求的矛盾。所以资本的跨国流动最根本的是由通道区内供求关系决定。

(二)资本总是向优势区位流动

通道区要吸引外部资本流入,就必须保证通道区有较高的资本收益率水平,由于资本的跨国流动存在交易成本和风险,如果资本收益率的区域差异在投资者看来不足以补偿交易成本和风险,资本依然不会从收益率较低的地区流向通道区。对投资者而言,收益的增加或风险的降低都会提高投资者的资本效用水平。国际通道区资本流动的原因比较复杂,除资本收益率差异、交易成本和分散风险外,资本的跨国流动还与汇率的相对变动有关。当获得的利

---

① 数据资料来源于莱茵河国际委员会官网:"http://www.iksr.org"。

差不足以弥补由于汇率变动而导致的汇兑损失时,资本的跨国流动依然不会发生。

资本流动对于国际通道区经济的影响是比较复杂的,可以用资本要素流动模型加以阐述。首先,假设通道区只存在两个区域,即两经济区域模型。资本从区域1流向区域2,导致区域2的资本存量增加,区域1资本存量减少,因而两个区域的生产潜力也随之增大或减小。如果流入地和流出地的资本效应相同,那么流入地的扩张效应正好等于流出地的收缩效应,实现了新的均衡,但由于存在资本交易费用和流动风险,资本流动的结果是降低了国际通道区整体资本效益水平。如果资本从区域1流向区域2后,在区域2产生了集聚效应,就可能带来较区域1更高的资本收益率水平,并因此提高区域2的投资吸引力。

四、资本跨国流动模型

国际资本流动的一般模型假定①:国际资本流动的原因是各国利率和预期利润率存在差异,各国的产品和生产要素市场是一个完全竞争的市场,资本可以自由地从资本充裕国向资本稀缺国流动。在19世纪,大量英国资本的输出就是基于这两个原因。资本的跨国流动使各国的资本边际产出率趋于一致,从而提高世界的总产量和各国的福利。

国际资本流动一般模型如图3—3所示:

此外,该模型的假定条件是整个世界由两个国家组成,一个资本充裕,一个资本短缺。世界资本总量为横轴 OO',其中资本充裕国资本量为 OC,资本短缺国资本量为 $O'C$。曲线 AA' 和 BB' 分别表示两个国家在不同投资水平下的资本边际产出率。它意味着投资水平越高,每增加单位资本投入的产出就越低,亦即两国投资效益遵循边际收益递减规律。

分两种情况分析于下:

1. 对于封闭经济系统

封闭经济系统是指资本没有在国与国之间互为流动条件的经济系统。无

---

① 国际资本流动的一般模型,亦称麦克杜加尔(G. D. A. Macdougall)模型,或称完全竞争理论,是一种用于解释国际资本流动的动机及其效果的理论。

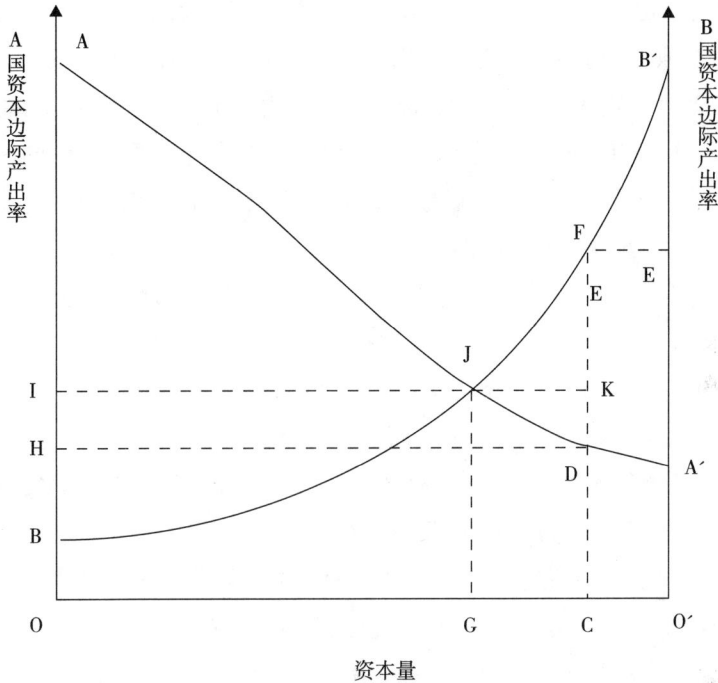

图3—3　国际资本流动的一般模型

论是资本充裕国还是短缺国,资本只能在国内使用。

(1)如果资本充裕国把其全部资本 QC 投入国内生产,则资本的边际收益为 OH,总产出为曲边梯形 OADC 的面积,其中,资本使用者的收益是曲边三角形 HAD 的面积,资本所有者的收益是矩形 OHDC 的面积。

(2)如果短缺国也将全部资本 $O'C$ 投入国内生产,则其资本的边际收益率为 $O'E$,总产出为曲边梯形 $O'B'FC$ 的面积。其中,资本使用者的收益是曲边三角形 $EB'F$ 的面积,资本所有者的收益是矩形 $O'EFC$ 的面积。

2. 对于开放经济系统

开放经济系统是指资本具有在国与国之间互为流动条件的经济系统。这时,如果资本充裕国把总资本量中的 OG 部分投入本国,而将剩余部分 GC 投入资本短缺国,并假定后者接受这部分投资,则两国的效益会增大,并且达到资本的最优配置。

（1）就资本输出国而言,输出资本后的国内资本边际收益率由 OH 升高为 OI,国内总产出变为曲边梯形 OAJG,其中,资本使用者的国内收益为曲边三角形 IAJ 的面积,资本所有者的国内收益是矩形 OIJG 的面积。

（2）就资本输入国而言,输入资本后的国内资本总额增为 $O'G$,总产出为曲边梯形 $O'B'JG$ 的面积,其中,总产出增加量为曲边梯形 CFJG 的面积。这部分增加量又被分为两部分,矩形 CKJG 是资本输出国所有的收益,曲边三角形 JFK 则是资本输入国的所得。

这样,由于资本的输出与输入,就使资本输出国增加了曲边三角形 JKD 面积的收益,而资本输入国也增加了曲边三角形 JFK 面积的收益。资本流动增加的总收益就为这两个分收益之和,即 $S_{\triangle JFK}+S_{\triangle JKD}$。

从上面的模型分析,可得出下面三个结论;

1. 在各国资本的边际生产率相同的条件下,开放经济系统的资本利用效益远比封闭经济系统高,并且总资本能得到最佳的利用。

2. 在开放经济系统里,资本流动可为资本充裕国带来最高收益;同时,资本短缺国也因输入资本使总产出增加而获得新增收益。

3. 资本自由流动的结果是使资本在世界范围内可重新进行资本资源配置,使世界总产值增加并达到最大化,促进了全球经济的发展。

第三节　国际通道的劳动力要素流动

劳动力是国际通道区诸多发展要素中最为活跃同时最具能动性的要素。从流动时间看,国际通道区劳动力流动可分为短期流动和长期流动。从流动的地域空间范围看,国际通道区劳动力流动可以分为通道区内部流动和通道区之间的流动。国际通道区劳动力流动显示出"向心"和"离心"的两种趋势。所谓"向心"趋势是指劳动者由人口稀少、经济不发达的地区流向人口密集、经济较发达的地区;而"离心"趋势则是劳动者由人口密集、经济较发达的地区流向人口稀少、经济不发达的地区,即劳动者离开原来的经济中心,流向新的经济中心。国际通道区劳动力流动是一个不间断的过程。

一、劳动力跨国流动的影响因素

劳动力要素变化可进一步区分为质量变化和数量变化两种情况。通过加强和完善劳动力培训可以提高劳动生产率，从而在劳动供给既定的条件下，提高国民经济的总产出。劳动供给的数量变动，一般是用有效劳动时间的时数衡量。影响劳动供给的因素主要包括自然形成的人口数量、人口的年龄结构、就业人口比例和劳动时间。

影响劳动力跨国流动的原因，应该从劳动力的主体行为、来源国和目标国所处的环境条件及来源国和目标国之间存在的劳动力进出障碍等方面去探寻。工作地或居住地在空间上的变动是一种社会经济行为现象，空间流动决策的前提是个体或群体对所在区域或国家经济、社会状况不满和对所选择国家的认识，他们期待在目前区域可以更好满足个人的需求。对国家收益差别的认识能力，取决于行为主体所掌握的信息状况，这又受到现有通讯联络系统的影响，也就是说受到接受与流动相关信息的意愿、开辟联络渠道的能力和来自另一国家的信息刺激强度的影响。一般规律是，对所在国家的劳动和生活条件的不满程度越大，并且对国家之间收益差别了解越多，跨国空间流动的可能性也就越大。经济理论研究中①，更多的是把工资水平或提供的工作岗位视为劳动力空间流动的决定因素。理论模型研究的出发点是劳动力从工资水平低的国家向工资水平高的国家流动，或者从劳动力过剩的国家向劳动力稀缺的国家流动；国家之间的差别越大，流动率也就越高。理论模型很少考虑经济以外的因素，如流动的空间障碍、政治文化因素等。在迁移模型中，距离及交通基础设施起着重要作用。莱文斯坦在对 19 世纪中期英国劳动力迁移运动进行经验研究后得出的结论是：两个国家之间的迁移强度同距离成反比，同人口数量成正比。

二、国际通道对劳动力跨国流动的影响

国际通道刺激和加强劳动力流动。国际通道加深劳动者对目标地区或通道国信息的了解。对通道国相关信息掌握地越清楚，越容易受到目标地区或

---

①　在经济理论研究中，确定国家之间收入差别的主要指标有：收入、工资水平、生活成本、就业结构、提供的工作岗位、城市化水平、居住状况、文化设施、社会地位等。

通道国的驱动影响。

国际通道的完善大大降低了劳动力的移动成本。劳动力从工资水平低的区域向工资水平高的区域流动,或者从劳动力过剩的区域向劳动力稀缺的区域流动;通道区之间的工资差别越大,流动率也就越高。通道国间往往要建立友好合作关系,探索制定相应的通道管理政策,其目的是为了促进经济的发展,这给劳动力提供更好的就业机会。国际通道也使通道国之间的文化交流增多,甚至在通道区形成地缘文化,促进劳动力的双向流动。

三、国际通道劳动力流动的特点

国际通道劳动力流动具有显著的区域特点,流动的强度与规模都是由区域的各种经济社会条件所决定的。在市场经济条件下,国际通道劳动力要素流动有利于生产要素地域空间配置的调整与改进,对国际通道区经济运行产生重要影响。

(一)国际通道区劳动力流动由劳动力供求状况确定

劳动力供求客观上存在时间差异与区域差异。一般而言,劳动力往往是从低工资区流向高工资区,从劳动力剩余区流向劳动力短缺区。欠发达区域有选择的劳动力外迁对区内劳动力需求所产生的负面影响比单纯的劳动力总供给减少的影响更为严重,因为流出的可能是年轻的、受过教育且有一技之长的劳动力,这种迁移不仅无助于缩小通道区的差异,反而会扩大通道区收入差距。在市场经济条件下,劳动力的区际流动有助于推动城镇化,但在城市扩张中的集聚经济与劳动力迁入之间会产生彼此推波助澜的效应,结果是扩大而不是缩小通道区差距。发达区域希望迁入的是有知识、有技能的劳动力,而不希望迁入无技能的劳动力,而欠发达区域希望迁出的则是无生存的劳动者以减轻社会负担。因此,不同的区域对劳动力的需求与供给情况是有所区别的,城镇与农村、发达地区与欠发达地区等区域的特点决定了劳动力是短缺或是过剩、流入还是流出。

(二)国际通道区劳动力流动对经济有多种外部性效果

劳动力迁移会对迁出区与迁入区的产品价格、工资与收入水平、凝结在劳动者身上的教育投资的转移、资本的再分配等产生广泛影响。流入或流出的劳动力既是生产者又是消费者。作为生产者,劳动力的流动会影响相关通道区的规模效应;作为消费者,劳动力的流动会影响公共物品的消费,并间接影响区域价格、收入水平等。区域劳动力要素流动对流入区与流出区所产生的正负外部效应不一定正好相等。劳动力在通道区内流动的影响是多方面的,从流入区的角度看,劳动力的流入使该区域的税收增加,同时,劳动力流动所带来的人才为区域经济发展提供了人力资本支持;对于流出地区,由于具有税收贡献能力的人员减少,地方政府的收入也相应减少,一般认为会造成效率的净损失,尤其是人才流失。事实上,在劳动力要素流动过程中,虽然迁出地区的人才外流了,但却减少了迁出地区劳动力竞争的压力,在某种程度上也刺激了人才流出地区人才的成长,从而具有有利于当地经济发展的一面。另外,获得流动劳动力的汇款及由流动者带来的经济交往、信息交流等方面的作用也不容忽视。

(三)国际通道区劳动力流动影响要素构成、贸易构成和贸易量

当劳动力从乙地流向甲地时,改变了两地的要素禀赋,劳动力资源丰富的乙地本应出口劳动密集型产品,但劳动力流入甲地表明甲地具备部分生产劳动密集型产品的要素构成,从而扩大了这种产品的生产。与此同时,乙地由于劳动供应量减少,势必将削减劳动密集型产品的生产,降低了工资较低的乙地生产传统产品的能力。此外,国际通道区劳动力流动还可能减少实物流动,两种流动哪个规模更大需要比较劳动力流动和商品流动的相对自由程度,以及劳动力流动成本和商品运输成本。劳动力流动会带来一系列的问题,劳动者在流入相对陌生的地区,在生活甚至生存没有保障的情况下,往往会产生犯罪心理和行为,从而危害当地的社会治安①。

假定通道区内只存在两个区域即两区域模型,劳动力从区域1流入区域2,导致区域2的潜在劳动力增加,同时区域1的劳动力减少。新古典区域均衡模型回答了劳动力流动对来源区域和目标区域的经济增长和人均收入所产生的作用问题。新古典理论的出发点是严格的假定条件,如同质性的劳动力供给,完全竞争的劳动力市场,充分就业,要素自由流动,区域之间运输费用为零。如果再进一步假定工资差别是劳动力流动的唯一原因,那么劳动力就是从工资低的区域流入工资高的区域,并且对目标区域所形成的扩张效应和对

---

① 杜肯堂、戴士根:《区域经济管理学》,高等教育出版社2004年版,第200—203页。

来源区域所形成的收缩效应程度是相同的。在给定的条件下,劳动力流动使两个区域的工资水平均等化,并且当不存在通道区之间的工资差别时,便会停止流动。

从给定的限制条件中,可以推导出在新古典均衡模型中描述的劳动力流动的作用。然而,如果再引入更接近于现实的另外的假设,那么流动产生的作用既不会导致形成同等程度的扩张效应和收缩效应,也不会导致通道区之间的人均收入均衡。如果由于劳动力流入形成了聚集优势(内部节约和外部节约),那么可以由此可推论出,在目标区域形成的扩张效应大于在来源区域形成的收缩效应。其结果是整个国民经济的增长率提高,而通道区之间收入差别扩大。由于劳动力流动具有选择性,可能使通道区差别长期固化。经验研究证明,流动者大部分都是年轻的、富有活力和技能的劳动力。这种通道区之间的人力资本转移,增大了目标区域的发展潜力,相反则使流出区域的增长条件恶化。由于劳动力流动的选择性,流出区域失去了对资本流入的吸引力,并且缺乏那些能够从其他区域接受创新并加以实施的专门人才,削弱区域内的增长潜力。

四、劳动力跨国流动模型

假设两国的劳动力能够自由流动,那么劳动力可从本国流向外国。这一流动会减少本国劳动力并因此提高本国的实际工资;相反,外国劳动力会增多,实际工资相应下降。如果没有其他障碍阻止劳动力流动,这一进程将持续下去直到两国边际劳动力产出一致为止。

图3—4说明了国际劳动力流动的原因及其影响。横轴代表全世界的劳动力,从左自右是本国雇佣的劳动力数,从右自左则是外国雇佣的劳动力数,左边的纵轴线表示本国的边际劳动产出,右边的纵轴线代表外国的边际劳动产出。假设起初本国的劳动力数为 OL_1,外国的为 $L_1 O^*$,在这种分布下,本国的实际工资(点 C)比外国的实际工资(点 B)要低。如果劳动能够自由流向支付高工资的一国,那么他们就会从本国流向外国直到两国的实际工资率相等为止。这样,世界劳动力的最终分配会在点 A,在这一点,本国劳动力为 OL_2,外国的为 $L_2 O^*$。

对劳动力跨国流动的研究,可形成三个基本的结论:

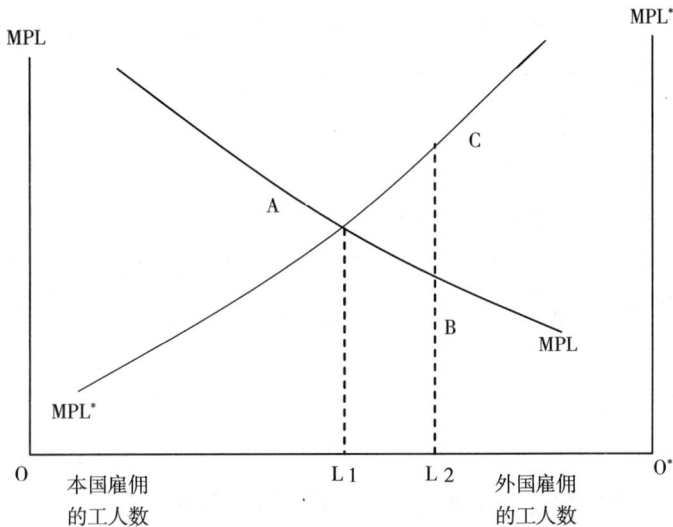

图 3—4　劳动力跨国流动的原因及影响

1. 劳动力跨国流动会导致实际工资率趋同。本国实际工资上升,外国实际工资下降。

2. 劳动力跨国流动增加了世界的总产出。外国的产出会由其边际产量曲线下 L_1 对应的面积增加到 L_2,而本国的产出则减少了其边际产量曲线下 L_1 到 L_2 相应的面积。从图中可以看出,外国的收益大于本国的损失,其净值等于图中 ABC 的面积。

3. 尽管有上述净收益,仍有一些人会由于这一变化而受到损害。那些原先在本国工作的劳动力可以获取更高的实际工资,而那些原先在外国工作的劳动力的工资却下降;外国的资本家会由于更充裕的劳动供给而获利,但本国的资本家情况却会恶化。劳动力跨国流动虽然在理论上可以使每个人的福利得到改善,但在现实世界中却会使部分团体的利益受损。

第四节　国际通道的技术要素流动

技术是在商品生产和劳务提供中所积累的知识、技巧和熟练程度,发明创造是技术进步的源泉。技术进步或技术创新意味着一定的投入量可以生产出更多的产品。通过技术改进，提高现存劳动量和资本量的生产率，就像是在技术不变的情况下增加了劳动或资本的供给。连接地域上相邻或相近国家之间的国际通道对通道区产业结构的影响，跨区、跨国公司的建立使通道区之间的技术扩散也日益加剧。

一、技术跨国流动的影响因素

为了更好说明国家之间技术流动的影响因素，先假定区域内只有国家 1 和国家 2。国家 1 和国家 2 的技术进步是由各自国家内的发明、技术的流动以及新技术知识的运用（创新）和推广（扩散）所决定。技术在国家之间的流动取决于现有的联络交流系统，取决于技术输出国的输出意愿和目标国潜在接受者的接受意愿，以及信息渠道的提供能力。原则上假定国家研究机构比私人研究机构更愿意转让技术发明。技术流动最普遍的形式是由企业或者跨国公司经营运作来实现的。私人企业首先考虑的是把垄断技术，从而保持竞争优势。专利法构建了法律框架，规定了技术进步在发明企业范围内的保留时间。由此，对私人企业来说，技术在短期内很少有输出意愿。但从长期看，发明企业进行技术转让是有利可图的。技术的空间扩散更多的是在已有和新建分厂中使用，或向其他企业转让许可证相联系的。

技术流动的原因是多方面的。从经济学角度看，主要有以下几个方面的原因：一是技术转让是跨国公司维持和扩大其竞争优势的重要手段，跨国公司将其拥有的技术向国外子公司或分公司转让，可以使这些公司在当地的市场竞争中获得优势；二是以技术换市场会引起技术转移。通过出口成套设备实现技术输出带动商品出口，或者是通过把技术输入到另一国家，换取对方开放市场，都会引起技术的跨国流动；三是为获取技术转让费用，尽快收回技术投资。由于各个国家的技术状况存在差异，技术作为一种特殊商品，相同的技术商品在不同的国家会有不同的价格，因此会发生技术商品从价格低的国家向价格高的国家的流动。另外，随着世界技术革新的周期越来越短，投入的科研费用越来越大，技术拥有者也迫切需要尽快收回投资；四是技术输出可代替或带动其他生产要素的输出。如通过技术入股来发展对其他国家的直接投资，或者通过技术输出带动劳动力或资本等的输出。从政治和军事的角度看，技术先进国家也会无偿或者按优惠条件通过技术援助和技术交流等形式，向落后国家提供技术。此外,技术创新或由于制度创新而引起的技术要素过剩具有溢出效应,这也是技术跨国流动的重要原因。

二、国际通道区内企业技术创新的扩散

企业或地区的科技水平和科技进步的速度取决于两个方面,即本身的科技实力和接受外部先进技术的数量和效率。由国际通道区衍生的点轴式发展模式,通道区的发展由国际通道慢慢向周边辐射开来,引来大量的企业和跨国公司的进入。企业和跨国公司先进的技术创新方式由此在国际通道区扩散开来。

考察企业技术创新的扩散[1],可以认为它是一个技术创新成果从输出到输入再到输出的过程,在这一过程中,技术成果的输出首先是由技术创新者提供的,创新成果的输入是由接受者实现的,在创新成果的供给者与接受者之间存在着一定的传播和转移的途径或中介。因此,技术创新扩散行为的主体构成为供给主体,需求主体,扩散媒介。国际通道区企业技术创新扩散的模式很多,按知识产权转让的方式与程度可以归纳为三种主要类型,即内部扩散模式、合资扩散模式、转让模式。

(一)内部扩散模式

内部扩散是指技术创新成果在企业内部扩散。这些企业往往是大型的企业集团或跨国公司,它们有许多分厂、分公司或子公司,技术创新成果在企业内部扩散没有发生知识产权的企业间转让,只是扩大了知识产权的使用范围。具体包括三种形式:一是让其所属的分厂、分公司或子公司直接使用技术创新成果;二是通过并购扩大企业规模,然后让并购进来的企业直接采用其技术创新成果;三是在直接投资建厂并采用其技术创新成果。内部扩散模式的扩散过程呈有界发散形式,即创新成果扩散有明确的边界,将技术创新成果控制在企业内部,使企业能在相当一段时期内,保持其在本行业内的技术垄断优势,独享该项创新技术的收益,也不需要任何中间扩散媒介,降低甚至没有技术扩散费用,提高了技术转移速度与效益。

---

① 陈秀山、张可云:《区域经济理论》,商务印书馆 2003 年版,第 317 页。

（二）合资扩散模式

合资扩散是指通过建立合资企业来扩散创新技术。采用这种方式一般是为了分散独家经营的风险，或因受资源和条件限制而无法建立独资企业。技术创新成果通过合资扩散，往往是把创新成果折合成股份与其他公司共享。在这个过程中，知识产权发生了部分转移。合资扩散一般采用两种形式，一是与属于同一国家的企业合资，可以是与一家企业合资，也可以是同时与多家企业合资；二是与另一国之间的企业合资，同样可以是与一家企业合资，也可以同时与多家企业合资。该模式的扩散过程呈直线形式。该模式有如下显著特点：可以在很长一段时间内享受技术收益，并分散了投资风险，但需与合资方分享收益；可通过合资协议控制技术秘密外泄，但有一定风险；因直接参加建厂与管理，技术效益能在很短时间内得到充分发挥，并能确保输出技术所生产的产品质量，保持企业声誉；采用通道国之间合资建厂扩散创新技术时，还要考虑所在国是否具备相应的技术基础和产业基础；该模式下，扩散源不断增大。初始的扩散源只有一个，当企业1采用创新技术后，扩散源就增加到初始扩散源与企业1，此时技术扩散源可以是初始扩散源，也可以是企业1。当第二个采用者出现后，扩散源增加到初始扩散源、企业1和企业2。

（三）转让扩散模式

转让扩散模式是指创新企业通过向外转让的方式来扩散技术。与普通商品相比，技术商品的最显著特征是拥有者可以多次转让，而接受者在得到被转让的创新技术后，不但可以自己使用，而且在改造创新的基础上可以向第三者再次转让。技术转让后知识产权发生了转移。技术转让可以分为单纯出售软技术的许可方式和伴随商品与设备等硬件出售的技术转让方式。伴随硬件特别是成套设备的技术转让方式不仅收益大，而且易于被接受方掌握，是向技术差距较大的接受方转让技术的常用转让方式。该模式的扩散过程呈网状形式。这种模式的特点是：技术收益一般是一次性的；技术秘密难以得到保护；为自己树立了竞争对手；从形式上看，转让扩散模式是内部扩散模式与合资扩散模式的一种多维组合。

三、技术流动对通道区经济的影响

随着生产力发展和科学技术进步，技术成为区域经济发展越来越重要的生产要素。在以知识、技术为基础的现代开放型市场经济体系中,知识、技术的扩散与集聚将成为通道区经济运行的重要客观基础。技术是指制造某项产品、应用某项工艺或提供某项服务的系统知识。技术流动也称技术转移,是指技术持有人把技术的使用权或所有权转让给其他人的过程。根据转让是否有偿,技术流动可分为技术贸易、技术交流和技术援助三种方式。技术贸易是指企业、经济组织或个人之间,按一般商业条件从事技术使用权买卖的一种交易行为。技术贸易是通道区内技术要素流动的主要形式。技术流动随着科技进步、经济全球化与市场化进程的加快,其速度越来越快,对通道区经济合作产生越来越重要的影响。

技术进步对通道区经济发展的作用与劳动和资本的作用具有根本上的区别。一个单位的劳动要素和资本要素,只能投入到一个空间点使用;而新技术知识可以同时运用到多个空间点。劳动和资本要素的流出使输出区域的生产潜力减小,要素存量减小一般会形成收缩效应。与此不同的是,新技术知识的输出并不改变输出区域的要素存量,至少短期内不会产生衰退效应。相反,由转让生产许可获得的收入还会产生积极作用。从长期看,不能排除对输出区域经济增长形成阻碍效应,因为新技术知识的转移会提高接受区域的竞争力。新技术知识的流入,像劳动力和资本要素的流入一样,提高了接受区域的生产潜力①。

在其他要素存量有限(劳动力、资本、土地)的通道区,经济发展的可能性取决于创造和运用新技术知识的能力。假如把通道区看成两个区域,我们可以简单地假定,在两区域模型中,区域1经济发展水平高,资本充足而劳动力稀缺;区域2经济发展水平低,资本稀缺而劳动力过剩。区域1开始进入一个主动的、有计划的寻找过程,寻求节约劳动的新技术知识。基于现有的知识存量和投入的资金数量,成功地开发出新的生产方法并运用于实际生产过程,从而能够在资本耗费不变的条件下使用更小的劳动耗费,达到同样的产量。在区域2中,劳动节约的技术进步克服了经济增长过程中劳动力紧缺的限制。如果区域2也运用在区域1中已见成效的新生产方法,那么虽然可以降低生

---

① 技术进步可用更低的成本生产现有的产品,并使生产函数发生变化。通过引入新的生产方法,也就是技术进步,同样的产量可以用更少的要素投入生产出来。

产成本,但同时也加大了劳动力的过剩。为了解决问题,区域 2 需要采取资本节约而劳动耗费增加的技术进步。由此可以得出的结论是技术进步对通道区发展的影响作用取决于技术进步的类型。

四、技术的跨国流动模型

技术是指用于产品生产的程序、方法,技术的国际流动就是指这些方法、程序等系统知识的流动。从贸易的角度,弗农教授在产品生命周期理论中已讨论了国际技术流动,但因为世界经济环境的变化. 理论上更多地讨论技术在发达国家与发展小国家之间的流动所产生的影响。

假设只有两个国家,发达国家(北方)与发展中国家(南方);只有劳动这一种生产要素;两个国家共生产 n 种产品,所有产品的成本条件相同,决定贸易的主要因素是技术的变化;所有产品分为两类:新产品和旧产品。假定北方的工资水平高于南方($W_N > W_S$),所以,在其他成本相同的条件下,旧的产品只在南方生产。假定北方是技术的创新国,所以新产品只在北方生产。n_N 是北方生产的产品数量,也是新产品的数量;n_S 是南方生产的产品数量,同时也是旧产品的数量。对所有消费考而言,旧产品和新产品的效应函数为:

$$U = \Big[\sum_{i=1}^{n} q_i^a \Big]^{\frac{1}{a}} \ (0 < a < 1) \tag{3.1}$$

公式 3.1 中, q_i 代表商品消费的数量,n 是所有的商品数量($n = n_N + n_S$)。在一定的收入水平下,随着消费数量的增加或商品品种的增加,效应会增加,即消费者喜欢多样化。

假定市场是完全竞争的,并且每一单位的劳动只能生产一单位的产品,所以北方或南方的任何产品的价格都等于本国的工资($P_N = W_N, P_S = W_S$)。北方生产的所有产品价格都相等,南方生产的所有产品价格也都相等。因此可用双方代表性产品来分析。

对于新旧商品的需求量之比由其相对价格,也就是相对工资来决定,可表示为公式 3.2。

$$\frac{q_N}{q_S} = \left(\frac{P_N}{P_S} \right)^{\left(\frac{1}{1-a} \right)} = \left(\frac{W_N}{W_s} \right)^{\left(\frac{1}{1-a} \right)} \tag{3.2}$$

其中 q_N 和 q_S 代表北方和南方各自生产的产品的消费量。北方和南方对

于劳动力的需求由生产的商品种类和数量决定。即

$$\frac{l_N}{l_s} = \frac{n_N q_N}{n_s q_s} = \left(\frac{n_N}{n_s}\right)\left(\frac{W_N}{W_s}\right)^{\left(\frac{1}{1-a}\right)} \tag{3.3}$$

公式 3.3 表明,北方和南方工资之比主要取决于新旧产品的品种数量。新产品的品种数量由技术创新决定,旧产品的品种数量由技术转移决定。

在这个模型中,技术创新只会使产品品种数量增加,而不会使现有产品的生产率提高,技术转移则使得新产品成为旧产品,而总产品的品种数量不会改变。假定技术创新是稳定进行的,τ 表示创新产品在总产品中的比例,则有公式 3.4。

$$\Delta n = \tau \cdot n \tag{3.4}$$

技术转移速度 t 表示模仿速度,即从新产品技术产生到技术转移至南方的平均时滞的倒数。所以北方产品的种类变化为

$$\Delta n_N = \tau \cdot n - tn \tag{3.5}$$

设 $\delta = n_N/n$,在均衡情况下 δ 是不变的即 $\Delta\delta = 0$,对 δ 微分

$$\delta = \frac{n\Delta n_N - n_N\Delta n}{n^2} = \frac{\Delta n_N}{n} - \frac{\Delta n}{n} \cdot \frac{n_N}{n} \tag{3.6}$$

令 $\delta = 0$ 则有

$$\frac{\Delta n_N}{n} - \frac{\Delta n}{n} \cdot \frac{n_N}{n} = 0 \tag{3.7}$$

即有

$$\tau - t \cdot \frac{n_N}{n} - \frac{n_N}{n} \cdot \frac{\Delta n}{n} = 0 \left(\frac{\Delta n}{n} = \tau\right)$$

$$\frac{n_N}{n} = \frac{\tau}{\tau + t}$$

$$\frac{n_N}{n_s} = \frac{n_N}{n - n_N} = \frac{\tau}{t} \tag{3.8}$$

由以上分析可知,创新使生产的产品种类增加,而技术转移使从前在工资水平较高的北方生产的产品转移到工资水平较低的南方,从而节省了劳动力资源,因此技术转移提高了全球的经济发展效率,使一定要素条件下世界产出总水平上升。

技术转移对全球商品的种类没有影响,但降低了新老产品的比例,使北方的工资水平相对于南方下降,贸易条件的改善有利于南方而不利于北方。因此当新产品出现时,北方在新产品的生产上具有垄断优势,它可以较高工资雇佣劳动,同时,随着技术从北方流向南方,这种垄断优势被打破,北方的相应产业消失,因为南方有更低的工资水平。从全球效率来看,这是有利的,但对北方来说,相对于一定的技术转移速度,须有不断的创新才能保持较高的生活水平。新技术流向南方会恶化北方劳动力的收入水平。因此,北南双方对于技术的跨国流动通常持相反的态度。从另一方面看,由于技术的流动有一定成本,即对于北方而言,它可以获取高额的技术转让费,同时又面临丧失一定产业的风险。但由于产业的转移是缓慢进行的,即南方从技术输入到控制该项新技术的产品生产有一段较长的时间,所以技术转让对北方国家还是有利可图的。

第四章 国际通道区产业结构演替分析

国际通道区是以国际运输通道主干线或国际综合运输通道作为发展主轴,以轴上或其吸引范围内的中心点为依托,以发达的产业特别是二、三产业为主体的发达带状经济区。国际通道区空间结构的演化是由"点"到"轴"、由"轴"到"面"的系统演化过程,在增长级极化效应的作用下,国际通道区经济要素首先在"点"上集聚,并逐步发展成为通道区中的各级增长极,增长极在通道区内首先完成产业结构的调整与升级。当集聚发展到一定规模后,各级增长极将逐步通过扩散辐射效应,带动通道周围区的发展,增长极或增长轴会自动或被迫把高耗能、高耗料的产业,沿轴线转移到国际通道区次一级地区,次一级地区在接受增长极的产业转移时实现了自身产业结构的调整与升级。随着国际通道区交通支线、动力线等线状基础设施的进一步发展,导致国际通道区空间结构中的各级轴线产业继续转移,并通过次级点及次级轴向四周扩散,从而产生通道区产业结构调整向"面"上扩展的效果。整个通道区产业结构随着国际通道的演替过程,完成着通道区空间结构由原始均质平衡态向更高阶段平衡态发展。

第一节 国际通道区产业结构演替的阶段特征

国际通道的"点"、"轴"不断开发,通道区经济主副中心形成,增长极积聚和扩散效应凸显;国际通道也由建成初期单一方式的运输发展到综合化、快捷化、高级化的交通网络;随着国际通道支线的持续发展,通道的线路布局最终进入到网络扩张阶段,不同等级的交通支线相应的会发展成不同级别的发展轴。国际通道的阶段演替过程也对应着通道区产业结构的演替。

一、第一阶段——启动期

第一阶段属于国际通道区的据点开发阶段。新兴产业在通道区自我兴起或者被引入国际通道区,国际通道区增长极以矿产资源开发或农产品初加工为主,工业发展以集聚为主。国际通道区新兴交通运输方式的建设,使沿线矿产资源、农副产品迅速得以开发,通道沿线经济随之发展,通道区人口迅速增加。复合区位条件比较优越的中心地①,首先成为工业和商贸业的选址地,这些据点成为新的增长极,逐渐成为国际通道区的经济中心。通道区内发展不平衡规律开始发挥作用,国际通道经济带雏形逐步形成。此阶段国际通道运输和通道区产业结构特征如下:(1)运输方式单一,运输线路少;货种结构比较单一,输出货物品种以原料型货物为主;(2)国际通道沿线产业结构等级较低,多以农业、食品、轻纺、采矿等原始加工型产业为主。

二、第二阶段——形成期

在第二阶段,国际通道区由据点开发向通道沿线开发迈进,增长极的集聚与扩散作用同时凸显。国际通道区经济主副中心相继形成强大的经济实力,产业结构高级化过程加快,对国际通道沿线以及国际通道腹地地区的带动作用增强。产业扩散继续进行,国际通道交通支线沿国际通道主线大规模开发,形成一系列流通中心和工业中心,国际通道中心城市的城市化达到较高水平。此阶段国际通道运输和通道区产业结构特征如下:(1)国际通道运输方式或运输能力明显增强,与主轴线交叉的支线不断涌现,通道经济带影响范围显著拓展;(2)国际通道沿线物流以内外交换和内部交流并重,通道沿线各工业中心和流通中心客货交流增强,货种结构日趋复杂,输出货物品种中,工业制成品比重明显增强,输入货物仍以工业制成品为主;(3)国际通道沿线产业结构等级普遍提高,原料深加工型产业成为主导产业;(4)国际通道区经济主中心地位增强,辐射范围明显扩大,通道区增长核对其他地区的影响以梯度扩散形式为主,极核产业外溢作用凸显。

----

① 优越的中心地主要以水陆枢纽或陆路交通连接点表现出来,依托沿线的农副产品、矿产资源的转运或加工,将其潜在优势转化为现实竞争优势。

三、第三阶段—延伸期

随着国际通道运力与运输方式进一步加强,大容量、高速度的综合国际运输通道逐渐形成。以既有国际通道经济带为基础,沿国际通道交通集散线路向通道两侧区域扩散较低层次的产业,或者沿着国际通道干线与纵深的工业城市建立紧密联系,形成国际通道经济带。相比于第二阶段,延伸期国际通道运输和通道区产业结构特征如下:(1)国际通道运输方式或运输能力进一步增强,综合国际运输通道形成,国际通道经济带影响范围扩大;(2)国际通道沿线物流方向和种类更加复杂,既包括内外交换、内部交流,又包括枢纽城市与卫星城间的交流;输出的货物品种中,工业制成品比重已占明显优势,输入货物中以制成品、原材料为主;(3)国际通道沿线产业结构升级速度加快,第三产业成为主导产业,通道经济带向更高产业结构发展,成为高新技术产业的研究、试制基地,扩散主要依靠高速交通,主增长极产业带作为通道区产业主体的相对地位下降,但在金融、信息情报、科研教育、商贸等方面的功能会继续保持通道区中的主导地位;(4)国际通道区经济主中心地位增强,主中心对其他通道区的影响以扩散效应为主,其他中心城市地位亦相应增强,次级城市产业外溢作用也开始凸显。

第二节　国际通道区产业结构演替的影响因素

一、复合区位条件

在国际通道区中,复合区位条件比较优越的"中心点",依托通道沿线的农副产品、矿产资源的转运或加工优势,人口、资金、技术、信息、产业、物资等要素首先向"中心点"聚集,"中心点"不断被极化,首先成为国际通道区中的增长极,极化作用使复合区位条件优越的"中心点"依托交通,通过后向联系效应不断吸纳通道邻近区的人、财、物等要素,并迅速成长为国际通道沿线的经济中心。随着"中心点"经济实力的不断增强,与之存在经济联系的通道区域范围迅速拓展,国际通道经济带的非平衡化特征日益明显,整个国际通道区产业带进入膨胀增长阶段。而复合区位条件具有比较优势,在国际通道经济带处于增长极的"中心点",将首先完成新兴产业对原来传统产业的取代①,并将传统产业通过辐射向极核周围地区转移。复合区位条件次一级增长极的"中心点",将通过被辐射优先承接一级增长极的产业转移,产业转移对交通运输的需求量较大,因而二级增长点对国际通道区域内交通干线的依赖更为明显,其周边通道向综合化、高级化发展,通道发展不断吸纳通道邻近地区的人、财、物,并迅速成长为国际通道沿线的次一级经济中心,从而将在国际通道经济区内再次优先完成其产业结构的升级。

二、发展阶段

国际通道区空间结构和对应的产业结构,伴随着通道区交通设施可达性和通道区内经济客体集聚程度的变化而相应演化。国际通道建成初期,通道经济区内连接各交通地的交通方式比较原始或单一,各中心地因彼此间客货交流障碍大、数量少而呈孤立分散、无等级体系状态,区域经济系统处于低水平均衡阶段,通道经济区除增长极外,产业结构演替极其有限。

随着国际通道区从据点开发向沿线开发迈进,在综合运输阶段,在国际通道交通枢纽周围开始出现纵横交错的多种交通方式,交通线的建设和新型交通方式的引入形成更加综合化、快捷化、高级化的国际交通网络,中心城市与次中心城市之间也将形成多维的通道网络,打破了区域经济系统原始的平衡均质发展的空间结构。交通沿线的可达性提高使生产要素集聚与扩散行为变得更为迅捷,并导致区域人口、产业、城镇、信息的轴向汇集,区域性的产业结构开始发生变化。当通道区内经济发展水平相对滞后的经济客体接受产业、技术、资金等生产要素而迅速发展到一定程度之后,整个区域的产业结构又进入稳定阶段并完成区域空间结构由原始的均质平衡态向更高阶段平衡态的发展。

随着国际通道支线路线的继续扩张,国际通道的线路布局进入到网络扩张阶段。干线会逐渐扩展自己的支线,支线又逐渐形成次级支线,这样不同等级的国际交通线路相应的会变成不同级别的国际通道发展轴。将上级发展中心与次级优先区位"中心点"联系起来,主轴线及其上一级发展中心会逐渐向

---

① "中心点"产业机构演替的一般规律是矿产资源开发或农产品初加工为主导——原料深加工型产业为主导产业——第三产业为主导产业——高新技术产业为主导。

自身的经济距离适当、功能互补、有发展前途的次级轴线和发展中心扩展,促进次级通道区发展,最终形成不同等级的国际通道发展轴及其发展中心,组成具有一定层次结构的点——轴系统,从而带动整个通道区的发展。此后,国际通道区内所有区域的产业结构,在国际通道经济区内将基于国际通道干线、各级支线为发展轴,上级发展中心与各个次级优先区位点为中心,实现国际通道区内的矿产资源开发或农产品初加工为主——原料深加工型产业为主导产业——第三产业为主导产业——高新技术产业为主导型的产业结构波式的辐射递推调整,从而实现整个国际通道区产业结构的全面调整。

三、增长极的扩散效应

扩散效应是指国际通道区增长极通过其产品、资金、人才、信息的流动,将其经济动力和创新成果,传导到广大的腹地,促使国际通道区腹地经济增长。随着国际通道运力与运输方式进一步加强,大容量、高速度的综合国际运输通道逐渐形成,增长极的扩散效应逐渐发挥主导作用。国际通道区中的增长极扩散效应不断向国际通道经济区次级区域传递产业及技术要素①,引致次级地区经济结构演替。国际通道增长极扩散引致次级区域经济结构演替是有条件的:(1)极核拉动作用的强弱。"极核"一般是国际通道区主导产业的集聚地,随着极化效应的增强,主导产业得以发展壮大,须从更大范围取得原材料的供给。为此,国际通道的极核地区须通过对外投资、技术转让、产品收购等方式,促成在通道次区域地区增加这些产品的生产,从而调整腹地的产业结构。(2)极核外溢作用的强弱。主要有两个方面,一是由于产业结构的调整,极核地区新兴产业取代原来的传统产业,传统产业向极核周围地区转移,这种现象称为产业的主动外溢。二是随着极核产业和人口的极化,环境污染和人口问题日益严重,迫使污染严重的产业向极核四周转移,这种现象称为产业的被动外溢。

四、通道区互补性

从供需关系的角度分析,互补性构成国际通道空间交互作用的基础。国

---

① 国际通道区增长极的扩散效应形式主要表现为梯度扩散、等级扩散、位移扩散三种。

际通道区之间的互补性就是通道区内相关区域之间存在对某种商品、技术、资金、信息、人员等的供求关系。一般指资源互补性、产业互补性、市场互补性。从供需关系角度看,辐射区与接受辐射区之间的相互作用有一个前提条件,即他们之间的一方有大量的剩余生产要素可以而且愿意向另一方扩散,而另一方对这些要素又恰恰有需求并有吸引力,这时才能实现通道区增长极与波及地区之间的作用过程,这种关系即互补性。从根本上讲,只有当通道区之间具有互补性,才有在它们之间建立联系的必要,才能引起通道区之间出现商品、技术、资金、信息、人员等的传输;否则,国际通道区空间交互作用就不可能产生。国际通道区空间交互作用在很大程度上就是为了实现通道区之间的互补性。国际通道区之间互补性强,空间经济交互作用就大,生产要素有效配置,生产潜能得以发挥越明显。国际通道区之间的互补性为国际通道区经济一体化提供了"多赢"的合作动力,有利于发挥各方的比较优势;国际通道区内部的互补性越强,通道区产业结构调整也就越迅速。

第三节　莱茵河国际通道区产业结构演替

　　莱茵河国际大通道的形成和演化可以分为三个阶段。第一阶段为 1850 年以前的初始期,水运交通的形成与综合整治阶段;第二阶段为 1850—1950 的百年期间,为莱茵河流域水运和铁路复合交通发展阶段;第三阶段为 1950 年之后的综合运输网形成和莱茵河流域交通经济带稳定发展期。莱茵河国际大通道从形成到完善的三个阶段所对应的通道区产业结构演替也表现出了矿产资源开发为主——沿线产业结构等级普遍提高,产业结构多元化——第三产业为主导产业——高新技术产业为主导产业的阶段性特征。本节以莱茵河国际大通道的发展演化与对应的产业结构演替为例,实例分析国际通道区产业结构的演替模式。

一、第一阶段—启动期

　　1850 年之前,莱茵河国际通道流域的交通运输方式以内河航运为主,与之相对应的是通道区产业结构以煤炭工业为主体。相应的,莱茵河沿线附近资源丰富的据点产业相对聚集,人口相对集中,这些据点成为增长极,逐渐成

为该通道区内的经济增长中心。此时,莱茵河国际通道流域城市具备"点"的
发展特征,属于典型的"点"发展阶段,如图4—1(a)所示。从图4—1(a)可
以看出,19世纪中后期是莱茵河国际运输大通道形成的萌芽期,此阶段,莱茵
河国际通道运输和通道区产业结构演化过程的特点为:国际通道的运输方式
以单一的内河运输为主,货物运输量相对不大,国际通道处于"点"发展阶段,
拥有矿产资源区位优势的中心地开始成为增长极,产业结构等级较低,结构单
一,以煤炭原始加工型产业为主。

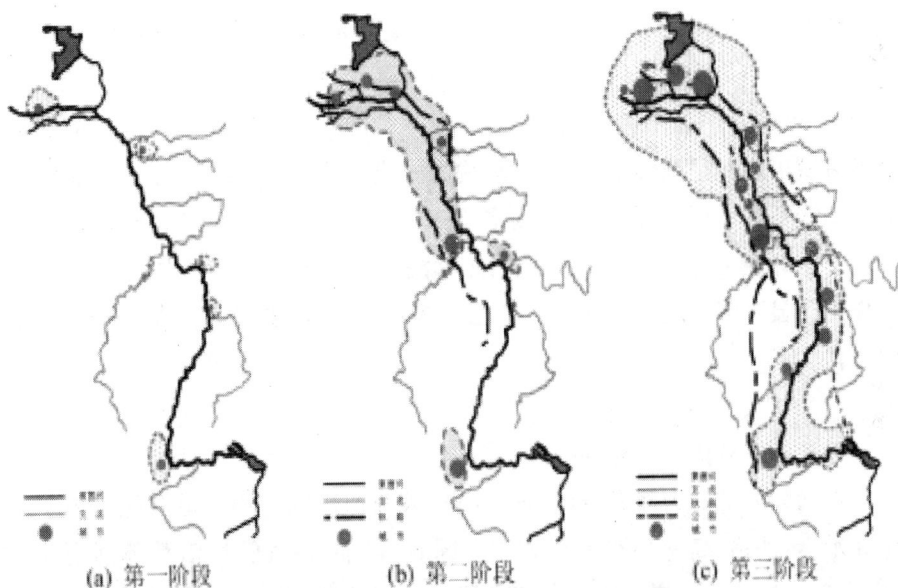

图 4-1　莱茵河国际通道发展与产业结构演替阶段

资料来源:邵俊杰,《货物运输通道的演变及实证研究》第36页。北京交通大学博士学位论文,2010
　　年4月。

二、第二阶段—形成期

　　在国际通道能力建设方面[①],1830—1832年,在宾根炸出两条航道;
1817—1874年,在上游地区进行了运河化,将河水限定在人工河床内并拉直
了河道。腹地河网化方面,1810—1833年,巴塞尔下游的莱茵——隆运河的

---

① 这一时期莱茵河运输通道的建设主要包括水运建设和莱茵河沿线铁路建设两个方面。

于南格支流通到米卢斯,在此与运河的主流会合,然后在斯特拉斯堡与莱茵河会合;1838—1853 年,莱茵——马恩运河也在斯特拉斯堡汇入莱茵河。1938年,德国鲁尔区建成第一条铁路;19 世纪末至 20 世纪初,德国在莱茵河南北岸各修建了一条铁路,构成了莱茵河铁路运输骨架网,极大增强了莱茵河运输通道的货运能力。莱茵河国际通道区进入到产业结构多元化的快速增长期。产业结构多元化促进了莱茵河流域煤炭、钢铁、化学等工业的迅猛发展,莱茵河国际通道沿线的增长极城市的结构体系日趋完善,分工更明确,形成了以科隆、鹿特丹、法兰克福等城市为中心的城市经济带。

从图 4—1(b)可以看出,1850—1950 期间是莱茵河国际大通道形成期,其国际通道演化和通道区产业结构演替具有以下特点:大、中型城市间交流合作紧密,处在"线"发展阶段,国际通道内并行的铁路运输和水运运输的子通道沿着城市之间呈线性增长,通道运输方式或运输能力明显增强,与主轴线交叉的支线不断涌现,国际通道运输形态表现为水运运输和铁路运输的复合型运输。国际通道区经济增长极中心地位增强,辐射范围明显扩大,极核产业外溢作用凸显。国际通道沿线产业结构等级普遍提高,通道区产业结构表现出多元化。

三、第三阶段一延伸期

在国际通道能力建设方面,这一时期莱茵河国际运输通道的建设主要集中在水运、铁路、高速公路三个方面。同时,输油、输气管道沿莱茵河南北延伸,和莱茵河内河航道、铁路、公路共同构成了莱茵河国际综合运输通道发展轴,形成完整的莱茵河通道。这一时期,高速公路的快速发展把联系中心城市的"线"状运输方式(如分支河流、铁路支线)联结起来,莱茵河运输通道开始向"网"状形态演化(图 4—1(c)),整个通道成为水运、铁路运输及高速公路运输组成的综合型运输通道,通道区内运输方式围绕相互协调和相互补充的目标进行演化,共同构成完备的综合运输网络。

该时期莱茵河国际通道区产业结构进入优化调整时期。在保持煤炭、钢铁、冶金等传统工业优势的同时,沿岸国家开始注重培植石油化工、电子产业,使这些产业逐步成为通道区新的增长点,继而带动整个莱茵河流域产业结构的升级,并使该地区经济保持快速发展势头。

　　延伸期的莱茵河国际通道演化和产业结构演替过程具有以下特点:(1)莱茵河内河航道、铁路、公路共同构成了莱茵河国际通道综合运输发展轴,莱茵河综合国际运输通道形成,国际通道经济带影响范围扩大;(2)莱茵河国际通道区产业结构进一步趋于高级化,煤炭、钢铁、冶金等传统工业部门获得改造,而电子、石油化学、高技术产业逐步发展并成为通道区经济新的增长点。

第五章 国际通道边界效应分析

国际通道最明显的特征就是强烈地受到国家边界的影响。随着经济全球化和国际区域经济一体化的快速发展,如何在保障国家经济主权的基础上降低国际通道边界对商品和要素流动的影响,成为经济学研究的重要课题。国际通道并非无障碍的自发实现屏蔽效应降低和中介效应扩大,而是基于国际通道区双边或者多边所拥有的经济腹地、资源互补性和比较优势、基础设施为条件保障。国际通道边界渗透性的强弱于各国不同规模、不同地域、不同性质的"资源流动引力场"的引力有关。国际通道边界效应由屏蔽向中介效应转化能够促进生产要素的有效配置和生产效率的提高,在边界效应转化过程中,国家、通道区和通道区内的企业将发挥着不同的作用。

第一节　国际通道边界效应

边界是一种划分不同政治实体及其管辖地域的政治地理界线。根据边界两侧政治实体的层次,可把边界分为国界、省界和县界等。通常情况下,区域边界的级别或层次越高,它的政治、经济职能也就越强。从国际经济合作的角度,本书所指的国际通道边界属于国界的一部分,这部分国家边界处于两个或多个相邻国家的边境国际通道区,使通道区表现出独特的区位特性,由此表现出特有的区域空间结构和区域经济系统。

国际通道边界效应是指国际通道边界对跨边界经济行为的影响,根据对国际通道边界本质的分析,我们将国际通道边界效应概括为"屏蔽效应"和"中介效应"。从20世纪三、四十年代起,传统贸易理论、新贸易理论和传统区位理论就涉及国际通道边界对通道贸易自由化的影响。传统贸易模型和新贸易模型认为,国际通道边界对国家间自由贸易的影响主要是存在关税和非关税壁垒,由于贸易障碍的存在,生产要素通常被假定为在一个国家内和部门内是完全可流动的,但在国际范围内是完全不流动的,这就是国际通道边界的屏蔽效应。

国际通道边界的中介效应是指它具有促进国家间彼此接触和交流的空间中介功能。国际通道通常是两国或多国间经济、社会、文化等交流的中介面,国际通道经济带是国家间接触和交往最频繁的地带,国际通道最直接的影响是促进通道国家间的贸易自由化,进而推动国际通道区经济一体化进程,从而使国际通道区内的关税大幅下降,这是与国际通道边界本质上的开放属性分不开的。在当前经济全球化和区域一体化的宏观背景下,各国间经济、文化、社会交往日益频繁,国际通道边界的中介效应就愈发明显。

第二节　边界效应的测算方法

国际通道边界对通道区自由贸易阻碍效应的测算方法主要有引力模型测定法、趋同分析模型测定法。

一、引力模型测定法

引力模型最早由 Tinbergen 和 Poyhonen 分别在 1962 年和 1963 年运用到国际贸易分析中。引力模型的经济学含义是,影响国际通道双边或多边贸易量的主要因素是国际通道区出口国对要素、商品的潜在供给能力和进口国的潜在需求能力,以及出口国和进口国之间的国际通道的距离。供给能力反映了出口国总的生产能力,需求能力反映了进口国的消费能力,这两种能力又与其经济规模相关。也就是说经济规模越大的国家产出越多,其潜在的出口能力就越大;同样,进口国的潜在进口能力也与其经济规模成正比,经济规模越大,进口需求越大;而贸易国之间国际通道距离是贸易量的阻碍因素,与贸易量呈负相关的关系。引力模型的分析框架主要是通过比较国内区际贸易流与国际贸易流的差异程度来测定边界效应的强度[1]。

---

① 引力模型较适于处理国际贸易数据而长期以来受到重视,近年来被广泛应用于研究共同体(如关税同盟、汇率制、民族聚集区、语言同一性区域)的贸易流效应。

继 Tinbergen 和 Poyhonen 之后,学者对引力模型在国际通道贸易边界效应中的变量应用进行了扩展,Linnemann(1966)将人口作为内生变量、贸易政策作为虚拟变量引入引力模型。模型指出,两国之间的贸易量由出口国的潜在供给和进口国的潜在需求以及两国之间的贸易阻抗因子所决定,人口通过影响供给和需求,继而影响两国之间的贸易量,而贸易双方之间是否有比其他国家更为优惠的双边贸易政策也影响到了双边贸易量。Leamer(1974)将关税水平和资源禀赋程度引入模型,Bergstrand(1989)在模型中引入人均收入、汇率等变量[1]。

引力模型的基本形式是:

$$X_{ij} = b_0(Y_i^{b_1} Y_j^{b_2})/D_{ij}^{b_3} \tag{5.1}$$

其中,X_{ij} 表示经济体 i(出口国)对经济体 j(进口国)的出口额;Y_i 表示经济体 i 的生产总值(GDP),Y_j 表示经济体 j 的生产总值;D_{ij} 表示经济体 i 与经济体 j 之间的距离,通常用两个经济体中的经济中心的距离来表示。贸易引力模型一般采用对数线性的形式,通过对公式(5.1)取对数并添加误差项,得:

$$\log(X_{ij}) = b_0 + b_1\log(Y_i) + b_2\log(Y_j) + b_3\log(D_{ij}) + \varepsilon_{ij} \tag{5.2}$$

其中,$\log X_{ij}$、$\log Y_i$、$\log Y_j$ 和 $\log D_{ij}$ 分别是 X_{ij}、Y_i、Y_j 和 D_{ij} 的自然对数形式;b_0、b_1、b_2 和 b_3 是回归系数;ε_{ij} 是标准随机误差。(公式5—2)称为引力模型的核心模型。

Linnemann 对贸易引力模型的研究进行了系统集成,认为贸易量主要受三方面因素的影响,一是出口国的供给因素,二是进口国的需求因素,三是两国贸易的阻抗因素。Linnemann 采用 Ferber 和 Verdoorn 的观点,认为经济生活中各变量的相互关系一般是几何形式的,而不是算术形式,于是贸易引力模型可以由(公式5.3)表述:

$$X_{ij} = b_0 (E_i^p)^{b_1} (M_j^p)^{b_2} / (D_{ij})^{b_{31}} \tag{5.3}$$

上式为扩展的贸易引力模型。其中,E_i^p 代表影响出口国潜在供给的所有

---

[1] 传统引力模型中不断扩展的解释变量包括:非关税覆盖指数、贸易限制措施、双边汇率、人均收入、历史上的殖民关系、共同语言、人口密度、人口资本密集度、消费者价格指数、消费者偏好差异、运输成本因素等。

因素, M_j^p 代表影响进口国潜在需求的所有因素, D_{ij} 是阻碍两国贸易的阻抗因子,这就是扩展的贸易引力模型的最简单表述形式。一般认为,供给和需求因素是贸易的促进因素,包括经济体的经济规模、人口规模、人均收入和消费、产品的产量等因素;贸易的阻碍因素则包括关税、运输成本、汇率等因素。

二、趋同分析模型测定法

趋同分析模型测定法由李郇、徐现祥(2006)提出。该分析模型的假设是:边界效应影响最终体现在国际通道边界增长极的经济增长上,国际区域一体化的实质无非是实现国际通道区的协调发展,缩小通道区内增长极间的差距,实现通道区各增长极的增长趋同。从经济增长的角度来看,国际通道区一体化属于趋同的研究范畴,即落后通道区的经济发展能追赶上发达的通道区。因此,李郇等把通道边界效应定义为国际通道一体化地区的增长极间经济增长的差距变化,如果在国际通道区一国边界区内部的各增长中心点,经济增长差距不断缩小的情况下,另一国各增长中心点的经济增长差距出现增加时,说明存在国际通道边界效应。趋同分析模型的内涵是在国际一体化区域中,存在国际通道经济区之间的差距,而这种差距的变动趋势与一体化趋势相反。

该模型的基础是 Barro 的回归方程,

$$g_{i,t,t+T} = \alpha_i + \beta_i Ln(y_i,t) + \psi_i X_{i,t} + \varepsilon_{i,t} \tag{5.4}$$

其中, $\beta_i < 0$, $g_{i,t,t+T}$ 和 $X_{i,t}$ 分别是国际通道区经济体 i 内各子经济体在 t 到 $t+T$ 期 GDP 平均增长速度和刻画其稳定状态的一组变量(对数状态), α_i 为常数项, Ψ_i 为 $X_{i,t}$ 的一组系数, $\varepsilon_{i,t}$ 为残差项。公式(5.4)揭示了一国的经济体增长速度与其自身初始状态到其稳定状态的距离大致成反比,为了揭示在一定条件下,国际通道边界区两国经济体间初始差距的大小与其变动态势负相关,从而实现在一个分析框架内可同时进行纵向、横向比较,假设如果国际通道边界区两国的经济体 A 和 B 具有相同的稳定状态和趋同速度,由式(5.4)可得:

$$g_{A,t,t+T} - g_{B,t,t+T} = (a_A - a_B) + \beta ln(y_{A,t}/y_{B,t}) + \Psi(X_{A,t} - X_{B,t}) +$$
$$(\varepsilon_{A,t} - \varepsilon_{B,t}) \tag{5.5}$$

由 $g_{i,t,t+T} \approx (ln(y_{i,t+T}/y_{i,t}))/T$,式(5.5)右边为 $(ln(y_{A,t+T}/y_{B,t+T}) - ln(y_{A,t}/y_{B,t}))/T$ 。

把 y_A/y_B 记为 y,则 y 就表示经济体间的横向比较。因此,式(5—5)可整理为:

$$(\ln(y_{t+T}) - \ln(y_t))/T = a + \beta\ln(y_t) + \Psi X_t + \varepsilon_t \qquad (5.6)$$

其中,$g_{t,t+T}$ 就表示经济体间横向之比在 t 到 t+T 期的平均增长速度,刻画了经济体间差距的变动态势。对方程(5.6)的控制变量 X_t 进行设定,设定一个虚拟变量对边界效应进行度量,这样式(5.6)就具体表示为

$$(\ln(y_{t+T}) - \ln(y_t)) = a_0 + a_1\ln(y_t) + a_2 dum + \varepsilon_t \qquad (5.7)$$

其中,yt 和 y_{t+T} 分别表示国际通道边界区经济体 A 和 B 各子经济体两两间在 t 到 t+T 期的 GDP 比值,dum 是对国际通道边界的度量,即跨通道边界比较的为 1,其他为 0;α_0、α_1、α_2 分别为常数项和各变量的系数。α_2 度量了跨国际通道边界与未跨国际通道边界之间的差距缩小幅度之差。如果 α_2 显著大于零,则表明国际通道存在边界效应,阻碍了该国际通道区的区域一体化进程。

第三节　国际通道国家边界的屏蔽效应

由于边界限制了商品的物理流动性,边界地区在发展中是不利地区,这是有关"边界效应"的最早阐述[①]。早期贸易理论和区位理论所关注的国际通道边界效应仅包括关税和非关税壁垒,随着边界效应研究的深入,通道边界效应从关税和非关税壁垒扩展到国内偏好、运输距离、运输成本、货币等对国际贸易的影响。

国际通道边界屏蔽效应主要出于四个原因。其一是在国际通道国家边界的贸易中,关税增加了贸易成本,扭曲了市场区和供应网络,增加了位于边界地区生产者的成本。结果"生产者宁愿避免靠近贸易障碍地区而压缩他们的市场和供给区域",而选择更接近国内市场的中心地设厂。第二个原因是国际通道贸易相关国家存在国内偏好对自由贸易的影响[②],基于国内偏好对国际通道边贸影响的分析,主要有基于西德和东德、欧盟边界贸易的分析。

---

① Losch(1944)、Giersch(1949)、Guo(1996)和 Heigl(1978)从区域模型中得出的结论。

② Obstfeld 和 Rogoff 所说的 McCallum 的著名发现"边界之谜"。

VolkerNitsch(2002)对西德与东德双边贸易和西德与其他国家贸易中的边界效应的研究表明,国内偏好抑制了国际通道边界贸易量。Head 和 Mayer(2000)的研究也证实,欧洲国际通道边界贸易受到国内偏好的严重阻碍,消费者的国内产品偏好对国际通道边界的屏蔽效应胜过非关税壁垒。第三个原因是区位条件、运输成本和国际通道边界的跨区信任机制,导致了国际通道边界的屏蔽效应。在产业聚集和增长过程中,运输成本是影响经济活动重新配置、区位选择和空间均衡的主要因素,Luís Peres Lopes(2003)用地区贸易数据建立了解释变量为就业、工资、生产力、地区之间和地区内部距离的模型,测算了葡萄牙的可贸易商品的边界效应和实际运输成本,结果显示是实际运输成本相当高。边界的抽象属性使边界成为彼此的"认知边界",阻碍了经济行为体对另一方主观感知的获得,增加了信息的不完善性和不对称性,而边界的情感属性使边界成为对特定空间和群体的情感边界,情感边界的存在降低了彼此的认同感和信任感,增加了不安全感,相应的提高了交易成本,边界两边的代理商之间缺乏信任,并且这些通道边界区的政策和管理很弱导致边界屏蔽效应。国际通道边界屏蔽效应存在的第四个原因是国际通道边界上的不同国家使用了不同的货币,产生了显著的贸易障碍,而如果加入一个货币区,则削减了与国家通道边界有关贸易障碍的一半。

第四节　国际通道边界区的中介效应

国际通道边界提供一个进行对照的分界线,通过它对比国际通道边界分隔的两个区域的资源、人力、科技状况,分析其空间分布的互补性和相对优势,以及在国际通道区分工中的角色①。国际通道边界地区的中介效应是基于自然、人文地理连续性和相似性,地理邻近和梯度势能,国际通道经济区腹地优势和过境需求来实现的。

---

① 李特立认为,边界的中介效应是指边界所具有的让两国彼此接触和交流的空间中介功能。在国际区域经济一体化背景下,各国经济、文化、社会交往越频繁,边界的中介效应就越明显。

一、国际通道边界自然地理上的相似性

国际通道边界两侧山水相连,从自然地理的角度看,通道区的国内国外部分往往是一个整体,具有自然地理上的相似性和连续性。

二、地理邻近和梯度势能

地理空间相互作用理论认为,区域间相互作用的强度在空间距离和经济互补性上存在一定的规律性。在空间上,表现为随着空间距离的增大,相互作用的强度变小,即具有距离衰减规律。在经济互补性上,表现为资源要素禀赋差异大、经济发展水平差异大的区域间相互联系的频率高,即区域间作用的强度随着区域间资源要素、经济发展水平的梯度增大而增强。国际通道边界区的地理邻近性使它们相互作用的强度较大,彼此间具有经济合作的基础。此外,在资源要素、经济发展水平上,国际通道边界区间往往具有梯度差异,使国际通道两国边界区域间具有经济上的互补性,生产要素的跨边界流动成为可能。

三、国际通道腹地优势和过境需求

国际通道边界区往往设置有国家间经济联系的重要口岸,通道国家间经济文化联系通常要通过国际通道边界区进行交流。在各国经济、文化联系日益紧密情况下,对国际通道边界区的过境需求比以往明显增大,而过界需求的增大为国际通道边界区的经济发展带来空前活跃的要素流动,将促进国际通道边界地区的经济发展。过界需求主要来自于边界区增长极点的腹地区域,因此,对国际通道边界的过境需求影响最大的因素是,国际通道边界区腹地范围的大小、边界区增长极点与腹地经济联系的强度及其经济发展水平,

国际通道边界带不但是两国经济交往的接触带,也是多民族、多元文化的接触带。通道的国内外区域间语言相通、文化相似,边界居民往来频繁,这些特征有助于通道边界国内外区域间的交流,通过交流使各种文化相互渗透,缩小不同文化综合体的差别,实现国际通道边界国内外区域间居民文化、心理素质的一致性,使通道边界真正具有渗透性。

国际通道边界区经济发展的一体化也会加强国际通道边界区的中介效应。

　　由于向心力(促使经济活动地理集聚)和分散力(促使经济活动地理分散)以及前向和后向联系①,一体化使国际通道边界区国内市场变得相对不重要,国内中心地带的吸引力下降,国际通道边界区的吸引力增强。如果将国际通道边界两侧的市场区合并为一个市场,边界地区的内部市场将会扩大,如果跨边境的前向和后向联系扩展,会吸引消费者、公司、商品进入外国市场的地区,在这些地区会形成"处于边界地区的经济中心",如果国内和外国的厂商是垂直一体化的,边界地区的吸引力将会更强,在这种情况下,跨国通道边境的相关产业有一个空间聚集的动机,很可能是在国际通道边界地区聚集。以美国——墨西哥国际通道边界区为例,自墨西哥1980年代开始贸易自由化,制造业活动区位向北部的美国——墨西哥边界地区转移,公司重新部署到更容易进入美国市场的地区,墨西哥城制造业带的重要性明显下降,美国和墨西哥的国际边界双边贸易显著增加,并且这些贸易大部分是产业内贸易。

　　国际通道边界区作为中心——外围结构的外围地区,在一体化进程中有可能发展成为经济中心,原因是一体化可能改变一个国家以及国家之间的资源配置,处于一体化中心位置的边界区域,具有吸引资源的优势,由于在空间上接近外国市场,边界区域增强了自身的区位条件,一体化进程会明显加强国际通道边界地区的中介效应。

第五节　国际通道屏蔽效应转化机制

一、国际通道边界效应转化的动力机制

　　国际通道边界效应转化的根本动力来自于经济全球化和区域一体化,它使世界各国、各地区之间经济联系日益紧密、国际专业化生产日益深化、各层次经济行为体的经济行为更具国际化,亦即表现出对母国离心方向的经济行为②。随着国际区域一体化的推进,国家间贸易的增长,使跨国过境需求更加

---

　　①　一体化降低国际通道边界贸易的运输成本,使要素跨边境流动更容易,从而会改变空间均衡。

　　②　英国经济学家彼得·罗布森(Robson·P)认为:推进国际区域经济一体化的目的是为了最大限度地提高资源利用效率,消除阻碍货物与生产要素流动的障碍以及集团成员间以国籍为依据的歧视。

旺盛,同时经济行为体在更大范围内拓展市场和寻求生产要素,利用国际通道边界通道两侧的梯度势能。通道边界地带作为国与国之间进行接触的前沿是资源、劳动力、产品、资金技术相互流动最为活跃的地区,是一个特殊的地缘社会、经济系统,一体化趋势要求国家边界功能做出相应的转变,从传统的隔离和防御转化为接触和渗透,直至形成一体化国际通道边界。作为国家间政治分隔线的国际通道边界在经济全球化的影响下势必由政治、经济"分隔线"向通道经济"接触带"演化,实现屏蔽效应向中介效应转化。

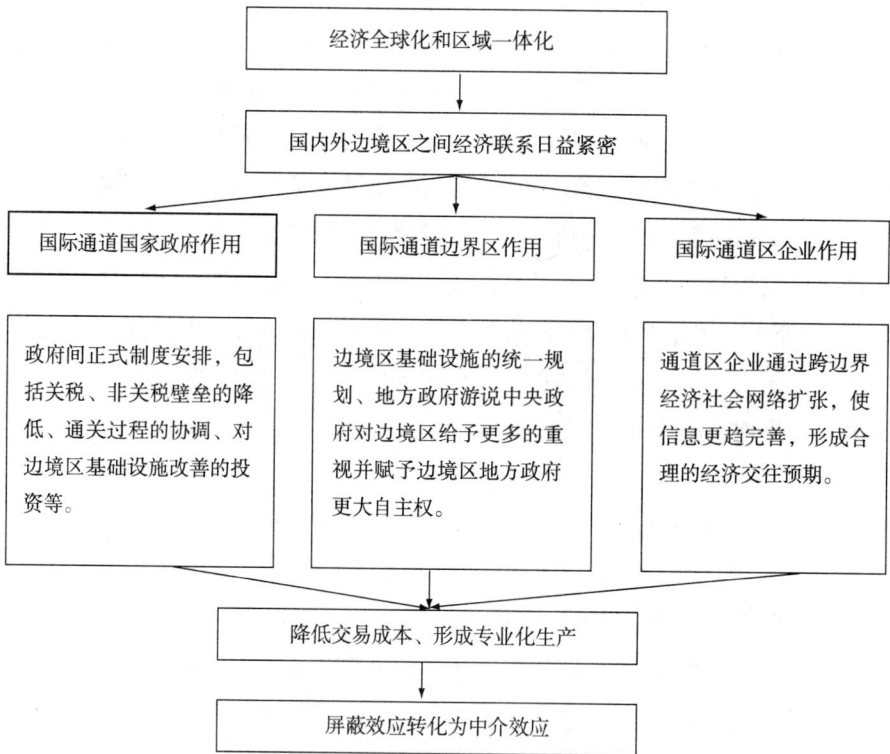

图5—1 国际通道边界屏蔽效应转化为中介效应的机制

国际通道边界区国内外区域一体化的推进动力机制主要来自于国家、通道区和通道区企业,三者通过跨边界经济合作促使边界屏蔽效应向中介效应转化,国家可以为边界效应转化提供有利于降低跨边界经济交往交易成本的制度安排,通道区为跨边界经济交往提供基础设施条件和合作条件,通道区企业实现市场范围的扩大和跨边界市场要素的获取①。图5—1说明了在边界效应转化过程中,国家、通道区、通道区企业三者通过跨边界经济合作,促使国际通道边界屏蔽效应向中介效应转化的作用机理。

(一)国家

一国经济发展必须接受其他国家资源要素的空间扩散,或者为拓展市场向其他国家扩散本国的生产要素,这包括产品、资本和技术的扩散。各国经济外向型的发展要求国际通道区边界效应作出相应转变,以使其资源的可获得性得到提高。但是,国际通道边界效应的转化涉及国家的政治、军事、社会、文化和经济的安全,没有良好的国家间制度安排,这种转化是很难取得良好效果的。在国际通道边界屏蔽效应转化过程中,国家的作用表现为通过国家中央政府间的协调,为边界效应转化提供有利于降低跨边界经济交往交易成本的制度安排,比如关税、非关税壁垒的减小甚至取消、基础设施的配套建设等都有利于降低边界的屏蔽效应。

(二)国际通道边界区

国际通道边界区利用跨边界合作可以扩大市场规模,有利于边界区企业的发展。同时使边界区成为本国企业拓展国外市场的"桥头堡"。因此,出于自身经济发展的考虑,国际通道边界区将加强跨边界经济联系,促进跨边界网络建设,使边界屏蔽效应向中介效应转化。在这一过程中,国际通道边界区的作用一方面表现为通道边界区之间的相互协调,使边界区之间的空间规划相互配套,为跨边界经济交往提供良好的基础设施条件;另一方面,国际通道边界区之间的相互联系可通过加强信息交流为企业创造一个良好的合作条件。

(三)国际通道边界区企业

企业的趋利性势必要求国际通道边界效应的转化,以利于其扩大市场范围和获取跨边界生产要素。20世纪70年代以来弹性生产方式进一步促进了边界效应的转化②。企业生产方式向弹性生产方式转变要求企业的组织方式

---

① 李铁立:《边界效应与跨边界次区域经济合作研究》,中国金融出版社2005年版,第54—56页。

② 弹性生产是相对于大规模生产而言的。弹性生产方式下,生产可随时依据需求或竞争的变化加以调整,同时又无须为调整付出高昂的成本代价,其特点是产品多样化、小批量,因此,弹性生产具有更强的灵活性。

发生相应变化,即本地企业网络化生产体制取代垂直一体化的大企业等级体制。在大企业占统治地位的等级体制下,为了减少生产不确定性和降低交易成本,大企业在内部化生产过程中延长了产品生产链。从产品生命周期的角度分析,这种等级体制不利于新产品的出现,阻碍了产品的替换和限制了生产的灵活性。20 世纪 70 年代后,一部分大企业为了减少技术锁定、劳动力囤积以及生产能力过大的风险,将生产过程进行垂直分离,以节约企业生产和发展的投入,分散风险。企业间通过契约和生产同盟(供应和销售)建立广泛的网络联系。企业垂直分离的生产过程主要是通过网络组织实现的。网络组织有效降低了企业之间的交易成本。这时,中小企业为其他企业提供的生产服务,并在供货和销售以及技术联系中建立了网络系统,对区域经济的发展起着重要的作用。企业组织由等级制向网络转变,带来企业行为由刚性生产和内部交易向柔性生产和外部交易转变,促使企业间网络的建设,加强企业间的交流和互动,为边界效应转化和跨边界经济合作打下基础。边界效应转化需要跨边界横向一体化的网络建设。在网络建设中,企业通过销售与供货、竞争与合作、认同与学习,进行技术转移与创新活动。在边界区,一方面中小企业依赖于网络而发展,促进网络的建设。另一方面,网络的建设又促使中小企业的发展与集聚。它比大企业的垂直一体化在网络建设中具有更大的优势,欧洲和北美边境区经济合作实践表明,中小企业对国际通道边界效应转化的作用是巨大的。

二、国际通道边界效应转化的类型

在全球经济一体化推动下,国际通道边界的屏障效应减弱,中介效应增强,边界由封闭型向半封闭型,继而向开放型演变。从目前看,国际通道边界由屏蔽效应向中介效应转化主要涉及三种类型:

(一)贸易型国际通道边界

通过增强边界区的贸易功能和贸易规模,可以有效增强边界的中介效应。国际通道双边政治、经济存在明确的关税及进出口限制。双边贸易集中在有利的贯通两国边界的国际主通道上,并形成点状发展区。这些边贸点的主要功能是沟通双方边界以外的地区,如中缅及中俄边界上的边贸点;边境口岸是集中展现边境效应的核心空间,是边界物资流、资金流、信息流的枢纽,每个边境口岸均拥有其专属的腹地,即与边境口岸保持密切联系的经济辐射圈,所以腹地也是体现边界效应的外延空间。口岸对腹地的影响取决于口岸的能级、经济距离、交通的通达性和优势互补性等。口岸的能级越高,它所吸引和扩散的腹地范围就越大;口岸对腹地的吸引力具有明显的地理衰减规律,距离越长吸引力越小。然而,由于国际通道交通干线的强化作用,边界效应的扩散空间也显示出交通干线的轴向效应,根据口岸与腹地之间相互作用的强度,可以把腹地分成若干层次,即核心腹地、紧密腹地和边缘腹地,以此体现国际通道边界效应空间扩散的层次性。

(二)自由型国际通道边界

国际通道边界两边的政治及经济环境相似,自由型国际通道边界的特点是两边政府对关税、边检的限制较少,交通设施优良,地理条件适宜,人员、货物、资金可以自由流动,这种边界一般存在于区域性贸易组织内部,如欧盟内部各国边界,不同的区域贸易组织对人员、货物、资金流动的自由度有不同的规定。在这样的国际通道边界中,屏障效应微弱,中介功能效应为主导,人流、物流和信息流等基本可以自由流动,国际边界的功能基本等同于省界的功能,仅仅表现为行政边界。

(三)发展型国际通道边界

国际通道边界一边的经济发展明显落后于另一边,但两边资源互补,有经济合作条件。两边的政治制度也不一致,存在人员和货物进出的一些限制,特别是非关税限制,如进出口配额、国际技术散播协议的限制等。经济不发达一边的政府在边界营造近似于发达一方的部分政策,使之成为有规划、界限明确的发展区,以吸引资金流入。这个发展区通常有第二边界线与其国内的其他地区分隔。开发区模式最有利于国际通道边界中介效应的发挥,并有可能超越边界两侧国家,吸引第三方的贸易和投资①。

边界具有屏蔽和中介两种效应。其中屏蔽效应提高了跨边界经济行为的交易成本,阻碍次区域经济合作的开展,而中介效应可以使边境地区成为相邻国家间经济交往的"接触带"。边界效应由屏蔽效应向中介效应转化能够带

---

① 一些学者认为,次区域经济合作本身就是边界屏蔽效应向中介效应的转化,它包括优惠贸易、政府间的协议分工、多边合作的项目开发、开发银行主持的财政转移等。

来生产要素的有效配置和生产效率的相应提高。贸易型国际通道边界、自由型国际通道边界、发展型国际通道边界三种类型的国际通道边界所面临的边界屏蔽效应和中介效应的作用有层级差别,在实现国际通道边界效应的转化中,国家、通道区和通道区企业发挥的作用有所不同。在促进边界效应转化过程中,应针对国际通道边界的边界类型,合理发挥三者的推动力量,增强边界的中介效应,实现国际通道边界区由贸易型国际通道边界——自由型国际通道边界——发展型国际通道边界的升级,使国际通道边界区在经济全球化和地区经济一体化过程中成为具有特殊优势区位的地区。

第六章　国际通道聚散效应分析

聚集效应和扩散效应是国际通道最重要的两种效应[①]。有学者用"聚散效应"表示聚集效应和扩散效应的统称。国际通道增强了通道区地理空间的连通性和可达性，诱导通道区信息流、客货流、资金流在国际通道区的集聚，在集聚发展到一定程度后这些要素又沿国际通道主干线向通道区腹地扩散，逐步形成产业发达和城市化程度较高的发展轴线。

第一节　国际通道聚散效应理论模型

一、国际通道场势

国际通道场势是国际通道聚散效应程度的相对表示，是国际通道区之间通道聚散效应程度的相对比较关系。国际通道场势是一种通道能量，是国际通道聚散效应程度的测度，可以测度国际通道场中每一处聚散效应的程度以及国际通道与通道区经济、地理区位之间的相对分布，是某处国际通道所具有的潜在聚散效应。每个国际通道都有其特有的聚散效应，也有不同的输送能力，由于国际通道区之间的社会经济发展不均衡，各个运输通道在不同经济区的利用程度也不一样。

国际通道场势的大小反映了国际通道对周围通道区相关经济活动的吸引力和竞争力[②]。国际通道场势可按下面的公式计算：

---

① 有的观点认为聚集效应本身就包括聚集和扩散两种形式。另外的观点认为把聚集效应称为"集聚效应"。实际上聚集效应从字面上并不包含"扩散"的含义，因此把扩散效应和聚集效应统称为聚集效应是不合适的。

② 国际通道场势差概念和场势差的计算，是基于张铭莹 2009 年博士论文《基于场论的运输通道聚散效应研究》中的通道场论的概念和计算，并进行了拓展。

$$U_{ti} = k \frac{b_{ti}^{\lambda} e_{ti}^{\gamma} (q_{ti} s_{ti})^{a}}{f_{ti}^{\beta}} \tag{6.1}$$

式中：U_{it}——国际通道场 t 时刻 i 层次的运输通道场势；

f_{ti}——国际通道场 t 时刻 i 层次的广义运输成本因子，广义运输成本 f 用来表示国际通道周围区域从某一指定区到达另一区的难易程度，直接依赖于运输通道的提供和服务水平，用票价、舒适性、快捷性和安全性等表示；

e_{ti}——国际通道场 t 时刻 i 层次的经济发展因子，经济发展因子与国际通道经济区的资源分布、人口状况、技术经济水平、产业结构、资金情况等有关；

q_{ti}——国际通道场 t 时刻 i 层次的聚散规模质因子，聚散规模因子用国际通道周围的区域人口、交通条件、能源、资金、信息交流等综合因素来表示；

s_{ti}——国际通道场 t 时刻 i 层次的聚散规模量因子，聚散规模量因子用国际通道上的"节点"数、通道的运输能力和通道的线路类型及组合结构来表示；

b_{ti}——国际通道场 t 时刻 i 层次的其他影响因素因子，用以反映国际通道场周围区域的自然条件、政策条件等因素对运输通道场势的影响；

k——系数，k>0；

β——交通可达性因子对国际通道场势增长贡献的弹性系数，$\beta > 0$；

γ——经济发展因子对国际通道场势增长贡献的弹性系数，$\gamma > 0$；

λ——其他影响因素对运输通道场势增长贡献的弹性系数，$\lambda > 0$；

α——综合聚散规模因子对运输通道场势增长贡献的弹性系数，反映聚散效应，$\alpha > 0$。

二、国际通道场势差

国际通道场不同层次至国际通道的距离不同，其社会经济条件以及广义运输成本不同，因此国际通道场势也不同。不同层次的国际通道场势能之差称为国际通道场势差。国际通道场势差的计算公式如下①：

$$\Delta U_{tij} = U_{ti} - U_{tj} = k \frac{b_{ti}^{\lambda} e_{ti}^{\gamma} (q_{ti} s_{ti})^{\alpha}}{f_{ti}^{\beta}} - k \frac{b_{tj}^{\lambda} e_{tj}^{\gamma} (q_{tj} s_{tj})^{\alpha}}{f_{tj}^{\beta}} = k(\frac{b_{ti}^{\lambda} e_{ti}^{\gamma} (q_{ti} s_{ti})^{\alpha}}{f_{ti}^{\beta}} - $$

---

① 国际通道场势差计算公式中，各字母符号的含义与国际通道场势计算公式中的含义一致。

$$\frac{b_{ij}^{\lambda}e_{ij}^{\gamma}(q_{ij}s_{ij})^{\alpha}}{f_{ij}^{\beta}}) \tag{6.2}$$

国际通道场势一旦产生,就会对通道区周围的区域经济、客货流、交通方式、地理区位等形成吸引、集聚和扩散效应。

三、国际通道聚散效应的发生机制

国际通道场势作为国际通道聚散效应程度的测度,可以测度国际通道场中每一处的聚散效应程度以及国际通道与通道区域经济、地理区位之间的相对分布,是国际通道某处所具有的潜在聚散效应的表现。由国际通道场势的计算公式可知,国际通道场势与通道作用空间范围的可达性、通道聚散规模因子、到国际通道的距离、运输(或出行)成本、运输(或出行)时间等密切相关。国际通道场势差越大,国际通道在作用的空间范围内对区域经济、客货流、交通方式、地理区位等产生聚散效应就越强。国际通道场势差的不断变动,促进国际通道和通道区经济的协调发展,从而实现通道区社会经济系统的优化。

对国际通道场势的计算公式(3—1),令 $b^{\lambda}e^{\gamma}=A$, $(qs)^{\alpha}=B$, $f^{\beta}=c$ 则上式记为:

$$U=k\frac{AB}{C} \tag{6.3}$$

国际通道作为交通运输网络中的大动脉,其优越性在于通道内运输线路多、运输条件好、运输能力大。国际通道产生聚散效应是由于国际通道提高了通道沿线区的交通区位优势,而正是大能力的、运输快捷、方便、运输成本低的国际通道提高了通道沿线区的交通区位优势,促使通道沿线吸引更多生产要素,从而使通道沿线区与连接城市产生较强的区位优势,蓄积更多的经济势,在适当的政策支撑下最终转化为通道能,促进城市经济发展,继而带动通道区经济发展。同时,国际通道的方便快捷,逐渐促使人口、主要经济活动向其集聚,使沿线地区不断壮大的交通联系逐步转化为稳定而牢固的经济联系,促进通道沿线地区经济发展。

国际通道使跨国交通更加便捷,国际通道大运输能力、高服务水平导致跨国运输成本降低。运输成本的下降使国际运输通道的集聚提供了可能性,促使空间服务范围的扩大,使资金、技术、信息、人才等各种生产要素以及产业、

```
┌─────────────────────────────────────────┐
│        国际通道运输成低本、空间可达性          │
└─────────────────────────────────────────┘
        ↓                              ↑
┌──────────────────┐          ┌──────────────────┐
│ 国际通道沿线区交通优势提高 │          │   运输通道得以加强    │
└──────────────────┘          └──────────────────┘
        ↓                         ↑           ↑
┌──────────────┐        ┌──────────────┐ ┌──────────────┐
│  国际通道场势差   │        │  促进新交通支线建设  │ │   通道区经济增长   │
└──────────────┘        └──────────────┘ └──────────────┘
        ↓                       ↑               ↑
┌──────────────┐        ┌──────────────┐ ┌──────────────┐
│ 国际通道聚集扩散效应 │        │  原有运输通道趋于饱和 │ │  通道区区位优势增强  │
└──────────────┘        └──────────────┘ └──────────────┘
                                ↑               ↑
        ┌──────────────────────────────────────────┐
        │  人口、资金、技术、信息、资源、客流、          │
        │  货流、产业在通道区周围积聚、扩散             │
        └──────────────────────────────────────────┘
```

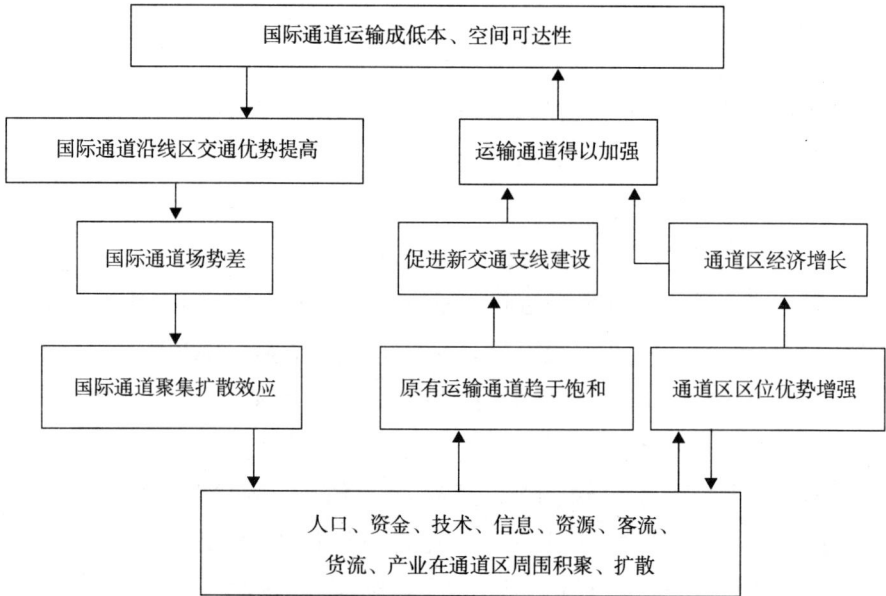

图6—1　国际通道聚散效应的发生机制

城镇在运输通道沿线周围聚散,从而推动国际运输通道沿线通道区的经济发展。当过度集聚形成时,会出现集聚不经济,为了避免过度集聚带来的一系列问题,资源、要素以及经济活动将向外扩散,从而促进资源、要素、企业和经济部门在空间上趋于均衡。运输通道的集聚效应和扩散效应共同推动国际运输通道沿线趋于经济均衡发展。而影响国际通道运输成本的因素主要是运输通道的配置,即国际通道的走向、运输能力、空间组合与结构组合。其中,国际通道的走向决定了聚散的空间分布范围和走向;国际通道的运输能力以及国际通道内交通方式和运输线路的组合决定了聚散的能力、强度;国际运输通道的结构状况(线路的空间组合)影响国际通道场极的形成与增长。

第二节　国际通道产业聚散效应模式

一、国际通道产业聚散模式

国际通道产业聚散效应模式是指产业自生长点沿国际通道交通轴扩散及再集聚的动态发展方式。产业集聚——扩散的波浪式运动是经济在国际通道区空间扩散的过程。不同产业部门的行业聚散效应由于影响因素、形成机理的区别而有很大差异。新技术及生产方式首先在最有利的区位形成生长点。在通道区形成产业生长点的条件主要有以下方面：第一，产业兴起或引入的最初发祥地必然选择通达性好、对外联系便捷的交通结点；第二，产业发展所需的原料、燃料、水资源等可以就近取得或运输方便、运输费用低；第三，劳动力与资本供给环境优越；第四，区内市场潜力大，与区外市场（国内、国外）具有畅通的联系渠道。随着产业的发展壮大，产业沿国际通道交通线逐步向外扩散，形成新的生长点。

二、国际通道产业聚散效应形成机理

第一，产业的成长与集聚，新兴技术和生产方式在国际通道区复合区位条件有利的区位成长、壮大，成为增长极。

第二，产业的扩散主要表现为扩张扩散、等级扩散、再布局扩散、网络扩散。沿国际通道交通轴线形成疏密不同、分工有别、联系紧密的产业基地或产业集聚点。国际通道区产业扩散的轨迹有以下几种：

1. 产业向生长点周围的扩散，是资源、经济要素、企业和经济部门由聚集区域向四周区域扩散。

2. 沿主要交通轴扩散，并形成次一级产业生长点。这种形式下，集聚区经济首先扩散到其他大型集聚区，然后由大型集聚区再扩散到中、小集聚区，并依托这些集聚区向广大经济腹地扩散。之所以这样主要是大、中、小经济集聚区、经济腹地在接受扩散的经济与社会条件上存在差异。

3. 沿次要交通轴线扩散，形成产业点。这种扩散也称跳跃式扩散，跳跃式扩散有两种原因：一是接受扩散的通道区虽不与通道集聚区相邻，但其发展水平相对较高，具备接受扩散所需的良好条件，投资效益好；因而，通道集聚区的资源、经济要素对企业或经济部门产生很大的吸引力；二是接受扩散的通道区有特殊的资源可供开发（如重要的矿产、劳动力），有较大的市场潜力可以利用，或具有优惠的发展环境（如政策）而成为集聚区扩散的优选对象。基于上述原因，集聚区的资源、经济要素、企业和经济部门就可能跳过相邻区域而扩散到空间距离较远、但各方面更为有利的区域；

4. 扩散至非沿线地区，形成产业集聚点。可以认为，国际通道产业扩散

是沿着"据点开发——轴线开发——通道区开发"的轨迹扩散。

第三,产业类型不同,对运输需求不同。多种产业的集聚、扩散的结果便形成了国际通道区发达的经济带。

第三节　国际通道区企业集聚的机理分析

一、国际通道区企业集聚剩余及其构成

国际通道区企业集聚是一个循环累积的过程。就是说,先期的企业集聚所形成的规模经济和外部经济效应可以导致后续更加复杂和多样的集聚,国际通道区企业集聚的关键是能否吸引先期的企业集聚[①]。另外,由国际通道屏蔽效应转化机制分析可知,国际通道区集聚的源动力来自于邻国的跨国公司。本节邻国跨国企业进入国际通道区集聚的角度来构建国际通道区集聚的一般分析框架。

企业理性选择的依据是成本——收益分析。如果进入集聚区非常便利(进入成本趋向于零),假定一个邻国跨国企业面临两种选择:进入通道集聚区或进入本国中心区。选择的结果取决于进入国际通道集聚区时该企业的利润 $\Pi_{通}$ 与进入本国中心区时该企业的利润 $\Pi_{中}$。

$$\Pi_{通} = R_{通} - C_{通} \tag{6.4}$$

其中,$R_{通}$、$C_{通}$ 为进入国际通道集聚区时该企业的收益与成本;

$$\Pi_{中} = R_{中} - C_{中} \tag{6.5}$$

其中,$R_{中}$、$C_{中}$ 为进入本国中心区时该企业的收益与成本;

所谓进入国际通道区集聚剩余是指一个邻国跨国企业进入国际通道集聚区时的利润减去进入本中心区时的利润差额。这一差额显然是进入国际通道集聚区所带来的。若这一差额大于 0,则企业选择进入国际通道集聚区;反之,则进入到本国中心区。企业进入国际通道集聚区的目的是为了获得国际通道区集聚剩余。设

$$S = \Pi_{通} - \Pi_{中}, \tag{6.6}$$

---

① 李铁立:《边界效应与跨边界次区域经济合作研究》,中国金融出版社 2005 年版,第84—85 页。

为该企业的国际通道区集聚剩余,则

$$S = (R_通 - C_通) - (R_中 - C_中) = (R_通 - R_中) - (C_通 - C_中) \qquad (6.7)$$

该企业的选择是,当 $S < 0$,即 $\Pi_通 < \Pi_中$ 时,加入到中心区;当 $S = 0$ 即 $\Pi_通 = \Pi_中$ 时,对加入国际通道区或者本国中心区具有随意性;当 $S > 0$ 即 $\Pi_通 > \Pi_中$ 时,该企业加入到国际通道集聚区。该企业加入到国际通道集聚区的前提条件是:

$$S \geq 0 \ 或\ \Pi_通 \geq \Pi_中 \ 或\ (R_通 - C_通) \geq (R_中 - C_中) \qquad (6.8)$$

可得:

$$(R_通 - R_中) \geq (C_通 - C_中) \ 或\ (R_通 - R_中) - (C_通 - C_中) \geq 0 \qquad (6.9)$$

为了分析方便,让收益剩余: $SR = R_通 - R_中$ $\qquad (6.10)$

成本剩余为: $SC = -(C_通 - C_中) = C_中 - C_通$ $\qquad (6.11)$

则该企业加入国际通道区集聚剩余为:

$$S = SR + SC \qquad (6.12)$$

假设 $R_中$、$C_中$ 比较稳定,那么, $S \geq 0$ 的可能性有:

1. 当成本剩余 SC 为零即 $C_通 = C_中$ 时,收益剩余 $SR = 0$,即 $R_通 > R_中$,表明加入国际通道区对成本影响不大,但使收益上升。

2. 当收益剩余 SR 为零,即 $R_通 = R_中$ 时,成本剩余 $SC > 0$,即 $C_通 < C_中$,表明加入国际通道区对收益影响不大,但使成本下降。

3. 收益剩余 $SR > 0$,成本剩余 $SC > 0$,表明加入国际通道区使收益提高,同时使成本下降。

4. 收益剩余 $SR > 0$,成本剩余 $SC < 0$,但 $|SR| > |SC|$,表明加入国际通道区使收益和成本都上升,但收益上升幅度大于成本上升幅度。

5. 收益剩余 $SR < 0$,成本剩余 $SC > 0$,但 $|SR| < |SC|$,表明加入国际通道区集聚使收益和成本都下降,但收益下降幅度小于成本下降幅度。

国际通道区集聚剩余由收益剩余和成本剩余两部分组成,因而,其实现机制相应分为收益剩余实现机制和成本剩余实现机制,这两种机制并不是单独发挥作用的,而是存在相互交叉、相互影响的关系。

二、国际通道区企业集聚成本剩余的实现机制

成本剩余是加入国际通道区时该企业的成本与加入到本国中心区时成本

的差额。在考虑交易成本的基础上,企业成本应包括投入要素成本 CF、空间联系成本 CO、市场交易成本 CM。成本剩余相应分为三部分:

$$SC = C_中 - C_通 = (C_中 F - C_通 F) + (C_中 O - C_通 O) + (C_中 M - C_通 M)$$

$$(6.13)$$

上式表明,企业到国际通道区的成本剩余来自于要素成本、空间联系成本和市场交易成本的节约。

(一)要素成本节约机制

邻国企业在国际通道区选址的初始动力来自于国际通道区两侧国家在生产要素方面的互补性。即使在经济发展水平相近的水平型集聚中,也存在要素的互补关系。这是因为任意两个区域在资源、产业结构等方面均要表现出自己的独特性,从这个意义上讲,要素互补是必然的。在垂直型集聚中,先期集聚的企业迫于国内劳动力成本的提高,加之传统劳动密集型产业处于衰退期,也难于在本国组织生产,因此在国际通道区中邻国一侧的成本节约是显而易见的。后期企业集聚在很大程度上也要考虑要素成本,如工业园区为企业提供良好的公共物品,这是先期企业集聚所产生的外部经济性。对于水平型集聚来说,要素成本的节约则来自于良好的产业内部专业化分工所带来的规模生产成本的节约。随着集聚的扩大,带动了相对落后地区的经济发展,以及国际通道边界效应的转化。

(二)空间联系成本节约机制

受企业处于产品价值链不同等级或者产品差异化的影响,相关企业间总是存在一定的联系。而企业总部与其子公司间的联系则更为频繁。另外,企业间和企业总部与子公司间的联系在很多情况下是需要面对面交流。企业存在的联系成本主要体现在空间上,因为商品的运输需要费用,信息的传递如果需要面对面的话,时间成本和空间成本就更要考虑在内。

通常情况下,企业之间的联系成本常与如下几种情况有关:

1. 如果企业之间交易的物质或信息流在形状、质量密度等方面都是标准化的,或是在时间和空间上都是可重复和稳定的,联系成本一般比较低。

2. 如果交换在时间和空间上频繁发生变化,它所形成的物质或信息流也是非标准化的,那意味着企业之间难以建立稳定的联系,单位产品的联系成本相对于单位产品的固定价值是很大的,此时的联系成本高。

3. 如果企业之间的交易不是具体的物质或信息流,不能以简单的订货或垂直指令来实现,而是个性化的无形交易,或需要特殊中介时,需耗费大量成本和时间,因而其联系费用很大。

4. 如果企业是以直接投资的形式在其他地区建立了分厂,为实现对分厂的有效管理与控制,企业总部与分厂之间的联系频率较高,在很多时候需要面对面实施控制与管理,这种联系的成本也较高。

母国企业到邻国投资,在企业区位选择上出现两种不同的趋势,也就是在国际通道区选址还是到邻国经济中心区选址。

在新(新加坡)——柔(马来西亚的柔佛州)——廖(印度尼西亚的廖内群岛中的巴塔姆岛)国际通道区域经济合作中,鱼钩的生产地域分工为我们提供了一个能够很好地说明在国际通道区域的生产组织中,企业如何节约要素和空间联系成本的案例。

在三个地区的经济合作中,柔佛州因为距离新加坡较近,早期已被新加坡资本开发,成为新加坡工业的境外加工区。巴塔姆岛人口稀少,早期完全没有基础设施及开发条件,但自 1978 年印度尼西亚为吸引新加坡资金而将该岛列为免税区后,由于新加坡政府及私人资本开始大力开发,到 1991 年它已成为新加坡重要的境外加工区、仓储区,表 6—1 说明了三地间经济发展水平的差异。

虽然柔佛州、巴塔姆岛与新加坡一水相隔,其国际通道区划分表面上与陆地有别,由于只是在一小时渡轮行程之内(柔佛州和新加坡还有公路桥相连),实际上与陆地相差不大。从三地生产要素价格来看,新加坡经济发展水平高、土地面积狭小,劳动力、土地成本昂贵,而另两个地区上述两种生产要素价格低廉,并希望利用新加坡的资本、技术、管理、策划研发及市场关系,达到优势互补、共同发展。

柔佛和巴塔姆两地由于距离新加坡的距离不同,要素成本存在差异。前者邻近新加坡,并且开发较早,与新加坡交通便利,相应的劳动力成本和土地成本比远离新加坡的巴塔姆岛高(见表 6—1)。

表6—1　新—柔—廖三地生产要素比较

指标	柔佛州	新加坡	巴塔姆岛
土地(美元/平方米)	4.08	4.25	2.03
非技工劳动力(美元/月)	150	350	90
半技工劳动力(美元/月)	220	420	140
技工劳动力(美元/月)	400	600	200

资料来源:薛凤旋:《港澳跨境发展的理论与政策》,科学出版社1999年版,第24页。

　　交通便利、距离邻近使在柔佛的新加坡企业分支生产部门与位于新加坡的企业核心部门的空间联系成本较巴塔姆岛低。考虑到要素成本和空间联系成本,新加坡在柔佛的企业集聚主要以用地、用工较少,生产部门与企业总部联系频繁的技术和增值高的生产过程为主;而巴塔姆岛则以用地、用工多,生产部门与企业总部联系较少的低技术生产过程为主,由此形成了该次区域经济合作不同层次的生产链在不同地区的企业集聚,三者按照技术、资本及技术密集程度来分工,构成不同地域上的企业集聚。

　　以鱼钩生产为例,新加坡的企业部门主要集中在产品开发、设计营销管理、产品测试质量控制以及高技术和高度自动化的工序,如电镀和热处理等环节;柔佛州则集中在生产工序中的"冲磨"和"成形";而巴塔姆岛因要素价格低、与企业核心部门联系不便,而主要集聚了成品包装和仓储中心的企业部门。总之,空间联系成本对企业在边界区集聚的有及其重要的影响。事实上,如果考虑一种极端的情况,企业内部或企业间不存在空间联系成本,则企业有很强的到经济中心区集聚的动力。

　　(三)市场交易成本节约机制

　　成本节约机制是大多企业集聚类型所共同存在的一种成本节约,并非国际通道区所独有,但国际通道区企业集聚市场交易成本节约有其显著特征:

　　1. 在国际通道区集聚体形成的早期,先期进入的企业要面临更多的市场不确定性,信息不完善是企业最大的问题。由于邻国通道区要么在文化、社会、习俗甚至语言等方面与母国具有相似性,这些非正式制度因素将降低彼此的市场交易成本;要么在历史上就存在着经济交往的传统,交易双方具有人缘方面的联系,这也极大地促进了交易成本的降低。

2. 当国际通道区集聚体已经发展到一定规模,信息成本和契约成本均可降低。众多东道国中小企业、邻国企业和区外企业形成复杂的产业内和产业间联系时,就可以带来市场交易成本的节约。企业集聚在一定程度上集中了市场信息,使信息趋于完善,从而使供求双方的选择费用(主要是信息成本)降低,尤其是对于"垂直型集聚"中母国跟随外国大型企业集聚的中小企业来说是如此,由于这些企业在空间拓展方面的能力有限,在本国国际通道区集聚更有利于获得这样的信息。同时,集聚还有利于降低企业间谈判、拟订、执行以及争议仲裁等契约成本。

三、国际通道区企业集聚收益剩余的实现机制

收益是由产品的市场销售量 Q 与价格决定的。收益剩余取决于企业加入到国际通道集聚区时该企业的收益与加入到本国中心区时收益的差额,则

$$\text{SR} = \text{R}_{通} - \text{R}_{中}$$
$$= \text{Q}_{通} \text{P}_{通} - \text{Q}_{中} \text{P}_{中}$$
$$= (\text{Q}_{中} + \Delta\text{Q})(\text{P}_{中} + \Delta\text{P}) - \text{Q}_{中} \text{P}_{中} \tag{6.14}$$
$$= \Delta\text{Q}\text{P}_{中} + \text{Q}_{中}\Delta\text{P} + \Delta\text{Q}\Delta\text{P}$$

其中, ΔQ 、 ΔP 分别表示加入国际通道区导致的销售变动量与价格变动量。可见,实现 SR>0,获得收益剩余的可能途径有:

当 $\Delta\text{P} = 0$ 时, $\Delta Q > 0$,表明加入国际通道区使销售量增大,价格稳定。

当 $\Delta Q = 0$ 时, $\Delta\text{P} > 0$,表明加入国际通道区使价格上升,销售量稳定。

当 $\Delta Q > 0$ 时, $\Delta\text{P} > 0$,表明加入国际通道区使价格和销售量同时上升。

当 $\Delta Q < 0$ 时, $\Delta\text{P} > 0$,表明加入国际通道区使销售量下降,价格上升,但价格上升所带来的收益增加足以弥补销售量下降所带来的收益损失。

当 $\Delta\text{P} < 0$ 时, $\Delta Q > 0$,表明加入国际通道区使价格下降,销售量上升,但销售上升所带来的收益增加足以弥补价格下降所带来的收益损失。

以上分析表明,企业在国际通道区集聚收益剩余的实现机制有两条途径:市场的拓展使销售量上升;价格上升。在此所说的价格不同于一般意义上的由于集聚体内企业间"串谋"所造成的产品市场销售价格的上升,而是把它定义为由于政府为实现国际通道区集聚所采取的激励机制,即在国际通道区实行的有关关税、用工、土地使用等方面对进入国际通道区企业的税收方面的减

免制度安排,由此所带来的相对的产品价格上升。之所以这样定义是基于集聚体内部企业间"串谋"所形成的价格上升是一般意义上集聚的共性,并不是国际通道区企业集聚所特有的。国际通道区特殊的制度安排是发展中国家为吸引外资和发展本国经济经常采用的一种方式,本章从这个角度来研究价格上升机制。

根据以上对价格的定义,在国际通道区集聚中,要素价格的上升是不存在的,因为到目前为止,还没有发现哪一个国家在国际通道区收取比本国经济中心区更高的关税、土地费用以及制定高于本国中心区的用工费用。

(一)国际通道区企业集聚的市场拓展机制

市场范围的扩大无疑会给企业带来收益剩余。在新经济地理学中,企业市场范围来源于地理空间和潜在的市场潜力①。但是,新经济地理学忽视了集聚本身所带来的共享市场资源、市场互补性和开发潜在需求的效应。共享市场资源是指集聚体内企业由于存在投入产出上的技术联系及其扩散效应,可以使其他企业分享这个企业的最终需求;市场互补性是指集聚体能够满足顾客多种消费偏好,使买者转向卖者集聚地的可能性增大,因为这样可以满足不同的消费偏好,还由于存在众多供应商可供选择,从而降低购买风险;开发潜在需求是指集聚体内部大量专业化企业集聚在一起实现区域化规模生产,能创造出较大的市场需求空间,满足多样化和个性化的市场需求。也就是说,国际通道区的企业集聚同样可能产生相当于本国中心区的市场潜力。

(二)国际通道区企业集聚的价格机制

国际通道区企业集聚价格的实现机制来自于东道国政府有关税收、用工、土地使用等方面优惠的制度安排。国际通道区通常是一个国家的边缘区,基础设施落后,经济发展水平较低,先期进入的企业进入成本较高,如果没有政府激励机制的支持,企业很难在国际通道区选址。在这种条件下,政府尤其是东道国政府一定的制度安排包括在基础设施建设的投入、关税减免、为当地居民提供一定的就业培训以及给予优惠的土地使用政策等,实质上是东道国政府承担了一部分或全部企业的进入成本。只有如此,才能形成初始的企业集

---

① 市场潜力主要是基于当地人口规模和人均可支配收入水平。如果企业着眼于市场潜力开发的话,一个国家的经济中心区是比国际通道区更有市场潜力的区位。

聚,并在循环累积效应的作用下,发展成为更大、产业联系更加紧密的集聚体。从这一角度来看,这种价格机制就应该是国际通道区企业集聚的初始动力,在集聚初期发挥着重要的作用。从当前世界各国际通道区的发展来看,无不如此。

第七章　国际通道点轴分析

以佩鲁和布代维尔为代表的"增长极理论"和沃纳·松巴特为代表的"生长轴理论"为基础,波兰的萨伦巴和马利士把"点"、"轴"要素组合在同一空间开发模型中,提出据点开发与轴线开发相结合的模式。我国经济地理工作者陆大道研究员等提出了点轴渐进式扩散理论模式,把点轴开发模式提到了新的高度。本章首先系统阐述了点轴理论的形成和发展,接着分析国际通道中"点"和"轴"的形成、带动作用,继而对国际通道点轴开发模式进行分析,最后分析国际通道"发展点"和"发展轴"推动通道区及其腹地经济增长的过程。

第一节　点轴理论的形成与发展

点轴理论最初由波兰经济学家萨伦巴和马利士提出。增长极理论、生长轴理论和中心地理论是点轴理论产生的基础。点轴理论中的"点"是增长极理论中增长极的延伸,某些主导产业部门和有创新能力的行业集中在某些大城市或某个区域,形成增长极①,含有各级增长极的中心城市或区域构成点轴理论的"点"。点轴理论的轴来源于以沃纳·松巴特为代表的生长轴理论。"轴"指连接各点的线状基础设施,包括各类交通线、通讯线路、动力供应线、水源供应线等工程性线路。通常把这些线状基础设施经过的地带称为"轴带"或者简称为"轴"。根据中心地理论,点轴理论的"点"有等级之分,在规模上有大小之别,在重要性上有主次之分。"轴"也有等级之分,如一级轴线,二级轴线等,依次类推。

---

① 增长并非出现在所有地方,而是以不同强度首先出现在一些增长点或增长极上,这些增长点或增长极通过不同的渠道向外扩散,对整个经济产生不同的影响。

把空间中特定的点、轴相互连接就构成点轴系统。在点轴系统中,一方面点处于主导地位,由点带轴,由轴带面,点轴之间存在良好的传递渠道;另一方面轴是为点服务的,同时轴又对新点的形成和老点的兴衰有深刻影响。

点轴系统的形成是一个动态过程。点轴系统最初先从一些点开始,然后沿着一定轴线在空间上延伸。点与点之间在空间上沿着交通线连接成轴线,并通过轴线相互作用发生经济联系,轴线的经纬交织形成经济网络。在国际通道的形成和发展过程中,产业和企业首先集中在通道区少数条件较好的城市或地区,它们呈点状分布,这些点就是增长极,即点轴开发理论中的"点"。随着通道区产业和企业的发展,增长极增多,点与点之间会不断地发生经济联系,如生产要素交换等,这种经济联系需要交通线、邮电通讯线、水源供应线等连接,从而形成通道区轴线。在为"点"服务的同时,通道区轴线两侧具有很强的吸引力,吸引生产要素向轴线两侧聚集。最后点轴贯通形成国际通道的点轴系统。轴线以不同等级的中心点为基础相应形成不同等级的点轴系统。

"发展点"的条件是有以主导产业为核心,并有与周围地区产业高度相关的产业综合体;在某一方面或某几方面有突出优势,如一项或若干项产业优势、市场优势等;有一定的基础设施水平。

"发展轴"的条件是能以水陆交通干线为依托,实现产业布局与交通运输的最佳空间组合;轴线上工业、城市发展有一定的基础,且有较大的发展潜力;自然条件优越,农业发展水平较高,资源丰富或要素的可供给性和空间组合良好;轴线的开发对整个国际通道区的经济发展所起的促进和带动作用大。点轴开发的目的是通过轴线的开发,促进和带动整个通道区的经济发展。

"点轴系统"理论是关于社会经济空间结构(组织)的理论之一,是国际通道区生产力布局、土地开发和通道区腹地发展的理论模式。"点轴系统"模型是现实中社会经济客体经过较长时间发展而形成的空间结构形态。阐述点轴系统的形成过程、形成机制、点轴系统的特点和应用等是"点轴系统"理论的主要内容。该理论也类似于物体空间相互作用的基本原理,存在空间集聚和空间扩散的两种倾向。在国际通道区形成和发展过程中,大部分社会经济要素首先在通道区的"点"上集聚,并由线状基础设施联系在一起而形成"轴"。随着通道区社会、经济的进一步发展,"点轴"必然发展到"点——轴——集聚区"。这里的"集聚区"也是"点",它是规模和对外作用力更大的"点"。"发展轴"具有不同的结构和类型。"点轴"空间结构系统还通过空间可达性和位置级差地租①等对通道区的发展产生影响。

由此,国际通道"点轴系统"理论的核心是关于国际通道区"最佳结构与最佳发展"的理论模式概括,即"点轴系统"是通道区发展的最佳空间结构。要实现通道区最佳发展必然要求以"点轴系统"模式对整个通道区社会经济客体进行组织。这个理论还回答了国际通道发展过程和地理格局之间的关系:国际通道的发展过程会形成某种空间格局,而一定的空间格局又反过来影响国际通道的发展过程。二者之间的融合和协调意味着国际通道的最佳发展。"点轴系统"反映了国际通道社会、经济空间组织的客观规律,是最有效的通道区的空间结构模式。

网络开发理论是对点轴系统理论的进一步发展和完善。网络开发是区域经济发展走向成熟阶段的标志,是区域经济空间模式的最高阶段。该理论的基本含义是依据空间一体化的一般规律,在点轴体系完善后,开发重点应放在点轴与其腹地之间的综合网建设上,从而促进经济一体化。综合网由点轴体系向外伸展,可将发展机会传播到更多的地区,生产要素的利用更加充分,空间结构与产业结构将更趋合理。

国际通道区网络开发模式需要具备三大要素:一是要有据点或增长极,一般为城市;二是要有腹地或域面,即据点的扩张或吸引地带;三是要有网络,即技术、资金、人才、信息、物资等的流通网(包括交通网、信息网等)。需要指出的是,网络开发不仅限于地面,而且应扩张到空中、地下和水下。

点轴开发理论与网络开发理论主要是从空间组织角度来研究国际通道区经济发展,是在增长极理论、梯度理论、区域技术传播理论、塔弗模型与空间一体化理论的基础上形成的。实际上,点轴开发是空间一体化过程中前期的必然要求,而网络开发是空间一体化过程后期开发的必然选择。在点轴系统发展比较完善后,更进一步开发就可以实现空间一体化,即空间结构的现代化。空间一体化中的网络已不完全是交通网络,而是指在点与轴的辐射范围(有时也称腹地或"域面")内由产品与劳务贸易网、资金、技术、信息、劳动力等生

---

① 位置极差地租是由于距离城市中心(主要市场)的距离和位置的不同导致的土地利用纯收益的差异。在实践中这种纯收益一般表现为土地的价格。

产要素的流通网及交通与通讯等基础设施网等所组成的综合网。

国际通道应采用何种开发和发展模式需根据通道区的社会、经济发展所处的阶段和水平决定。处于不同发展阶段的不同类型,经济开发方式与空间组织形式各不相同。发展滞后或布局稀疏的地区常采用增长极开发模式,发展水平适中的地区常采用点轴开发模式,而网络开发模型则适用于较发达的通道区。

第二节　国际通道区点轴开发分析

一、国际通道点轴开发步骤

依据点轴理论,点轴开发既是一种有效的空间组织形式,又是一种有效的经济开发模式,所以点轴理论不仅有助于分析和理解国际通道的形成和发展,还可应用于国际通道区的发展。国际通道可以看做是由点、轴组成的空间组织结构。在国际通道的形成和发展过程中,大部分生产要素首先在点上聚集,随着点的增多,点与点之间通过轴即各种基础设施连接。通过建设国际通道轴线中交通干线,从而方便生产要素的流动、降低交通运输成本。

国际通道进行点轴开发时的工作步骤通常是:

首先,在通道区内确定若干具有有利发展条件和开发潜力的线状基础设施经过的地带,作为发展轴,予以重点开发。

其次,在通道区的各条发展轴线上,确定若干个点,作为重点发展的城市或发展区,并且要明确各个重点发展城市或发展区的地位、性质、发展方向和主要功能,以及它们的服务和吸引区域。

再次,确定点和轴线的等级体系,形成不同等级的点轴系统。在一定的通道区范围内,重点发展的轴线、城市应与其等级、开发先后次序相适应。一般应着重优先开发重点发展轴线及沿线地带内若干高等级、区位好的点(城市)及其周围地区。以后随着发展轴及重点发展城市实力的增强,开发重心将逐步转移到级别较低的发展轴和中心城市,并使发展轴逐步向不发达国家、地区或城市延伸,促进次级轴线上的城市发展,最终形成由不同等级发展轴和发展中心组成的具有一定层次结构的点轴系统,从而带动整个国际通道区的发展。

点轴开发理论将国际通道区上的各中心城市、交通干线、市场作用范围等统一在一个增长模式之中,在三者相互关系中,点居于主导地位,轴是多层次中心点间沟通连接的通道,而通过市场配置资源要素是点与点之间、点与轴之间发生联系的根本动因。国际通道点轴开发是等级开发和渐进开发的统一。

二、国际通道重点发展点和重点开发轴的选择

(一)国际通道重点发展点的选择

国际通道发展轴上的"点"是通道区的各级中心城市或发展区,它们是轴线集聚作用和扩散作用的核心①。与所有城市成等级系统一样,同一发展轴线上的点也有等级层次,有相应的主次之分。国际通道重点发展城市或发展点的确定,通常从下述几个方面进行考虑:

1. 城市发展的条件及其在通道区的地位。根据各个城市的位置、发展条件,分析其在国际通道城市体系中的主要职能、发展方向及其在通道区内外的地位和作用,明确各中心城市的吸引范围和辐射范围。重点发展城市应是地位重要,对发展轴的形成和发展作用大,吸引范围广的城市;

2. 城市的发展规模。从整个国际通道的城市化发展水平、历史进程、未来发展速度和规模等级分布状况等方面,分析各城市经济发展和社会发展趋势,明确发展轴上各中心城市的发展规模。在经济比较发达的国家或地区,一般采取网络开发模式,城市规模大,吸引范围广,辐射力强,往往选择规模较大的城市作为发展的重点。而在经济发展滞后的发展中国家或地区,需要培育新的增长极核,往往会选择一些规模相对较小的城市作为发展的重点,通过它们的开发,带动后进地区的发展;

3. 城市空间分布的现状。国际通道点轴开发模式的实施是从高级轴线向次级轴线、从高等级城市向次级城市空间分布有效推进的过程,在与中心城市相适宜的距离上,选择有较好发展条件的点作为重点发展的城市,使其成为次级发展中心。高等级的中心城市将对次级中心城市进行扩散和经济协作。同理,围绕次级中心,将选择三级乃至四级中心城市。由此可见,与中心城市相适宜的距离,便成为选择重点发展城市的依据之一。

---

① 聚集效应是因社会经济活动的空间集中而形成的聚集经济与聚集不经济综合作用的结果,本质上是两种力量的作用:一方面聚集经济作为空间聚集的吸引力推动城市区域的形成和发展;另一方面聚集不经济则作为排斥力限制城市的进一步聚集和规模扩大。

（二）国际通道重点发展轴的选择

国际通道发展轴的形成和发展具有重要的战略意义，发展轴要经过长时间循序渐进的大量投入和持续建设。因此，通道区发展轴线，尤其是高层次的重点发展轴线不应该也不可能很多。当原有的发展轴线还未完全形成时，除非是选择错误，一般不宜再开辟新的轴线。随着国际通道区经济实力的增强，发展轴线也可分级，出现更多的次级发展轴线。

选择国际通道重点开发轴通常需要考虑以下几方面：

1. 最好由经济核心区和发达城市工业带组成。国际通道发展轴不是一般的交通线，而是经济发展轴线，它是产业、城市、运输和通讯等线状基础设施集中成束的地带或走廊，因此经济发展轴首先是城市发展轴。通道发展轴上的城市应有较强的经济吸引力和凝聚力，是经济活动、产业、人口等优先集聚地带和发达地带。如果国际通道重点发展轴由经济核心区、工业带或经济发展潜力巨大的城市带组成，是最为理想的；

2. 以水陆交通运输干线为依托。国际通道交通运输干线及相应的综合运输通道是城市、发展中心、增长级、经济发达区的联结线路，它们的发展壮大对促进整个通道区的发展具有重大意义。因此，国际通道发展轴往往是由港口比较密集的沿海地带或主要通航河流的沿河地带构成，这与国际贸易对大规模水上运输有高度的依赖有关。沿海地带、大江河沿线地区本身具备较好的发展条件，往往成为各国的经济发展重心。此外，主要铁路、高等级公路是构成通道区空间结构的基本骨架，经济开发的注意力一般都集中在这些便利的交通沿线地带，它们也是轴线选择的对象。

3. 自然条件优越，建设用地条件好，工农业生产发展水平较高。国际通道发展轴是工业和大规模城市建设优先发展或着力发展的地带，良好的工程地质、水文地质条件有特殊重要的意义。那些地势开阔、平坦、切割度小、无断裂带通过、地震裂度小、不受淹浸、无需采取大量土石方工程措施和追加建设投资的地带无疑是国际通道发展轴首选之地。农业是一切经济活动的基础，农业生产水平高，城市发展和工业建设就有较好的基础。

4. 矿产资源和水资源丰富或水源可供给性良好。在人口不断增加，城市建设和工农业生产迅速发展，人民生活水平日益提高的形势下，水资源缺乏的地区，工业与农业、生产与居民生活在水和土地资源供需上矛盾突出，常常成为经济发展布局的重大制约因素。

三、国际通道发展轴的结构

国际通道重点开发(或发展)轴线一般是指重要线状基础设施①经过或者附近有较强的社会经济实力和开发潜力的地带,这个地带的宽度因轴线的等级、长度和对通道区的作用不同而不同。确定国际通道开发轴线的宽度,还要考察相对于线状基础设施的距离和与线状基础设施的关系。

国际通道发展轴在平面上可细分为三个部分:

(一)线状基础设施

线状基础设施是通道区轴线的神经和脉络,是人口和产业密集带形成的基础。一般情况下,线状基础设施是由二种或两种以上线状基础设施组成的"束",且以交通干线为主体,在少数情况下,也可能以其他线状基础设施为主。线状基础设施多数情况下是分离的、基本平行的,它们之间的距离一般为50公里左右。

(二)发展轴的主体部分

位于线状基础设施或其交叉点上的城市、工矿区、港口、郊区农业及其他机械化农业设施等都是"点轴"系统的组成部分,通道轴线的宽度一般就是城市区(相当于城区与近郊区)和工矿区的直径。一般百万人口以上的特大城市,其直径达到40公里左右。因此一级发展轴线和二级发展轴线在距其大约40公里以内的城市、工矿区、交通港站等也可视为轴线的范围和组成部分。在这个距离内进行大规模开发可以方便地利用功能强大的线状基础设施。这个范围也是工业、农业、城市建设的重点地带。对于通道区内省级地域范围的轴线,宽度只应在10公里左右,甚至更窄。但由于这样的轴线数量众多,它们对开发和发展整个通道区的作用同样非常重要。

(三)发展轴线的直接吸引范围

国际通道发展轴的直接吸引范围,即发展轴上的所有城市、港站的直接吸引范围,指同该发展轴的线状基础设施、城市、工矿区及其他设施有频繁且密切的社会经济联系的区域(带),而且该区域与通道内其他同级发展轴只有极

---

① 线状基础设施包括:交通干线、能源输送线、水源及通讯干线等。

少或几乎没有直接的社会经济联系。也就是说,两个同级发展轴之间,除了有各自的直接吸引范围外,还有大面积的混合吸引范围。在这个范围内,同时与两个发展轴联系。其中,无论哪一个发展轴对混合吸引范围的影响都不太大。按"点轴"空间结构系统进行国际通道区开发,这些地域宜置于次要地位。

国际通道的"点轴"开发要顺应社会经济发展在空间上集聚成点、发挥集聚效果的客观要求。在通道区工业地区、工业城市、工业区三种不同地域范围内,合理工业结构及工业与各级发展轴带的基础设施之间有机结合时,通道区便会产生巨大的空间集聚效果。

四、国际通道点轴开发过程

根据点轴理论,国际通道可看做是由点轴贯通形成的点轴系统。国际通道中的点是通道区发展轴经过的城市,其中某些点紧邻边界,受边界影响巨大。国际通道的区位主体是一类或几类具有特殊区位需求的区位主体。如果国际通道能够满足这些空间需求,就必然成为企业集聚的优势空间;反之,国际通道区的集聚能力就将受到影响。

各城市间通过交通干线、通讯线路等连接成国际通道发展轴。在一个国家或区域的发展过程中,大部分生产要素首先在资源丰富、区位条件优越的点上聚集,初步形成了启动该国、该区域经济发展的增长极。随着工业的发展、矿产资源的开发、商品经济的发展以及便利的交通运输条件,这些初步形成的增长极不断发展、扩大,形成具有一定规模的中心城市。由于集聚效应,更多的工业企业、各种类型的经济企业和社会团体集聚在这些城市,并在这些点之间建立交通线,使通道区的人流和物流迅速增加,生产和运输成本降低,形成有利的区位条件和投资环境,满足彼此经济发展和社会联系的需要。随着生产力的发展,点与点之间的联系逐渐发展成交通线、能源供应线、通讯线、供气、供水等线状基础设施束,即发展轴形成。通过建设各个点之间的重要交通干线(铁路、公路等)形成新的有利区位,新的交通线和人口向交通线聚集并产生新的居民点,不断出现新的集聚点,同时各交通线得到相应延伸。随着生产力的进一步发展,那些发展条件好、实力雄厚、效益高、人口和经济集中的城市会形成更大的集聚点,它们之间的线状基础设施也会变得更加完善,新的集聚点成为次级经济中心,并延伸出次级发展轴线,整个国际通道区将形成由不

同等级的城市、城镇和不同等级发展轴线组成的"点轴"空间结构。国际通道
点轴开发及形成过程如图7—1所示。

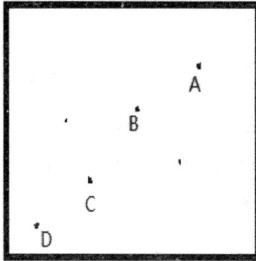
图7-1 (a)

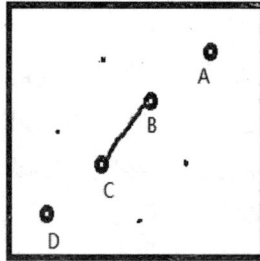
图7-1 (b)

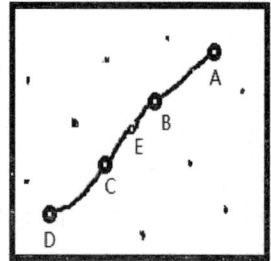
图7-1 (c)

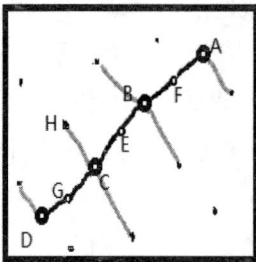
图7-1 (d)

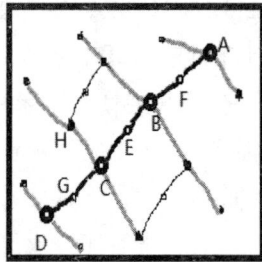
图7-1 (e)

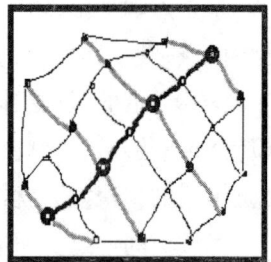
图7-1 (f)

图7—1　国际通道点轴开发与形成过程

第三节　国际通道发展的驱动力

基于国际通道的点轴理论,结合国际通道复合区位条件的特点,国际通道
区集聚点的优先形成,受到以下五种驱动力的影响。

一、市场驱动

现实的和潜在的市场是通道区形成和发展的驱动力之一。国际通道中的
点即通道区各中心城市,是企业、人口的聚集区。在国际通道增长极形成初
期,有利的地理位置、便利的交通条件、丰富的原材料和能源为企业的形成和
发展提供了有利的先天条件。随着社会经济的发展,通道区良好的投资环境、

先进的技术、丰富的信息、廉价的原材料和充足的劳动力,加上便利的交通条件为企业生存和发展提供了广阔的市场。一方面,通道区市场的开拓提高了企业产品的销量,为企业带来大量利润,在促进企业发展的同时还吸引了众多新企业的投资;另一方面企业的发展又促进通道区内各"点"的社会经济发展。

在经济全球化和区域经济一体化的影响下,与邻国的边界屏蔽效应向中介效应转化。在利润的驱使下,企业在占领通道区某个"点"内部市场的同时又开始开拓在通道区其他"点"的市场,这促进了通道区发展轴的形成和发展,点与点之间的联系加强。国际通道发展轴线成为企业向国外市场扩张的桥梁,跨国企业可以通过在国际通道区建厂,生产商品直接面对国外消费者,及时了解邻国市场需求的变化,不断开拓和扩大海外市场。

国际通道区建设初期,区内基础设施落后,企业集聚并未真正形成,各"点"原有的市场网络与本国中心城市的市场网络并没有形成紧密的联系,单纯市场指向的企业在国际通道区投资并向中心城市销售产品①,必将给其带来较高的市场拓展成本。但是,如果相邻国家的经济合作和经济发展已经达到了较高水平,国际通道区"点"内的基础设施以及国际通道中心城市之间的基础设施已经比较完善,并且已经形成一定的企业集聚,国际通道区点轴系统形成就是自然的事情了。比如,欧洲、日本和韩国的企业到美墨国际通道区投资的目的很大程度上是为拓展美国和墨西哥的产品市场,但是以上国家和地区的企业是在该国际通道区经济合作已经达到相当程度、基础设施比较完善并且已经形成相当程度的美国企业集聚的情况下发生的。

二、成本驱动

不断追逐低成本、高利润的动机驱使企业在投资时优先选择一个国家或地区的增长极。通常工资、运输成本、原材料和中间产品是企业最主要的可变

①　影响工业的主要区位因素有原料、动力(燃料)、劳动力、市场、交通运输、土地、水源、政策等。工业区位选择所要考虑的主要因素可能只有一个或少数几个,那么这类工业的区位选择则以其主导因素为指向,形成不同的指向型工业,主要有以下五类:原料指向型工业、市场指向型工业、动力指向型工业、廉价劳动力指向型工业、技术指向型工业。

成本,而可变成本会因生产地点的不同具有较大差异。不仅因为增长极具有丰富的原材料、能源以及优越的区位条件等优势,更因为其廉价的生产要素和较低的劳工通勤费用,奠定了企业发展初期的成本优势。低廉的运输、劳动力和原材料等生产成本吸引了众多企业不断地在通道区增长极的集聚,同时经济发展又促使这些增长极优先发展和壮大,并成为通道区的"点"。

对于大批量标准化产品生产的企业而言,如纺织、服装、玩具、电子装配等劳动密集型产业,劳动力成本十分重要,并已成为工业发达国家与发展中国家生产成本差异的主要来源。随着通道区"点"的社会经济发展、规模不断壮大,工资水平必然随之上涨,企业生产成本也随之增加。为了获得廉价生产要素、降低生产成本,获取高额利润,企业必然会逐渐向外扩张,即由通道区的一个"点"延伸到另一个"点"。如工业发达国家企业不断将一些劳动密集型产业和生产工序逐步转移到海外低工资地区,点与点连接成轴,跨国企业也随着通道区发展轴的形成不断增多,国际通道由此形成。

国际通道区生产要素的价格会随着企业集聚的加强得以提高,这里存在一个区位价格动态趋于平衡的发展趋势。李小建在1993年对广东54家香港企业进行的调查显示,在最初的投资者中,有46家企业是成本指向的,其中又以低廉的劳动力价格成为吸引香港企业的最重要原因。但是当广东以劳动力和土地价格为代表的生产要素价格上升以后,成本指向的企业比例明显下降。

三、制度驱动

这里的制度是指一国为了实现本国的经济发展,吸引更多的资金和先进技术,增加国内就业机会,针对国际通道区设立的特殊制度安排,如土地使用政策、进出口政策、用工政策和有关税收减免方面的政策等。如一些发展中国家在国际通道区内设立保税区、出口加工区等制度。一个国家或地区要实现其社会经济发展,在发展战略上必然将政治经济发展重心聚焦于某些"点"上。在选择发展点的同时,国家还需要制定相关的制度和政策来支持和保护"点"的发展。这些有利的制度和政策一方面不仅推动了单个"点"的优先形成和发展,还推动了国与国之间"点"的合作,另一方面随着这些"点"的发展、"点"与"点"之间各种联系的需要,发展轴逐渐形成,同时轴线上的基础设施不断得到完善,点轴贯通形成国际通道点轴系统。如果没有东道国政府特殊制度①的支持,企业到国际通道区投资要承担的区位进入成本要高于中心城市的区位进入成本。不过,一国为鼓励企业到本国国际通道区内投资而制定的一些相关制度是需要政府承担一部分企业区位进入成本的。比如,在粤——港——澳、美——墨和新——柔——廖国际通道区合作中,各国和各地方政府均在国际通道区内设立了一定的特殊优惠政策,这成为吸引企业投资的重要原因。

四、集聚驱动

国际通道的集聚驱动主要表现在两个方面:

一是一些大型企业出于市场和成本两方面考虑会优先在国际通道区内选址。当国际通道区形成企业群时,这些企业可以共同使用通道区的基础设施和服务设施,比如机场、车站、港口、公路、银行、保险公司、律师事务所、专利、档案所、会计事务所、信息公司、技术经济咨询公司、环境保护机构、修理公司以及会议中心等,此外,企业之间中间产品和服务联系的空间成本也将降低。

二是一旦大型企业在国际通道区内选址,与它们产生经济联系的中小企业为获得大企业的订单往往跟随而至,这样在边境地区就形成了大小混杂的集聚体,促使企业间网络联系密切,为这些企业带来集聚经济。企业之所以在国际通道区集聚是与企业的生产组织结构相联系的。位于国际通道区的外国企业,其总部仍然在母国,这些企业总部通常在原材料和中间产品的购入、市场销售、技术设备引进,甚至在生产管理等方面对子公司起着控制作用。子公司在国际通道区选址有利于降低企业的管理成本,方便总部对分支机构的控制。

五、地缘驱动

通常企业在本国发展到一定规模和阶段后,必然会开始寻求海外市场。不同文化背景、习俗和语言等因素将提高企业的交易成本,因此企业跨国扩展的区位选择往往先从文化等地缘环境与母国相似的地区开始,这样它们容易

---

① 政府特殊制度包括关税等税务优惠政策、贷款优惠政策、土地等基础设施优惠政策等。

与当地的金融机构、当地政府、供货商和雇主保持良好的关系,有利于降低经营风险和交易成本。对东道国的社会文化经济环境有了足够的熟悉程度以后,企业才进一步实行空间扩张。由于相邻两国的国际通道区往往具有相近的历史、文化传统,在一些国际通道区内甚至使用共同的语言,由此,地缘推动使国际通道区成为企业跨国扩张的起点选择。比如,中国珠江三角洲地区在文化语言习俗等方面与中国香港和中国台湾具有极大的相似性,更为重要的是,在珠江三角洲存在着中国香港、中国台湾企业大量的亲缘关系网络,在企业投资初期,市场信息不完全情况下,这个网络是中国香港、中国台湾企业获取信息的重要来源。正是由于地缘上的原因,该地区在开放初期成为中国港台企业拓展中国内地市场的首选。随着这些企业对中国情况的了解,才开始逐步向其他沿海地区和内陆地区进行空间转移。

第八章　国际通道便利性分析

国际通道的便利性作为国际贸易发展的一个重要的基础组成部分,日益受到人们的关注。本章从国际通道运输政策公约、交通便利性评价及通道基础设施经济性三个方面为切入点,在客观分析国际通道便利性存在的问题和影响因素的基础上,提出评价通道便利性、通达性的指标体系,并对国际通道基础设施的经济性进行分析。

第一节　国际通道便利运输公约与政策

运输公约与政策是运输便利化的核心①,国际运输便利公约的职能是调整运输活动所涉及的各种复杂关系。运输公约与政策在各国交通资源配置和交通业发展、促进交通运输便利性以及技术进步,安全、环境、社会关系等方面扮演了极其重要的角色。

一、国际通道便利运输公约

由于各国各地区意识、法律体系、历史传承和发展基础不同,所颁布的道路运输政策存在局限性和不实用性。国际通道功能的发挥对便利性提出了较高的要求。道路运输便利性要求的范围比较广,涉及空中,地面道路及海上运输,这几项在多数国家分属不同的部门管辖。比如在中国,交通部分管道路及海上运输,民航总局分管空中运输,铁道部分管铁路运输,在进出口时又涉及海关部门。而在日本则统一由运输省管辖。

为增强国际通道的便利性和功能,一定范围内的国家和地区共同签署了

---

① 所谓公约与政策,是各国或地区为实现一定时期内各国共同的目标而制定的行为准则。

不同种类的国际运输公约与政策。如陆上运输的有《国际道路货物运输合同公约》，海上运输的有《鹿特丹规则》，空中运输的有《芝加哥公约》等①，这些公约和政策虽然在一定程度上增强了国际通道的便利性，但也制约了多种运输方式的联合统筹，或者说把应该作为一个整体的国际通道人为地分为了三个体系。当然，要把这三个体系进行整合是一项复杂的系统工程，短时间内难以完成。

（一）国际陆上通道运输公约

国际道路便利运输公约着眼于为跨国道路运输创造高效、便捷、可预期的运输环境，切实提高各成员国在全球生产体系中的竞争力，实现国际通道在运输上的便利化。

1956 年，联合国欧洲经济委员会牵头制订了《国际道路运输公约》——《TIR 公约》②。目前，欧盟和中国、俄罗斯、哈萨克斯坦、蒙古等国家加入了《TIR 公约》，并在该制度下开展国际道路运输，以促进周边国家开展区域经济合作，适应国际道路运输便利化趋势的需求。该公约旨在规范国际运输交易行为，统一合同文件，减少争议，方便规划管理，提高国际道路货物运输的效率③。

在海关方面，当货物需要经过几个国家进行国际通道运输时，传统的监管模式是各国海关均按本国法律法规对其实施监管，这些规定因国而异，共同的做法是在货物进入本国国境时对货物进行查验，实施本国的安全要求，如担保、保证金、预付税等，以防止在境内发生逃、漏税事件。每个过境国的这些措施造成货物运输成本高、时间长、障碍多。因而，需要建立一项共同的海关过境制度，统一报关单证，实现便利通关。1975 年，联合国欧洲经济委员会提出了《关于持有 TIR 单证的国际货物运输海关公约》规范了国际过境运输制度④。

---

① 国际通道公约极其繁杂，适用范围又各有不同，颁布的时间各有先后，所列三项公约仅仅是国际通道中使用较为广泛的三项公约。

② 《国际道路运输公约》简化了国际通道货物运输的海关手续，降低了承运人成本。

③ 鞠淑真：《使用国际陆路运证的国际货物运输海关公约》，《中国海关》1999 年第 2 期。

④ 《关于持有 TIR 单证的国际货物运输海关公约》的主要目的是通过国际担保制度简化海关过境查验手续，减少海关查验投入，为国际道路跨境运输提供便利，提高运输效率、节约运输成本。

从便利运输角度看,《国际道路货物运输合同公约》和《关于持有 TIR 单证的国际货物运输海关公约》是实现国际通道陆上通畅便利最重要的两个公约,而这两个恰恰是最难的。

随后,为了增强国际通道运输的便利性,先后在 1956 年提出了《关于临时进入商用车辆的海关公约》①,1968 年《道路标识和信号公约》②,1968 年《道路交通公约》③,1982 年《关于统一边境货物管理的国际公约》及 1972 年《集装箱关务公约》④等。

总的来说,上述公约的总体目标是一致的,分别从运输合同、便利通关、统一规则、规范管理的角度,促进国际道路的便利运输,最终达到节约运输时间、降低运输成本、提高道路安全的目的。这些公约的颁布与实施,有效推动了国际通道道路运输的便利化。

在我国,经过 30 多年的改革开放,综合国力、经济实力和产品竞争力日益增强,这使我国对国际道路运输便利化的需求日益迫切。但由于国内尚处于转轨时期,市场经济体制初步建立,各种制度还处于完善过程中,国际道路便利运输公约的许多条款与我国现行的法律法规、管理制度存在一定差异;同时在"硬件"基础设施方面也需要相当的投入。因此,我国目前仅加入了其中的《集装箱关务公约》(1972 年)。但是,从长远看,适时加入这些公约是势在必行的。

(二)国际海上通道运输公约

从 20 世纪以来,世界航运业进入快速发展的轨道,大量的贸易需要航运的支持,对国际海上通道的便利性要求也越来越高,从而不可避免地产生了发货方和船方的矛盾,为规范航运和贸易的关系,协调两者的矛盾,越来越多的国际海上通道运输公约出现了。

---

① 《关于临时进入商用车辆的海关公约》的作用是为临时进入缔约国且在短时期内出境的其他缔约国商用车辆提供便利。

② 《道路标识和信号公约》旨在统一国际道路标志、信号、标线、符号以及道路标牌,以促进国际道路运输业的发展和改善道路安全。

③ 《道路交通公约》旨在规范车辆标准及交通行为,以方便驾驶员和车辆在各国间用统一的规则通行,便利国际道路运输并提高道路驾驶的安全性。

④ 《关于统一边境货物管理的国际公约》主要目的是减少国际货物运输过境程序手续和停留时间,实现"合署办公"、"统一检查"、"统一文件"及"一站式"的服务。

1924 年 8 月 25 日世界主要发达国家在比利时的布鲁塞尔签订了《统一提单的若干法律规定的国际公约》,简称《海牙规则》①。1968 年,同在比利时的布鲁塞尔,《海牙规则》的缔约国根据航运发展的新情况对规则进行了修订,形成了《海牙——维斯比规则》。缔约国大多是航运大国和贸易大国,该规则对海上货物运输合同的提单关系进行了修订,更多地保护了承运人的利益,实施的是"钩至钩"原则,这其实是对航运大国的一种保护,导致托运方利益受损,有碍于整个航运业的发展②。

集装箱运输和多式联运出现之后,在联合国国际贸易法委员会的主持下,制定了《汉堡规则》③,这一规则虽然于 1992 年生效,但参加国比较少,多是发展中国家。因为这一原则主要保护的是托运方利益,而作为全球生产地的发展中国家,他们并不是航运业的主体。

这种带有单方面保护性的规则使联合国贸易法委员会统一海运立法的期望非但未能实现,而在已经存在的《海牙规则》、《海牙——维斯比规则》之外,又增加了一个并行的国际公约,进一步加剧了国际海运立法的不统一,成为货物自由流动的障碍,增加了交易成本,非但没有实现国际海上通道便利化,反而使海运手续,中间环节,法律都更加复杂,制约了航运业的发展。

随着经济全球一体化趋势加剧,国际海上通道迫切需要吻合其发展的海运统一立法。1996 年,联合国国际贸易法委员会开始重新审查国际海上货物运输法律制度,委托国际海事委员会(CMI)收集海上货物运输领域现行惯例和法律方面的资料,以满足在此领域建立统一立法的需要。之后于 2008 年 12 月 11 日在联合国大会审议通过了《全程或部分海上国际货物运输合同公约》并于 2009 年 9 月 23 日在荷兰的鹿特丹举行开放式签字仪式。因此,该公

---

① 《海牙规则》作为第一部规范海上货物运输的国际公约,起到了很好的法律规范作用,后来,全球大部分国家都参与其中,其法律效力范围及影响为国际海上通道的规范化奠定了基础。

② 杨怀甫:《经济全球化背景下国际海上货物运输法律效力刍议》,《广西社会科学》2011 年第 6 期。

③ 《汉堡规则》主要调整运输合同关系,对承运人利益进行了一定限制,侧重保护托运方的利益,实施的是"港至港"原则。

约又被称为《鹿特丹规则》①。该规则的制定实现了由国际运输法向国际物流法的转变,对国际海上通道的畅通和便利起到了很大的促进作用,其内容主要包括以下三个方面:

第一,对责任划分的基础重新界定,针对前面几个公约要么偏向承运人,要么侧重托运人的情况相比,《鹿特丹准则》更加的公平合理。

第二,物流单证的革新。《鹿特丹规则》以"运输单证"取代传统航运的"提单",并规定了电子记录的内容,满足了为发展新型运输相关业务单证留下空间的需求,也为单证的便利化提供了基础。

第三,规范了缔约国范围。基于《鹿特丹规则》的特殊规定,只要是加入了《鹿特丹规则》的国家,必须是唯一的国际海上货物运输公约的缔约国,也即如果该国还是《海牙规则》《海牙—维斯比规则》和《汉堡规则》缔约国的话,就必须退出这三大公约。因此,随着《鹿特丹规则》的生效,缔约国的数目越来越多,逐渐出现了国际海上货物运输法律统一的局面②。

《鹿特丹规则》是经济全球化背景下国际海上货物运输的最新公约,是继《海牙规则》、《海牙——维斯比规则》、《汉堡规则》三大海上货物运输公约之后,第四个统一的海上货物运输公约。它旨在顺应"门到门"的运输方式,建立新型的贸易与运输法律关系,体现现代国际贸易、物流和信息化等多领域的最新发展成果,有效地促进了国际海上通道便利化的实现③。

(三)国际空中通道运输公约

国际空中通道便利化是当前国际社会的一个热点话题,国际空中通道有别于其他国际通道的特点是其跨越的地理幅度非常大,通道本身不仅涉及产生关系的国家,还与通道路径上的其他国家产生关系,这使实现国际空中通道的便利化更加复杂和困难。随着全球经济一体化及对空中运输需求的提升,各国签署了越来越多的国际空中通道运输公约,整个航空业呈现出向航空便利化发展的趋势。国际空中通道运输公约的建设大体上分为四个阶段。

---

①　《鹿特丹规则》已经不纯粹是一部海运公约,其调整范围扩大到了包含海运的"门到门"运输,它体系庞大,内容覆盖面广,在内容上突破了现有海运公约的范围。

②　张敏、雷争鸣:《系统论下的国际物流法模式构建》,《武汉理工大学学报(社会科学版)》2011年第3期。

③　司玉琢:《鹿特丹规则的评价与展望》,《中国海商法年刊》2009年第1期。

第一,《巴黎公约》及《华沙公约》。在1919年巴黎和会上,航空委员会拟订了《关于管理空中航行的公约》——《巴黎公约》①。随后,在1929年制定了《统一国际航空运输某些规则的公约》——《华沙公约》②。

第二,《芝加哥公约》体系。1944年,在美国的努力下于芝加哥召开了国际民用航空会议,并签署了《国际民用航空公约》——《芝加哥公约》③。这次会议还形成了《国际航班过境协定》、《国际航空运输协定》等12个技术附件和双边协定的标准模式。《芝加哥公约》体系是指以《芝加哥公约》为主体,辅以其他相关法律文件而共同构成的国际航空公法的基本法律框架。

第三,国际航空运输协会多边法律体制。"国际航空运输协会"于1945年成立,国际航协不但在多边框架下与国际民航组织及其他国际组织协力合作,而且对从事国际空中通道航空工作的运输企业提供支持。但其功能有局限性,所提出的决议对各国政府没有约束力,在全球空中通道运输的便利化进程中也发挥不了太大作用,尤其面对管辖权问题时,更显苍白无力。

直到20世纪90年代,随着社会经济的发展,《蒙特利尔公约》在2003年11月4日签订实施④,该公约生效后,使越来越复杂的航空运输管辖权问题有了一定的法律依据,随后,电子机票出现,颠覆了国际航空运输管辖权的判断标准,使运输管辖更加合理。

第四,航空运输自由便利化。国际空中通道首次实现自由便利化的突破是1946年英美签订的《百慕大协定》⑤,此前,美国倡导"航空自由论",英国力主"航空秩序论",双方经过艰苦谈判,各自作了最大让步,达成妥协。

20世纪70年代以后,美国与西方国家签订的自由式协定大幅度增加了国际空中通道的便利化内容,比如2007年《美欧航空运输协议》和《中美航空

---

① 《巴黎公约》是全球范围内第一个涉及国际航空法的多边公约,标志了航空法的正式形成,提出了国际航空运输规则的法律框架,在航空法发展史上具有重大意义。

② 《华沙公约》几乎规定了所有国际航空客运、行李运输和货物运输行为,并且由于其合理性,使该公约成员国在国内航空运输中通过国内立法加以适用。

③ 《芝加哥公约》不仅包含了国际航空运输的重要规则,还确立了一大批具有国际法效力的法律原则和规则,是国际法在航空运输领域的具体适用。

④ 《蒙特利尔公约》是对国际航空运输管辖权的全新标准体系,对航空运输法律纠纷有重大作用。

⑤ 《百慕大协定》在国际航空运输实践中,是第一个体系完备的协定,加之英美不与任何第三国签订不同于该协定的做法,使百慕大模式一度风行世界。

运输协议》①,使航空运输便利化更具彻底性。1994 年亚太经合组织成员签订了《茂物联合声明》,要求工业国成员和发展中国家成员分别在 2010 年和 2020 年以前达到自由开放贸易与投资的目标②。

综上,这些公约使国际空中通道从法律角度看越来越趋向于自由便利化,并且向更深的程度发展,已成为不可阻挡的潮流,国际空中通道公约的发展也反映了这一趋势。《芝加哥公约》实质上是一种贸易保护主义,阻碍了国际航空运输业的发展;随后《百慕大协定》开始尝试瓦解这一严格束缚;20 世纪 70 年代以后,自由式协定大幅度增加了便利化内容,尤其是 2007 年《美欧航空运输协议》和《中美航空运输协议》都体现了航空法的全面自由便利化。欧盟成为国际空中通道运输法律体制自由便利化发展的典型,亚太地区近年来也展示了自由便利化发展的强烈势头。

二、国际通道便利运输政策

建立便利的国际通道满足出口导向型经济发展战略的要求,是二战后若干发达国家和发展中国家交通政策的重要内容。各国的地理条件、资源(包括运输资源状况、经济发展水平)不同,各自交通政策的内容也有差别。某一个国家在国民经济的不同阶段,其运输政策的目标及产生背景、调整的重点对象和政策手段等显然也是有差异的。有些国家的运输政策用文字阐述并立法,十分明确,有些国家的运输政策则不怎么明显地包括在有关的法律或政府文件中,还有些国家的运输政策甚至很难从文字上查询,因为他们只能从领导人的讲话或报告中体会出一定的政策意图③。

此外,世界各国运输政策的制定过程各不相同,有些国家采用正式的立法程序经议会讨论表决,有些采用习惯的程序或沿用法院的判决,也有些采用政府首脑或行政部门颁布指令的形式。运输政策的执行方式也因各国的情况而有所不同,有些国家设立了专门的政策执行或者监督机构,有些则由传统的运输管理部门负责贯彻;有些规定了行政部门定期向立法机构报告运输政策的

---

① 《美欧航空运输协议》和《中美航空运输协议》两项协议是国际航空运输自由化和便利化的重要支持,由于其符合了国际经济全球化的发展趋势,越来越受到了人们的重视。

② 肖永平、孙玉超:《论现代国际航空法的自由化趋势》,《法律科学》2010 年第 4 期。

③ 无论文字上是否明确,各国在一定的时期内总在执行着某种运输政策。

执行情况,并根据情况的变化修改有关政策,也有些对原本就不十分明确的运输政策并不深究执行结果,只是到了实际情况已经发生很大变化的时候才制定新对策加以取代,因而运输政策的执行结果也各异,这对国际通道的便利性提出了很大的挑战。

然而,各国的运输政策又都存在共同点。对大多数国家来说,制定运输政策的许多目标是很相近的,如加快运输业发展以促进经济发展,提高运输效率,在使所有人都有合理流动的权利方面保障社会的平等,开发落后地区、保护环境和有效利用资源等。因此,国际通道的交通便利化可以说是大部分国家都追求的政策制定目标。

三、国际通道便利化存在问题及对策

(一)国际通道便利化存在的问题

由于各国在认识水平、道路设施水平、信息化程度、实际执行情况等方面存在差异,制约了国际通道便利化的推进,主要存在以下方面问题:

1. 国与国之间的政治关系和施政理念差异

国际通道涉及多国之间的合作,国与国之间的经济发展水平,社会结构,政治关系等都会对国际通道的便利性推进产生影响。例如,我国在与越南共同修建跨国通道时,中方表现得更为热切,而越南对跨国道路的需要却不是那么在意,这与两国各自经济发展水平及施政理念都存在一定的关系。我国以经济建设为中心,在对东盟的合作中,更加便利的交通运输环境会带来巨大的经济利益,而越方则获利较小。显然,越南政府并不愿意为更加便利的运输环境支付高昂的费用。

2. 没有与国际惯例衔接的驾驶照管理体制

国际驾驶执照的英文名字是 IDP[1],《联合国道路交通公约》规定,各缔约方政府可以授权其交通管理部门向准备出国的持有本国驾照的人签发国际驾照,但是任何国家、国际组织无权向别国公民签发国际驾照。例如,中国公民申请国际驾照,只有中国政府指定的中国机构签发才有效[2]。于是,造成很多

---

[1]　IDP 系证明驾车者持有本国驾照的一份有效翻译证明,是为帮助驾车人在其他国家行车时避免可能遇到的困难而制定的。

[2]　罗世闯:《法律发展的国际化与我国交通法制建设》,《广西社会科学》2003 年第 5 期。

到中国进行投资或参加各类经贸活动的外籍人员,他们停留的时候可能是几周甚至更长,需要使用到交通工具的时候,却因为我们没有与国际惯例衔接的驾驶执照换发注册与管理体制,他们在中国的驾驶行为实际处于无照驾驶状态,一旦发生问题,基层交通执法部门往往感到无所适从。

3. 国际通道区交通事故损害赔偿判例制度不完善

在国际交通事故处理中,判例发挥着重要的作用①,而在我国现行的司法体制下,判例不是法律的渊源,不能成为处理案件的法律依据,只具备指导及参考作用。在交通事故损害赔偿上,各国适用的标准不一且执行困难。如精神损害赔偿一类,公安机关、交通事故部门很难调解,往往是一级请示一级,最后以批示、答复等文件为依据进行处理,致使受害者得不到及时、合理的赔偿,给国际通道的便利化造成了很大的影响②。

4. 缺乏区域性多边运输便利化措施

目前,国与国之间签订的运输协议多为双边协议③,而国际通道区的运输需求一般都是跨国境甚至跨多个国家的。每经过一个国家,都需要重新审视一次本国与该国之间的双边运输协议,这无疑影响到国际通道的便利运输。多国之间的运输协定因为各国社会经济发展程度、技术水平、政治关系等情况不同,很难提出完全符合各国愿望的协议,这一问题随着国际贸易和国际通道的发展而越发显得突出。

5. 运输线路短,没有通达的运输网络

在通道区,国家间的运输线路主要分布在邻国两侧,不能有效连接国内其他区域,特别是国际通道两侧国家的发展程度不一致,运输线路建设状况区别较大,交通流量不平衡,网络化运输建设困难重重。

6. 技术标准不统一

国家间交通基础设施及运输车辆等方面的技术标准不同给跨国运输带来了不便。如部分国家的铁路轨距为 1520 毫米,而我国铁路轨距为 1435 毫米。在公路技术标准如标志、标线等方面各国也存在较大差异,必然制约了国际通

---

① 在欧美等国家,使用国际司法的时候,判例作为其最主要的法律渊源。

② 焦艳玲:《汽车立法能否与国际接轨》,《市场报》2003 年 1 月 2 日。

③ 缺乏管理整个区域的多边运输便利化措施,使得国家间经第三国的运输十分不便亟待解决。

道的便利性。

7. 税费不规范,运输沿线税费名目繁多,运输企业不堪重负

国际通道区国家根据各自国情,制定的税费主要符合本国国情,对外来车辆普遍课以重税,增加了运输业者的负担。加上各国车辆和道路运行规定不一样,在本国未超载的车辆到了另一国极有可能超载,在本国符合运输规定的方式方法,到了另一个国家可能就不可行,导致罚款无处不在,影响国际通道便利化的实施。

(二)国际通道便利化对策思路

为有效推进国际通道的便利化,除了要促进改善国际通道的硬件基础设施外,应建立以合作机制为平台,以国际通道建设为主轴,以便利运输为核心,以信息交流培训为辅助的合作框架。

合作机制平台是国际通道便利化的关键,可以利用各国际组织,制定发展战略规划的合作内容,明确建设目标及重点,解决合作中遇到的实际问题,推动国际通道交通合作的顺利发展。国际通道是区域交通便利化的基础,只有完善的通道网络,才能使货畅其流,为人员自由来往创造必要的条件,实现贸易的自由流通。

制定区域性多边运输协定。区域性多边运输协定是区域内各国相互准许在各自境内开展运输活动、管理运输业务,相互提供运输便利的约定,是实现区域无障碍运输的保证。同时,加强信息交流,人员培训,可以增进相互了解,促进相互发展,相互支持,从而在国际通道便利化合作中创造友好的氛围。

四、国际通道运输管理体制改革的趋向

为有效推进国际通道的便利化,各国在基础设施建设及运输管理体制上都进行了多方面的探索。

西方国家在国际通道中出现的实际问题和关于管制的新认识,引起了一些从根本上动摇运输管制制度的争论①。不少学者认为管制措施有时是扭曲的。有人甚至用模型的方法验证管制不当引起的问题和缺陷比市场本身失效的结果更严重;一些学者在肯定一定条件下管制可以起好作用的前提下,也承

---

① 大量实证研究对管制的效率提出怀疑,有些情况表明管制下的运价比不加管制还高。

认现实中管制所起的真正影响往往走样,运输市场在相互矛盾的管制制度下大大丧失了效率①。

有些学者认为,关键问题是原本希望去控制或影响别人的管制规定和管制执行人,本身被控制对象所控制②,例如,运输业者在诸如运营成本、运输市场供求状况和变化、技术发展对运输活动的影响等方面的信息把握上,比管制机构占有明显优势,因而可以灵活机动地应付管制措施。实际上,制定和执行管制政策所需要的信息很多就是依靠运输业者提供的,几乎无法避免地出现他们只提供有利于自己的信息。其次,每一项管制政策的出台都会涉及目标各异的利益集团。有人甚至把管制本身也作为一种商品,根据可以从中获利的多少去决定管制措施的设立和执行。

从 20 世纪 60 年代特别是 20 世纪 70 年代中期以来,全球大部分发达国家对运输管制的态度都发生了很大的变化。各国纷纷对运输管制制度进行改革,推行放松管制和自由化的方针并逐步使原来的公营运输业转为私营或民营。

目前放松对运输业实行的管制已几乎成为全球性的趋势,随着国际通道的建立,管制的弊端越来越严重。但是,对运输管制也不能一概而论。首先,管制分为社会管制和经济管制,社会管制即涉及运输当事人双方,又涉及运输会影响到的所有其他人,包括安全管制、环境保护等。在社会管制方面,各国政府的干预程度可以说一直在增加。社会管制有时也带有经济含义或使用经济手段,管制的意图是在使运输设施充分发挥效率的同时,减少交通事故和环境污染,并促进公众生活质量真正提高。

经济管制又可以分为对运输业的特殊管制和一般意义上的管制。在经济方面对运输业的一些特殊管制却是放宽了,但仍有许多经济管制措施保留下来或改变了形式,以保证运输市场的正常秩序。在国际通道中,还应考虑如何实行统一的国际管制

对运输业实行某种程度的经济管制是各国普遍的做法,但是各国在运输管制涉及的范围特别是管制的强度方面存在很大差别。有些国家管制措施异

① 赵淑芝:《运输经济分析》,人民交通出版社 2008 年版,第 105—118 页。
② 黄静兰:《道路运输结构现状分析及调整建议》,《综合运输》2005 年第 1 期。

常严格而且改变较少,而另一些国家的经济管制相对宽松和灵活。以美国为代表的自由市场经济倾向较多的国家,更愿意把运输业本身看做服从市场经济规律的一个产业,多主张只有当政府干预能够改善该产业的市场行为时才采取行动,而德法为代表的社会市场经济倾向较多的国家,则更愿意把交通运输看做是对整个社会经济发展的一种投入,为实现区域发展、社会平等目标,运输业本身的利益和效率可以做出某种牺牲①。

第二节   国际通道通达性评价

国际通道的通达性程度在很大意义上取决于通道区各种运输方式的路网或航线状况。其中,以铁路、公路和航空的交通状况更能反应这一问题。到达某地的难易程度主要由交通条件决定。某地的交通情况越好,它的可达性就越高;某地的交通情况越差,它的边远性就越强。一般的分析方法是使用交通运输效率、交通有序程度以及交通环境适应性3个评价指标。也有专家在矢量地图的基础上计算各交通节点的道路网络,其中各种类型道路的权重以专家打分的方式给出,从而计算这3个指标②。

计算通道可达性的方法有道路网密度法、平均出行时耗法、引力模型法③等。

如果将目的地视作交通网络中的节点的话,那么交通目的地的可达性与各目的地的网络接入数量相关。如果把目的地视为整个交通网络的面状基底的话,那么交通网络的密度是衡量交通便利性或可达性的可行指标④。

一、评价指标选取及模型的建立

对于国际通道而言,各个交通枢纽在空间上可以视为点状的结构,在全

① 蒋仁才、荣朝和、李雪松:《发达国家放松运输管制原因的理论分析》,《经济学家》1996年第6期。

② 杜地耶尔·JM、特里郭·E:《四通八达的交通枢纽》,《建筑创作》2005年第3期。

③ 吴思敏、詹正华:《基于引力模型的中国东盟自由贸易区研究》,《特区经济》2006年第11期。

④ 对于道路密度法而言,更适合于讨论国际通道交通便利程度,而引力模型法适应于讨论各目的地点与其他点之间的通达性。

球范围内将各交通枢纽视为网络中的节点,将交通线路视为交通网络,那么各个枢纽站目的地的通达性就可以以接入节点的网络通达性来衡量了①。铁路和航空的运输方式正是点对点的形式,在铁路线路上或航空线路上的交通量的讨论是没有意义的。对于枢纽站之间的长途通达性以铁路和航空可达性为衡量指标。对国际通道交通网而言,由于汽车可以在沿线的任意地点)(除少数例外)停靠。因此,讨论道路交通网络的交通运输能力时应假定路线是均质的。下面从铁路、航空和公路三个层面考察国际通道的通达性②。

铁路、航空和公路本身只是通达性的载体,而真正能体现国际通道便利性的是各种交通线路上的交通工具,因此以各种交通线路上的交通工具的实际运载情况作为衡量指标。以各种交通方式的客运运载能力作为统一的衡量单位,因为衡量一个地区的通达性主要是指人的可到达性的强弱。而货运由于运载物的千差万别难以统一衡量,并且一般而言一个地区客运通达性很好,那么其货运能力也不会很差③。所以在一定程度上而言,考虑一个区域人的交通便利可达性,即可对此地区的运输便利性提供一定的借鉴意义。具体的模型设计如下。

(一)铁路可达性

各枢纽站铁路可达性的衡量是将国际通道各个枢纽站作为节点(即各个枢纽站的铁路站点),而铁道线网络则作为交通网络。计算某个节点与其余所有节点的交通可达性的测量是困难的。同时并不意味着通过节点的网络接入数的多少就可以衡量各节点的铁路可达性,因为铁路本身只是运输线路,而真正的运输载体是行驶在铁路线上的列车的运载能力。以各枢纽站火车站点的日平均列车班次数作为衡量指标。铁路班次是连通国际通道各铁路站点的直接交通工具。例如某地铁班次的多少意味着其到达其他节点的能力以及其他节点到达该地的能力。

①　这里主要讨论的运输方式是铁路和航空运输。
②　杨家文、周一星:《通达性概念,度量及应用》,《地理学与国土研究》1999 年第 2 期。
③　夏海斌等:《基于 GIS 的中国县级尺度交通便利性分析》,《地域研究与开发》2006 第 3 期。

（二）航空可达性

国际通道航空站点主要集中在一些大中城市内，在空间上是离散的。与铁路相类似，将航空站点视为航线网络上的节点，各航空站点的日均航班次数作为衡量一个地区航空可达性的指标。各航空站点每日的航班次数并不像火车一样相对固定。一般而言航空站点班次以周为周期是相对稳定的，另外由于季节因素，班次的数量也是不同的。因此，航空可达性可以使用各航空站点一年的起降次数来评估，并折合成日均航空班次数。

（三）公路通达性

对于公路网而言，可获得的数据是公路网的里程以及各国际通道的公路网密度。可以采用的 GIS 应用软件（地理信息系统软件）的空间数据分析功能将国际通道的面状矢量图通道分布叠加，将公路网络的空间数据按通道界限进行分割，对两个图层的属性数据进行统一关联。这样就可以得到各通道的公路网图层数据。

表 8—1　各级公路设计标准

公路设计指标	高速公路	国道	省道	县乡道
设计通行能力（辆/小时）	1600	1150	1100	450
设计速度（公里/小时）	120	80	70	30
汽车承载量（辆/小时）	13.33	14.38	15.71	15
小型车载客量（辆/小时）	20	20	20	20

资料来源：中国工程建设标准化协会公路工程委员会，《公路工程技术标准》，2003 年版。

汽车承载量可以通过所获取的数据得到各个通道的公路里程数。将公路的里程数转换为汽车承载量，这里采用《公路工程设计标准》中的有关指标进行核算。在《标准》中，按照不同的公路类型给出了日平均每小时设计通行能力以及各种公路的设计时速。公路的设计指标的平均值作为衡量数值。为了与前面铁路航空的计算单位一致，将以日为衡量单位，每平方公里汽车的承载量 H 计算如下：

$$H = P/V \tag{8.1}$$

式 8.1 中：P 为各种公路的日均设计通行能力；V 为日均速度。

二、权重的设定

(一)铁路权重的设定

每列火车的节数基本是固定的,而软硬卧和硬座的比例也基本是固定的,每列火车的每节车厢的座位数也是基本一样的,因为火车的载客量随淡旺季而分别有超载和未满员的情况,两相平衡,假设火车正好满员,那么每列火车的载客量可以计算出来。因此,枢纽站铁路的可达性评估使用的数据就是该城市每天经过的载人列车数(包括起点、终点和经过列车)。火车的速度以180km作为衡量指标[①]。

(二)航空权重的设定

由于机型不同,班机载客量有较大的差异,根据民航网的调查,以737为国际主要机型,飞机的平均载客量为160人次。飞机的时速随机型各有不同,平均时速在800km左右。

(三)公路权重的设定

对于公路网络而言,根据高速公路、国道、省道和县乡道的设计时速为质的衡量单位,并统一以小客车(20人)作为量的衡量单位。

三、国际通道通达性指标合成

国际通道通达性指标的合成可以通过各种交通工具的质与量的乘积也即以各种交通工具的速度与载客量的乘积作为各自的权重[②]。通达性的计算公式为

$$C_j = \sum_{i=1}^{n} \alpha_i \beta_i R_i / S_j \tag{8.2}$$

式8.2中:C_j表示j国际通道区的通达性指数;i表示各种交通方式;α为各种交通方式的速度;β表示各种交通方式的载客量;R分别表示日均航空班次数、日均铁路班次数和各级公路小客车保有量;S_j表示第j个国际通道区行政面积。

考虑航空和铁路可达性时交通枢纽被视为节点,因此没有面积上的概念。此外,公路里程所转换成的小客车承载量也没有考虑通道区面积的因素。考

---

① 数据资料参见华人民共和国铁道部网站:"http://www.china-mor.gov.cn/"。

② 一般而言,权重需要进行归一化以使得所有权重累积和为1,但其实际意义是一样的。

虑到国际通道航空和铁路可达性有服务半径,以及公路网络密度的概念,将国际通道的通达性指标与其各自通道区面积相比,得出的结果更能说明一个地区实际的交通便利性。

公路交通网较之铁路交通网和航空机场网络的密度要大得多。并且在一些道路条件不好的地区,由于不通飞机和火车,公路就成为这些地区唯一与外界保持联系的方式。公路交通网主要承载了中短途的运输,通达性主要看自身内部公路网络的密集程度。这时,可以通过路网密度及路网连通度来评价这一地区国际通道的便利化程度。

(一)路网密度

路网密度从路网建设规模角度反映路网结构性能。以公路网密度为例,公路网密度的大小反映了公路发展水平,体现路网结构的合理性程度。依据分担的对象不同,包括以下几种不同的表达方式:

1. 路网面积密度(公里/平方公里):国际通道区单位面积拥有的公路里程长度,计算公式为:

$$D_1 = L/A \tag{8.3}$$

2. 人口密度(公里/万人):国际通道区单位人口拥有的公路里程长度,计算公式为:

$$D_2 = L/P \tag{8.4}$$

3. 车辆密度(公里/百辆):通道区跨境车辆占有的公路里程长度,计算公式为:

$$D_3 = L/N ; \tag{8.5}$$

4. 运输密度(公里/亿车公里):通道区跨境车辆单位运输周转量占有的公路里程数,计算公式为:

$$D_4 = L/T ; \tag{8.6}$$

5. 经济密度(公路/亿元):通道区单位经济产值占有的公路里程数,计算公式为:

$$D_5 = L/GNP 。 \tag{8.7}$$

公式 8.3—8.7 中,L 为国际通道区内公路总长度;A 为通道区辐射面积;P 为通道区总人口;N 为通道区车辆保存量;T 为通道区客货周转量;GNP 为通道区生产总值。

一般认为公路网密度愈大愈好,但路网密度愈大,通车里程愈长,需要的建设资金和养护管理费用也愈多,因此,追求的是适宜的公路网密度。

(二)路网连通度

路网连通度从路网布局角度反映公路网的结构特点,是国际通道区内各节点依靠通道交通相互连通的强度,计算公式为:

$$C = \frac{L/\xi}{HN} = \frac{L/\xi}{\sqrt{AN}} \tag{8.8}$$

其中,C 为通道区通道连通度;L 为通道区内的通道总里程(公里);H 为相邻节点间的平均空间直线距离(公里);A 为通道区辐射面积;N 为通道区应连通的节点数;ξ 为非直线系数,定义为路网节点间空间距离与实际线路总里程比。

当连通度为 1 时,节点多为 2 路连通,通道区路网布局为树状,为极不完善路网;当连通度为 2 时,节点为 4 路连通,通道区呈方格网型,路网布局比较完善;当连通度为 3 时,节点为 6 路连通,通道区呈十对角线型,路网结构完善,此时,交通便利性也较高。

第三节　国际通道项目的经济性评价

国际通道的便利化依赖于通道国所实施的国际交通基础设施项目,这些项目无论是国家还是企业建设,都要考虑投入和产出问题,这样就需要对它的经济性进行评价。

一、国际通道项目的经济评价的内涵

国际通道交通便利化项目评价主要对国际通道基础设施项目的经济性进行分析评价。缺乏完善的交通基础设施,交通便利化就无从谈起。对于国际化的通道运输,基础设施不仅包括铁路、公路、航线等交通网络,还包括运输枢纽和口岸。

在市场经济条件下,大部分项目财务评价结论可以满足投资决策要求,但国际通道便利化基础设施项目,如铁路,公路等不仅涉及本国利益,还与其他国家和地区的利益息息相关,项目往往具有较大的外部性或者市场并不能反

映真实的资源稀缺程度,仅进行财务评价往往不能真实反映资源消耗和收益。

二、国际通道便利性项目的公共性和外部性

国际通道基础设施项目由于其特殊的地位作用,使其有不同于其他投资类项目的特性,主要体现在其公共性和外部性上。

(一)国际通道的公共性

所谓公共性是指项目建成后所面向的使用者的范围,如果面向的不仅仅是本国,那么,无论其是否是投资方,也不论其是否是建设方,只要有相应的使用意愿,都可以从该项目中获得使用效益,而且这样的效益因为使用主体不同,使用方式不同而不同。很显然,国际通道基础设施的建设是面向多国的,各种不同的运输方式都可以使用相应的基础设施,所以,国际通道项目具有很强的公共性。这也是实现国际通道便利性的基础。

(二)国际通道的外部性

外部性是一个经济主体的行为对另一个经济主体的福利所产生的效应,但是这种效益并没有从货币或市场交易中反映出来。

国际通道便利性项目评价研究中,首先要分清楚国际通道外部性的三个层次:第一层次是交通系统与资源、环境系统的作用产生的外部性;第二层次是交通系统内各部分或各种运输方式之间相互作用产生的外部性;第三层次是交通部门与政府以及用户之间相互作用产生的外部性。按照来源的不同,国际通道交通便利性项目的外部性又可以分为以下几种:与实际交通活动相关外部性,包括空气污染,气候变化,水和土壤污染,噪声,震动,交通事故和交通拥挤等;与车辆相关的外部性,包括车辆生产和处置导致的污染,车辆停放的土地占用以及停车区的拥挤等;与运输基础设施密切相关的外部性,包括视觉干扰,对社区的隔离障碍效应、对生态系统的分离效益等等。

三、国际通道基础设施项目的费用与效益

(一)国际通道便利性项目的费用与效益

项目的费用与效益划分是相对于项目的目标而言的。由于国际通道基础设施项目的建设是从便利性目标出发的,以项目对便利性的贡献大小来考察项目,因此,国际通道项目费用和效益的识别原则是:凡对通道便利性所作了

贡献的均计为项目的效益,凡为获得通道便利性付出的代价均计为项目的费用。

国际通道便利性基础设施项目的费用主要为线路(包括构造物)、枢纽(包括站、场)、运输工具以及相关配套的固定资产投资、流动资金投入、维修养护费、运营费等①。

国际通道基础设施项目的效益主要为运输系统在客货运输过程中,以便利性为目标所发生的各种运输费用的节约、运输时间的节约、通行拥挤程度的缓解、运输质量的提高、包装费用的节约、设施设备维修养护费用的减少、交通事故损失的减少等的效益。

国际通道基础设施项目的效益有其特殊性,通常采用有无对比方法计算其便利性的效益。

1. 运输费用节约效益(B_1)

运输费用节约效益按正常运输量、转移运输量、诱发运输量三种运输量运费节约之和计。

正常运输量指的是无此项目也会发生的运输量(包括正常增长的运输量);转移运输量是项目实施后从其他线路或其他运输方式转移过来的运输量;诱发运输量是指没有该项目便不会发生但有了该项目就会发生的运输量。

(1)按正常运输量计算

按正常运输量计算运输费用节约效益 B_{11} 的公式为

$$B_{11} = (C_W L_W - C_Y L_Y) Q_M \qquad (8.9)$$

式中,

B_{11}——按正常运输量计算的运费节约效益,万元/每年

C_W、C_Y——分别为无项目和有项目时的单位运输费用,元/t * km

L_W、L_Y——分别为无项目和有项目时的运输距离,km;

Q_M——正常的运输量,万 t/年。

(2)按转移运输量计算

按转移运输量计算时的公式为

$$B_{12} = (C_Z L_Z - C_Y L_Y) Q_Z \qquad (8.10)$$

---

① 项目的费用与效益的计算范围应相对应。

式中,

B_{12}——转移运输量的运费节约效益,万元/每年

C_z——原相关线路的单位运输费用,元/t * km

L_z——原相关线路的运输距离,km;

Q_z——转移过来的运输量,万t/年(万人次/年)

(3)按诱发运输量计算

按诱发运输量计算时的公式为

$$B_{13} = 1/2(C_M L_M - C_Y L_Y)Q_H \tag{8.11}$$

式中,

B_{13}——诱发运输量运费节约效益,万元/每年

C_M,L_M——无项目时各种可行方式中最小的单位运输费用及相应的运输距离;C_m的单位为元/t * km;L_m的单位为km

Q_H——诱发运输量,万t/年(万人次/年)

2. 运输时间节约效益(B_2)

1 旅客时间节约效益分别按正常客运量和转移客运量中的生产人员数计算。

计算时,考虑节约的时间只有一半用于生产目的。

(1)按正常客运量计算。

$$B_{211} = 1/2BT_N Q_{NP} \tag{8.12}$$

式中,

B_{211}——按正常客运量计算的旅客时间节约效益,万元/年

B——旅客的单位时间价值(按人均国民收入计算),元/h;

T_N——节约的时间,h/人;

$T_N = T_W - T_Y$,T_W,T_Y分别为无项目和有项目时的旅行时间;

Q_{NP}——正常客运量中的生产人员数,万人次/年

(2)按转移客运量计算。

$$B_{212} = 1/2BT_Z Q_{ZP} \tag{8.13}$$

式中,

B_{212}——按转移客运量计算的旅客时间节约效益,万元/年

T_Z——节约的时间,h/人;

$T_Z = T_O - T_Y$；T_O 为其他线路时的旅行时间；

Q_{ZP} ——转移客运量中的生产人员数。（万人次/年）

2 运输工具的时间节约效益

运输工具的时间节约效益是指运输工具在站、场中因减少停留时间而产生的效益,计算公式为

$$B_{22} = NC_S T_S \tag{8.14}$$

式中,

B_{22} ——运输工具的时间节约效益,万元/年

N ——运输工具数量,万车;

C_S ——运输工具每天维持费用,元/天;

T_S ——运输工具全年缩短停留时间,天

3 缩短货物在途时间效益

$$B_{23} = POT_S I_S/365 * 24 \tag{8.15}$$

式中,

B_{23} ——缩短货物在途时间的效益,万元/年

P ——货物的影子价格,元/t;

Q ——运输量,万 t/年;

T_S ——缩短的运输时间,h;

I_S ——社会折现率。

计算该项效益时,应从运输量中扣除那些不因在途时间长短而影响正常储备的货物,如粮食类货物。

3. 减少拥挤的效益（B_3）

减少拥挤效益是指有项目时原有相关线路和设施拥挤程度缓解而产生的效益,计算公式为:

$$B_3 = (C_Z - C_{ZY})L_Z(Q_{ZY} - Q_Z) \tag{8.16}$$

式中,

B_3 ——减少拥挤的效益,万元/年

C_{ZY} ——有项目时原有相关线路及设施的单位运输费用,元/t * km;

Q_{ZY} ——原有相关线路的正常运输量。

4. 提高交通安全的效益（B_4）

提高交通安全效益的计算公式为：

$$B_4 = P_S(J_W - J_Y)M \qquad (8.17)$$

式中，

B_4——提高交通安全的效益，万元；

P_S——交通事故平均损失费，元/次；

J_W，J_Y——原有相关线路的正常运输量。

M——交通量（万车 km，可换算成 t * km）。

交通事故损失费可以参照现行事故赔偿及处理情况来确定。无项目和有项目时的事故可以参照统计资料及预测数据确定，但无项目时的事故不应套用统计数字，而应考虑未来交通量条件下无项目时的事故增长因素。

5. 提高运输质量的效益（B_5）

提高运输质量的效益是指由于基础设施改善、运输质量提高而减少货损的效益，计算公式为：

$$B_5 = KPO \qquad (8.18)$$

式中，

B_5——提高运输质量的效益，万元/年；

K——货损降低率，即无项目和有项目时的货物损耗率之差。

6. 包装费用节约效益（B_6）

包装费用节约效益是指由于运输条件改善，可以实行散装运输、成组运输或集装箱运输或提供其他方便条件，从而避免或减少包装费用的效益。计算公式为

$$B_6 = V_P * Q_C \qquad (8.19)$$

式中，

B_6——包装费用节约效益，万元/年；

V_P——每吨袋装货或件装货包装物的价格，元/吨；

Q_C——有项目时，货运量中袋装货或件装货改为散装运输或集装箱运输的货物数量，万 t/年。

除上述各项效益外，国际通道项目的实施还会提高人民的生活福利、改善经济环境、创造新的就业机会和促进沿线地区的经济发展等。对于这些难以量化的效益，可作定性描述。

（二）国际通道便利性项目的经济评价

国际通道基础设施项目的经济评价包括价格与参数的确定、评价效果指标的计算等内容。

1. 影子价格

价格是商品价值的货币表现①。用价格去计量投资项目的费用和效益，是定量评价项目便利性效果的重要前提②，费用和效益的正确计算依赖于价格的确定。

项目的投入和产出的市场价格能够真实反映国际通道项目对便利性贡献的实际价值。然而，由于发展历史、经济机制、社会与经济环境、各国间的经济政策不一等原因，各种产品和服务的市场价格往往不能正确反映经济价值。此时，必须调整市场价格以使其能反映产品和服务的价值，这种用于项目评价的调整价格就是影子价格，又把它称为计算价格或经济价格。这里的影子价格又可以称为效率影子价格，因为各时期国际通道的便利性取决于资源的利用效率，把影子价格用于国际通道便利性项目的项目评价，目的就在于充分利用资源促进通道的便利化。

2. 费用与效益调整

（1）交通便利性经济效果的评价

在财务评价的基础上，进行交通便利性经济效果的评价，其调整内容为：

第一、进行效益和费用范围的调整。

①剔除已计入财务效益和费用中的转移支付；包括销售税金及附加，增值税，借款利息，地区政府给予的补贴。

②识别国际通道项目的间接效益和间接费用，对能定量的应进行定量计算；不能定量的，应作定性描述。

第二、效益和费用的数值调整。

①固定资产投资的调整。用影子汇率、运输费用和贸易费用对引进设备的价格进行调整；对于国内设备价格则用影子价格、运输费用和贸易费用进行

---

① 影子价格定义为商品或生产要素可用量的任何边际变化对国际通道项目便利性增长的贡献值。这就是说，影子价格由经济增长目标和资源可用量的边际变化赖以产生的经济环境所决定。

② 马育英：《影子价格在管理决策中的应用研究》，《兰州商学院学报》2000 年第 4 期。

调整。

根据建筑工程消耗的人工、材料、电力等,用影子工资,货物和电力的影子价格调整建筑费用,或用建筑工程影子价格换算系数调整建筑费用。

若安装工程中的材料费用占很大比重,或有进口的安装材料,也应按材料的影子价格调整安装费用,用占用土地的影子费用代替土地的实际费用,最后调整其他费用。

②流动资金的调整。流动资金中的应收、应付款项及现金占用,只是财务会计账目上的资产或负债占用,并没有实际耗用经济资源,应从流动资金中剔除。

③经营费用的调整。可以先用货物的影子价格、影子工资等参数调整费用,然后再加总经营费用。

(2)交通便利性经济效果评价调整

第一、识别和计算项目的直接效果。

对于那些为交通便利性提供产出物的基础设施项目,首先应根据产出物的性质确定是否属于区域外或国外的产出物,再根据定价原则确定产出物的影子价格,按照项目产出物的种类、数量及其逐年的增减情况和产出物的影子价格计算项目的直接效益。对那些为交通便利提供服务的项目,应根据提供服务的数量和用户的受益情况计算项目的直接效益。

第二、用产出物的影子价格、土地的影子费用、影子工资、影子汇率、社会折现率等参数直接进行项目的投资估算。

第三、对流动资金进行估算。

第四、根据生产经营的实物消耗,用货物的影子价格、影子工资、影子汇率等参数计算经营费用。

第五、识别项目的间接效益和直接费用,对能定量的要进行定量计算;对难以定量的,应作定性描述。

3. 经济效果评价指标

(1)经济内部收益率(EIRR)

经济内部收益率是反映国际通道基础设施便利性项目对国民经济净贡献的相对指标。它是项目在计算期内各年经济净效益流量的折现值累计等于零时的折现率,表达式为:

$$\sum_{t=0}^{n} (B - C)_t (1 + EIRR)^{-t} = 0 \tag{8.20}$$

式中,

B ——效益流入量;

C ——费用流出量;

$(B - C)_t$ ——第 t 年净效益流量;

n ——项目计算期

$EIRR > i_s$,表示国际通道基础设施便利性项目的净贡献率超过或达到了要求的水平,可以考虑接受项目。

(2)经济净现值($ENPV$)

经济净现值是反映国际通道基础设施经济贡献的绝对指标。它是用社会折现率(i_s)将项目计算期内每年的净效益流量折现到建设期初的现值之和,其表达式为:

$$ENPV = \sum_{t=0}^{n} (B - C)_t (1 + i_s)^{-t} \tag{8.21}$$

当 $ENPV \geq 0$ 时,表示国家为拟建的国际通道项目付出代价后,可以得到的便利性产出超过或符合社会折现率的社会盈余,故可以考虑接受项目。

第九章　世界著名国际通道的经济学分析

本章基于国际通道复合区位理论、边境效应理论、聚散效应理论、经济辐射理论,特别是辐射理论中的增长极理论和点轴开发理论,以国际通道形成的复合区位条件,产业结构的层次性、通道区域间经济的互补性三大要素为切入点,分析了五大著名国际通道的形成与发展的经济学机理。这五大国际通道分别是全球范围内的西伯利亚国际通道、新亚欧大陆桥国际通道、密西西比河国际通道、德国莱恩河国际通道、泛亚国际通道。

第一节　西伯利亚国际通道

一、西伯利亚国际通道概况

西伯利亚国际通道又称为西伯利亚大铁路或西伯利亚大陆桥,是连接太平洋远东地区与波罗的海、黑海沿岸以及西欧大西洋口岸的国际通道。它东起海参崴的纳霍特卡港口,横贯欧亚大陆至莫斯科,然后分三路,一路从莫斯科往波罗的海沿岸的圣比德堡港口,转船往西欧、北欧港口;一路从莫斯科至俄罗斯西部国境站,转欧洲其他国家铁路(公路)直达欧洲各国;另一路从莫斯科至黑海沿岸,转船往中东、地中海沿岸。西伯利亚国际通道客运线总长9288.2公里,欧洲部分(0—1777公里)占总长度的19.1%,亚洲部分(1778—9289公里)占总长度的80.9%[1]。它缩短了大西洋到太平洋的运输线,目前是地球上最长的铁路。

西伯利亚国际通道经过俄罗斯20个联邦主体,它们分别属于斯维尔德洛

---

① IO.C.赫罗莫夫、K.E.卡拉塔耶娃:《西伯利亚大铁路:过去,现在,外来》,《西伯利亚研究》2001年第4期。

夫斯克、西西伯利亚、克拉斯诺雅尔斯克、东西伯利亚、外贝加尔和远东铁路局,西伯利亚大铁路辐射乌拉尔、西伯利亚和远东的广大地区。这条铁路连接了欧俄巨大的工业区、俄罗斯首都及其亚洲部分的中、东西伯利亚和远东地区,把跨越了十个时区的俄罗斯国家连成了一个有机的经济统一体,被称为俄罗斯的"脊柱"和维系欧亚文明的纽带,对俄罗斯乃至欧亚两大洲的经济、文化交流都产生了举足轻重的影响。

图 9—1　西伯利亚国际通道示意图

资料来源:图片来源于大地假期旅游网:"http://www.act168.com.tw/showPhoto.asp? id=7567"。

二、西伯利亚国际通道的经济学分析

(一)西伯利亚国际通道的复合区位条件

首先是地理区位条件,俄罗斯处于连接欧亚天然桥梁的特殊地理位置①。

_____

① 俄罗斯位于欧洲东部和亚洲北部,东临太平洋,西邻波罗的海,西南为里海,北靠北冰洋。

从日本横滨发出的集装箱如果按传统走海路到达中欧需要 35—37 昼夜,而如果从俄罗斯境内过则只需 25—26 昼夜,国际通道有着惊人的速度优势。另一方面,西伯利亚国际通道 80% 的路段都在俄罗斯地域上,因此只需遵守一个国家的海关和边检法律,更能按经济规律发挥作用。

其次是自然区位条件,俄罗斯地域辽阔,自然资源极其丰富,虽然人口仅占世界的 3%,却拥有全球 35% 的自然资源和 50% 以上的战略原料。尤其是西伯利亚及远东地区素有"世界自然资源宝库"之称①。西伯利亚土地面积达 1200 多万平方公里,大约占亚洲陆地面积的 1/3,地广人稀,有一望无际的森林和草原;土壤肥沃,矿产资源丰富,矿藏有石油、天然气、煤、金刚石等,各类矿产资源分布密集,而且大型矿床数量可观。西伯利亚地处中高纬度,冬季寒冷漫长,夏季温和短暂,年均气温低于 0℃。极端寒冷的气候使得这片富饶的土地长期处于未开发状态。

最后是交通区位条件,俄罗斯铁路的分布很不均衡,欧洲部分的中、南、西部地区铁路网稠密,亚洲部分的东部地区铁路稀少,连接中、西部和乌拉尔、西伯利亚的铁路更是少得可怜。俄罗斯政府从国家战略的角度考虑,着力于全国的铁路交通体系的完善,促使西伯利亚国际通道的建成和完善。

(二)西伯利亚国际通道的产业结构层次

西伯利亚国际通道修建前,西伯利亚地区的奶油业和面粉业发展缓慢,产量极低,更谈不上向国外出口。俄国东部地区虽然蕴藏着大量矿物资源,特别是黄金、煤炭等储量丰富。但是,当时沙俄政府对这里的工业开发仅限于对自然资源的初级利用。自铁路修建之时起,沙俄政府开始有目的地对东部地区进行工业开发。当时俄国东部地区工业门类不健全,采掘工业是这里传统的工业部门,冶金工业规模很小,这里几乎没有真正意义上的制造工业和加工工业。西伯利亚国际通道的修建使西伯利亚和俄罗斯远东地区的工业发生了显著变化。

首先,随着农业的发展,农产品加工业后来居上,特别是面粉业获得迅速发展。面粉业的固定资本和产值在西伯利亚加工业中均占主导地位;奶油加

① 西伯利亚属俄罗斯,大概有俄罗斯一半的领土,全境 1276 万平方千米,位于北纬 63°50′2.31″,东经 112°50′28.87″。

工业也获得飞速发展,很快便发展成为具有全俄意义的工业部门。西伯利亚大铁路建设前,从西伯利亚输出的奶油数量很少,向国外出口更是无从谈起。铁路的修建为当地生产的质优价廉的奶油进入世界市场创造了条件。1900—1913年,经西伯利亚大铁路输出的奶油从100万普特增至550万普特。其中70%—85%的奶油经波罗的海港口销往英国等国,1%—2.8%的奶油运往外贝加尔和中国东北,其余的奶油运输到欧俄地区(主要运往莫斯科和彼得堡)。

其次,随着西伯利亚大铁路的修建,在粮食产量逐年提高的同时,农作物种植结构也发生了变化。1901年,主要商品作物的比重为92.1%,1917年则提高到93.9%,其中春麦从36.5%提高到48.1%[1]。铁路修成后,俄国东部地区的农业商品化趋势日益增强,商品率较高的谷物成为主要耕种作物。同时,铁路的建成为运输粮食提供了更加便利的条件,进一步促进了俄国东部地区农业的发展。

最后,西伯利亚国际通道对采金业产生的推动作用使采金工业一直保持较高的发展势头,采煤业后来居上。炼铁业也曾一度发展势头猛劲。在铁路修建前,年产量只有70—80万普特;1891—1895年增加了23.7%,达到120万普特。1886—1895年,西伯利亚炼铁量的增长速度为173%,超过了同期乌拉尔(154%)和俄国北部地区(162%)的增速[2]。

(三)西伯利亚国际通道区域的互补性

从俄罗斯内部来看,西伯利亚国际通道贯穿俄罗斯东西[3]。在第一产业上,西伯利亚的农业产品主要有奶油、春麦等,而西部发达地区,需要大量的奶油、春麦等作为消费品。因此,在奶油、春麦这两种产品上形成了很强的互补性;在第二产业上,西伯利亚拥有丰富的矿产资源,如石油、天然气、煤炭等极为丰富,这些是俄罗斯西部工业发展迫切需要的,但西伯利亚的工业发展

---

① 王晓菊:《俄国东部移民开发问题研究》,中国社会科学出版社2003年版,第230—238页。

② 陈秋杰:《修建西伯利亚大铁路对俄国东部工业发展的影响》,《学术交流》2010年第9期。

③ 俄国东部包括了西伯利亚和远东地区,以山地为主,人口稀少。但是西伯利亚有丰富的自然资源,远东地区则具有重要的战略价值。俄罗斯西部地区以平原为主,人口众多,是俄罗斯的政治经济文化中心。

严重滞后。因此,在第二产业上也具有较强的产业互补性;在第三产业上,当时西伯利亚的第三产业极为落后,交通通讯基本属于空白状态,与西部的交通联系在建成前是隔离的,所以在第三产业的发展上也有很强的互补性。上述分析表明,西伯利亚国际通道对于连接东西部具有十分必要的战略意义,建成后必将使国际通道有很好的发展。

从人力资源层面看,大量居民向东部移民,改变了俄罗斯人口的居住范围。大量移民的到来,有效地缓解了西伯利亚劳动力匮乏的状况。同时西部与东部悬殊的人口密度得到初步改善。

(四)西伯利亚国际通道的积极影响

西伯利亚国际通道的全线竣工沟通了俄罗斯东西部地区的经济往来,改变了西伯利亚荒芜、闭塞、人烟稀少的面貌。西伯利亚国际通道周围的一些地区由于人员、资源、工业的聚集渐渐形成增长级——城市,从而有效地推进了城市化进程。从纯经济角度看,西伯利亚国际通道过境运输至少让俄罗斯国家预算的外汇收入增加两倍。同时,西伯利亚沿线地区的经济开发是发挥西伯利亚和远东地区经济出口潜力,巩固俄罗斯在东北亚地区地位的重大战略考虑。正如美国史学家乔治.伦森所说:"再也没有别的东西能像西伯利亚大铁路那样,把西伯利亚带入机器时代,使俄东部地区发生了革命性变化"。

西伯利亚国际通道作为东北亚连接欧洲大陆的运输线,可以开展东西方之间的货物过境运输业务。另一方面,国际社会也对利用西伯利亚国际通道的运输潜力表现出浓厚的兴趣,因为随着欧亚国家贸易的持续增长,国际集装箱联运迅速增加,国际运输走廊具有特殊的意义。俄罗斯与亚太国家合作中的潜能之一,就是利用西伯利亚国际通道、远东港口及其他运输设施发展与欧洲、美国、日本港口,中国与韩国之间的货物直达运输。西伯利亚国际通道使得俄罗斯广大地域和独联体国家之间的经济紧密联系在一起,巩固了俄罗斯在世界经济体系中的作用;它直接通向太平洋沿岸地区,使俄罗斯其他经济区与其远东贸易伙伴保持密切接触。西伯利亚国际通道是独一无二的铁路干线,这不仅在于它的长度,还在于它把全俄的交通运输走廊连接起来,给亚洲国家开通了去往欧洲的最近通道,它是从太平洋沿岸直达大西洋的国际通道之一。

西伯利亚国际通道现已成为连接欧洲、亚洲的哈萨克斯坦、蒙古、中国和朝鲜半岛等国的大陆桥。现在,它与朝鲜半岛连接,与到达日本的海港相接;从东部终端的符拉迪沃斯托克港口,可辐射到南、北美洲。西伯利亚国际通道在未来的国际运输走廊中将发挥火车头的作用。

第二节　新亚欧大陆桥国际通道

一、新亚欧大陆桥国际通道概况

新亚欧大陆桥国际通道(相对西伯利亚大陆桥而言)东起太平洋沿岸的中国港口城市连云港,西出新疆阿拉山口,穿过中亚、西亚地区,抵达荷兰的鹿特丹口岸,横跨亚洲、欧洲,是连接太平洋和大西洋的国际大通道。大陆桥国际通道全长10870公里,中国境内长约4131公里,辐射地域近360万平方公里,区域内人口约4亿,并贯穿辐射我国以外的亚欧两洲40多个国家和地区①。

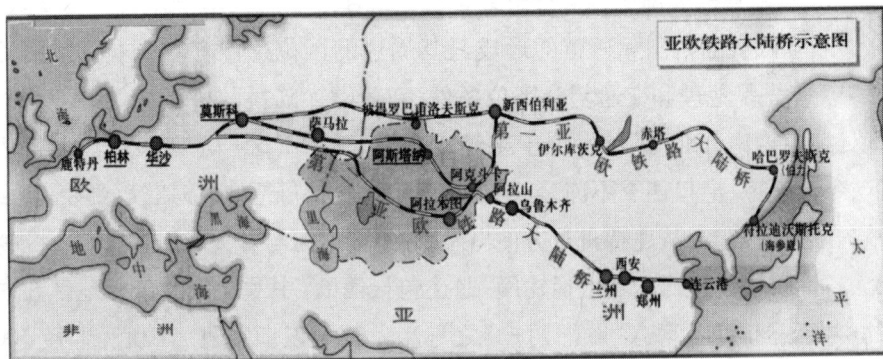

图9—2　新亚欧大陆桥国际通道示意图

资料来源:图片来源于郭晋:《欧亚大陆桥》,辛亥革命网:http://www.xhgmw.org/archive-50080.shtml。

新亚欧大陆桥国际通道的东端直接与东亚及东南亚多国相连,并进而与美洲西海岸相通;它的中国段西端,从新疆阿拉山口站换装出境进入中亚,与哈萨克斯坦德鲁日巴站接轨,西行至阿克斗卡站与土西大铁路相接,进而分北

---

①　程智培、张殿臣、徐长祥:《新亚欧大陆桥》,海洋出版社1991年版,第35—67页。

中南三线接上欧洲铁路网通往欧洲。北线:由哈萨克斯坦阿克斗卡、比什凯克或乌兹别克斯坦的塔什干北上与西伯利亚大铁路接轨,经俄罗斯、白俄罗斯、波兰通往西欧及北欧诸国;中线:由哈萨克斯坦往俄罗斯、乌克兰、斯洛伐克、匈牙利、奥地利、瑞士、德国、法国至英吉利海峡港口转海运或由哈萨克斯坦阿克斗卡南下,沿吉尔吉斯斯坦边境经乌兹别克斯坦塔什干及土库曼斯坦阿什哈马德西行至克拉斯诺沃茨克,过里海达阿塞拜疆的巴库,再经格鲁吉亚第比利斯及波提港,越黑海至保加利亚的瓦尔纳,并经鲁塞进入罗马尼亚、匈牙利通往中欧诸国;南线:由土库曼斯坦阿什哈巴德向南入伊朗,至马什哈德折向西,经德黑兰、大不列颠入土耳其,过博斯普鲁斯海峡,经保加利亚、南斯拉夫通往中欧、西欧及南欧诸国,同时还可经过土耳其埃斯基谢基尔南下中东及北非。

二、新亚欧大陆桥国际通道的经济学分析

(一)新亚欧大陆桥国际通道复合区位条件

新亚欧大陆桥国际通道的形成与其周边的区位条件有着千丝万缕的关系①。首先是地理和交通复合区位条件,新亚欧大陆桥的桥头堡之一鹿特丹地处荷兰西南部北海沿岸,位于东经 4°33′,北纬 51°55′,是典型海洋性气候区,冬暖夏凉,港口四季不冻,长年畅通无阻。鹿特丹地处北海航运要冲,扼西欧内陆出海咽喉,从鹿特丹可方便出海,并经莱茵河与有关运河、高速公路、铁路、石油管线连接西欧陆上运输网,通往包括西欧、中欧和东欧部分地区在内的广大欧洲腹地,素有"欧洲门户"之称。尤其是以鹿特丹为中心,半径 500 千米范围内的英国、德国、比利时、瑞士等西欧国家的主要工业区为鹿特丹的主要经济腹地。这一地区有高度发达的工农业和贸易业,居住有 1.6 亿以上高收入人口,产业和人口密集程度高,为鹿特丹提供了充足的转运货源和优良的转口贸易条件。鹿特丹具有河海结合的区位优势,位于莱茵河与马斯河汇合处,境内河网密布,仅莱茵河与斯海尔德河就为鹿特丹港 1/3 的转运货物提供了便捷的运输渠道。除运河外,港区铁路、高速公路与国内外交通网相通,并有年输送能力 5000 万吨的石油管线通往阿姆斯特丹、德国、比利时,具有高

---

① 国际通道的复合区位条件主要包括地理区位、自然区位、交通区位和历史区位条件。

效的港口集疏运系统。新亚欧大陆桥另一桥头堡——连云港位于我国江苏省东北部,介于东经 118°24′—119°48′,北纬 34°12′—35°07′之间,地处我国沿海脐部,陇海铁路东端,南距上海 383 海里、北距大连 342 海里、东距日本大阪 849 海里,是中原和西北地区最短捷的出海口岸。连云港同鹿特丹一样,属温带海洋性气候,港口终年不冻。此外,东西连岛之间长约 6700 米的拦海大堤的构筑使得港区风平浪静,形成了独一无二的优良港内环境。长期以来,连云港缺乏经济腹地的有效支撑,与其邻接的江苏省东北部地区及鲁南部分地区经济较为落后加之陇海铁路沿线发展滞后,使得连云港出口海运货源不足。但是,随着中国经济"北进西移"战略的实施,对陇兰经济带开放开发的日益重视,使连云港获得极为广阔的经济腹地。陇兰经济带串联 11 个省、区,地域面积 360 万平方千米,人口约 2.5 亿,分别占全国的 1/3 和 1/5。这一地带地上资源和地下宝藏丰富,有着巨大的发展潜力。同时,这一地带日益深化的综合开发为连云港提供了源源不断的能源、原材料及出口货源。与鹿特丹发达的集疏运系统相比,连云港因其地理位置所限,集疏运条件较差,但随着同三、连霍高速公路全线通车,通榆运河北段的计划开挖,徐连、宁连高速公路的投入使用,连云港将成为全国公路枢纽之一;天长铁路的铺设,更使苏北与苏南有了便捷的大通道[①]。

其次是自然区位条件,虽然鹿特丹自然资源较为贫乏,其原材料如石油、矿石、煤炭等主要依靠进口。但鹿特丹人文资源丰富,是世界性旅游胜地,其旧城中心戴尔福斯哈温和新市中心的超现代化和未来主义建筑举世闻名,港口附近高 185 米的"伏洛马斯特"观望塔是一大观光胜景。此外,像童堤镇古老的大风车、哥达镇的早期建筑等都是鹿特丹名胜,吸引了大量境内外游客。连云港则自然资源丰富,矿产资源种类繁多,主要有磷矿、蛇纹石、水晶、重晶石、金刚石、大理石、花岗石等。其中磷矿储量大,在长达 25 千米范围内已发现 20 多个矿体;冶金辅助材料蛇纹石已发现 40 多个矿点,储量达数亿吨;而国防、电子、导航、玻璃等重要工业原材料石英,地质储量在 400 万吨以上。连云港水产资源极为丰富,鱼、虾、蟹、贝、藻种类齐全,尤以海带、对虾、紫菜、水

---

① 《新亚欧大陆桥东西桥头堡比较研究》,大连市振兴东北老工业基地宣传网:"http://zx.dlinfo.gov.cn/news/2003/11-26/00081.html"。

貂闻名,其对虾产量占全国总量的40%。现有面积达5000多平方千米的海州湾渔场,是中国八大渔业生产基地之一。连云港海水制盐历史悠久,淮北盐场年产海盐200万吨,是全国四大海盐产地之一。此外,南黄海盆地油气资源、太阳能、风能及地热能等动力资源十分丰富,具有非常大的开发潜力。连云港历史悠久,文化底蕴深厚再加之依山傍海,使其呈现出"海、古、神、幽、奇、泉"六大独特风景。境内的云台山自然风景区被列入国家级风景名胜区,有"东海胜境"之誉。花果山名扬中外,著名神话小说《西游记》就在此采景。连云港既有自然景观,又有人文景观,内容丰富,类型多样,可以适应多种旅游者的需要。

再次是社会区位条件①。鹿特丹的发展历史有700多年之久,1283年前这里还只是一个小渔村,但到了14世纪中叶,随着荷兰海上强国地位的确立,鹿特丹发展成为了重要港口。此后,它紧紧抓住西欧海上运输和贸易日益繁荣以及通往印度航路发现的机遇,加速港口建设,使城市迅速发展成为荷兰仅次于阿姆斯特丹的第二大商业中心。19—20世纪资本主义经济迅速发展,尤其是1870年以后德国鲁尔区成为世界最大工业区,通往北海的运河——新航线建成。在这样的背景下,鹿特丹加强了马斯河南岸岸线开发,使港区西延,并于30年代修建了当时世界最大的挖入式港口——瓦尔港,炼油、食品加工等工业也应运而生,使得港口和城市规模迅速扩大。第二次世界大战前,鹿特丹已成为欧洲最繁忙的港口之一,年吞吐量达4200万吨,城市人口达60万,进入了大城市行列。第二次世界大战后,港口和城市更是进入高速发展的现代化阶段。尽管战争期间鹿特丹遭受严重破坏,港区1/3毁于战火,但它以"奋斗自强"精神自律自勉,迅速重建并发展起来,不仅在马斯河北岸老城原址重建崭新的市中心,而且根据货流增长和世界港口大型化、深水化和船型增大趋势,以及采用集装箱、滚装船等先进运输方式的需要,把港区沿马斯河南岸快速西延,经过开挖港池、疏浚航道一系列重大工程措施,在1947—1974年期间建造起三大全新港口、工业区,吸引了大批货流和石油、化工企业,从而使港区面积由战前26.3平方千米扩大到约100平方千米,并以年3亿吨以上的吞吐量跃居世界第一港,鹿特丹已发展成为世界性大都市。连云港早在四五万年前就有人类活

① 国际通道社会区位条件主要包括通道区域历史基础、技术条件、市场条件和政策等四方面。

动,其真正的建设发展也有几千年历史。秦朝所设的句县就是连云港地区最早的城郭。但连云港建港很晚,自1932年才开始建设,其间又由于战争等种种原因使港口发展几度陷入停顿,大规模建设从上世纪80年代才开始。此外,毋庸置疑,政策策略对城市经济发展起着关键作用。近110万人口的鹿特丹能够发展成为世界第一大港,自由港政策在起着重要作用。鹿特丹货源75%的转口,港区设"保税仓库",专供待售和转口货物整船寄存,仅收仓储费用,免征关税。海关给货主很大方便,在手续上尽量适应各国商人过境、转口和分销要求,除毒品和军火外,几乎所有商品都可自由出入,不受种类和数量限制。港口的优惠政策极大地促进了过境贸易的发展,吸引了大量外国船只和货物过境,获取了大量运费。此外,西欧共同市场的建立,减少了国际屏障,使西欧国家商品大多通过内河航行至鹿特丹,然后转运世界各地,促进了鹿特丹的建设和迅速发展。借鉴鹿特丹的经验,在连云港设立保税区是很必要的。

新亚欧大陆桥国际通道经过的中亚地区石油、天然气储量极为丰富。哈萨克斯坦的钨储量居世界第一,镉和磷矿石储量为世界第二,铜、铅、锌储量居亚洲第一,土库曼斯坦的石油总储量超过70亿吨,天然气储量为28万亿立方米。乌兹别克斯坦黄金储量超过4000吨,人均产金量居世界第一位[1]。新亚欧大陆桥国际通道区资源如此丰富,为大陆桥的运输潜力打下坚实的基础,同时也吸引着无数的国家参与到大陆桥的完善和扩建工作中来。

(二)新亚欧大陆桥国际通道的产业结构层次

从整体上看,新亚欧大陆桥国际通道区中国境内的产业结构层次分明。黄淮海经济区在机械、盐化工、农业、水产和港口方面具有比较优势;中原经济区在机械、棉纺、冶金、食品、建材、电力等方面具有较大优势;关中经济区的机械、电子、纺织、医药、航空工业等在国内都有较强的竞争能力;黄河干流经济区是我国重要的能源、有色金属、石油化工、机械、建材基地;天山北坡经济区的石油开采、炼油、石油化工、轻纺、皮革等产业初具规模。因此,东部地区要积极发挥港口优势、技术优势、人才优势和市场开拓优势,使原有符合中西部地区比较优势的产业向西转移;中西部地区可以利用当地的资源优势、劳动力优势、市场优势和沿边优势,多渠道、多层次、多形式地开展与中亚、欧洲和我

---

[1]　舒畅:《新亚欧大陆桥的优势及在我国经济发展中的作用》,《唯实》2008年第11期。

国东部地区的经济技术交流与合作,积极引进技术和转移产业,发展高质量、高效益的资源开发,重点发展食品、轻工、纺织劳动密集型产业,有选择地发展电子信息、生物技术等高新技术产业。

新亚欧大陆桥国际通道除了对通道区中国地区产业结构层次影响比较重大外,对通道区东南亚地区产业结构层次的影响也不容小觑。新亚欧大陆桥国际通道建成前,中亚五国经济结构比较单一,只生产牛羊肉和矿产品,工业产品需要大量从韩国、日本进口。新亚欧大陆桥国际通道建成后,中亚五国生产的货物则囊括了汽车和服装、饮料等轻工业产品。其中,哈萨克斯坦、乌兹别克斯坦等中亚五国出口的棉、钢板、铝锭及伏特加酒等通过新亚欧大陆桥国际通道东行往日本、韩国、朝鲜、中国香港、美国等国家和地区;日本、韩国、中国台湾、中国香港、美国等国家和地区生产的吊车、推土机、汽车配件、钢管、食品等上百种物资通过新亚欧大陆桥国际通道西行运往哈萨克斯坦、乌兹别克斯坦等中亚五国以及荷兰等欧洲国家和地区。新亚欧大陆桥国际通道为东南亚国家的产品运输往来及产业结构层次的调整注入了新的活力。

(三)新亚欧大陆桥国际通道区的互补性

新亚欧大陆桥国际通道经济带地处我国经济腹地,联系着东、中、西三大地带,是促进全国生产力合理布局的主轴线之一。基于我国实施西部大开发的国家发展战略,经济社会布局的战略重点在一定程度上转向中西部地区,发挥国际通道周边城市的综合优势,可使之成为推动西移的主要依托和带动西部大开发的增长极。

从地理位置而言,新亚欧大陆桥国际通道的东西两端连接着太平洋与大西洋两大经济中心,基本上属于发达地区,但空间容量小,资源缺;而其辽阔狭长的中间地带亦即亚欧腹地除少数国家外,基本上都属于欠发达地区,特别是中国中西部、中亚、西亚、中东、南亚地区,地域辽阔,交通不够便利,自然环境较差,但空间容量大,资源富足,开发前景好,发展潜力大,是人类社会赖以生存、发展的物华天宝之地。因此,新亚欧大陆桥国际通道通过的这些区域,在经济上具有较强的相互依存性与优势互补性,蕴藏了非常好的互利合作前景。

从国家的角度而言,新亚欧大陆桥国际通道西连经济、技术实力强大的欧盟国家,中间有矿产资源和能源资源极为丰富的中亚各国,而东面有日本和韩国等。首先,中亚地区各国与我国的经济有较强的互补性。纵览中亚五国,其自然资源丰富,盛产数十种有色金属和稀有金属,能源资源储量巨大。可是由于其经济结构呈现畸形,工业基础薄弱,粮、肉类不能自给,轻工业落后,农副产品等加工业缺乏。所有这些,相对于我国目前的经济状况而言,在经济的各个方面具有极大的互利性和互补性,为扩大新亚欧大陆桥国际通道区域经济合作提供了无限广阔的空间。其次,对于经济、技术发达的欧盟、日本等发达国家,新亚欧大陆桥国际通道的开通对他们吸引力十分强大。因为他们非常需要一个人口众多、资源丰富的巨大国际市场,为本国经济的持续繁荣提供源源不断的营养。同时我国也应充分利用这一机遇,通过国际通道区开放,更好的吸收国际资金、技术和管理经验,加快经济发展。

简言之,新亚欧大陆桥国际通道区域经济发展具有明显的互补性①。一方面,对于日本和西欧等发达国家来说,国际通道区是一个人口众多、资源丰富的巨大市场,是它们输出资金、技术和管理的理想之地;对中国、中亚和东欧国家来说,通过沿国际通道区开放可以更好地吸收国际资本、技术和管理经验,加快经济振兴。另一方面,亚太地区经济的迅速增长,越来越需要开拓欧洲市场,而欧盟为谋求发展也需要到亚太地区寻求贸易伙伴,选择投资对象,亚太与欧洲的双向辐射越来越明显。

另外,新亚欧大陆桥国际通道区城市是大陆桥经济带的分支,为经济发展提供动力的引擎。大陆桥经济带不但有很多大型的中型城市,还有许多城市群,他们提供了沿线地区的人力资源优势、基础设施优势和文化优势,各具特色,具有很强的经济互补性。进一步整合沿线地区的优势资源,实现优势互补、共同发展,切实促进中国和国外城市之间的合作交流和经贸往来。

(四)新亚欧大陆桥国际通道的积极影响

新亚欧大陆桥国际通道中国段是一条综合立体交通大通道,它的贯通为各种社会经济活动,为国民经济发展战略及其合理布局的顺利实施提供了必要保证。此外,新亚欧大陆桥国际运输通道建成后不仅加强了中国包括西北、西南、华北华东在内的80%的地区的对外交往,还可利用外资开拓中国内地广阔的市场,从而促进中国经济的发展,加快了世界一体化的进程,拉近了中

---

① 国际通道区之间的互补性一般是指国际通道区的资源互补性、产业互补性和市场互补性。

国和世界的距离。另外,货物运输大规模国际化,使国家的经济发展对国际运输的依赖越来越强。除中国(大陆)外,日本、韩国、东南亚各国及一些大洋洲国家和我国的台湾、港澳地区均可利用此线开展集装箱运输。

沿古丝绸之路修建起来的新亚欧大陆桥国际通道有着强大的内聚力和辐射力,它汇集了巨大的人流、物流、信息流,吸引了东亚、东南亚以及环太平洋各国的关注,成为开发中亚,加强亚欧经济技术文化交流的通道,对亚太经济区同中亚经济区的连接也有着积极的影响。新亚欧大陆桥国际通道对环太平洋经济圈的协调发展起到重要作用,它将亚欧两个大陆原有的陆上运输通道缩短了 2000 公里运距。比绕道印度洋和苏伊士运河的水运距离缩短了 1 万公里。

新亚欧大陆桥国际通道的贯通,有利于促进沿通道区区域经济的平衡协调发展,对于推进沿通道区地带的开发开放,加快工业化和城市化进程,提高各国综合国力等都具有重大的战略意义。新亚欧大陆桥国际通道的发展,有利于开拓中亚市场,为沿桥国家和亚欧两大洲经济贸易交流提供了一条便捷的大通道。对于促进陆桥国际通道经济走廊形成,扩大亚太地区与欧洲的经贸合作,促进亚欧经济的发展与繁荣,进而开创世界经济的新格局具有重要意义。随着亚太经济的迅速崛起,世界贸易重心的东移,新亚欧大陆桥国际通道的战略意义也越来越重要。新亚欧大陆桥国际通道不仅仅是一条运输通道,而且是区域经济发展的轴线。新亚欧大陆桥国际通道已成为国际经济贸易的一条黄金走廊,再现古丝绸之路的辉煌。

第三节 密西西比河国际通道

一、密西西比河国际通道概况

密西西比河国际通道发源于美国明尼苏达州的艾塔斯卡湖①,向南注入墨西哥湾,是北美洲流程最长、流域面积最广的水系。密西西比河全长 6262千米,为世界第四长河。流域面积 322 万平方千米,涵盖美国 31 个州和加拿大的两个省,占美国国土总面积的 34.4%。其中,密西西比河干流长

---

① 密西西比河(The Mississippi River)是世界第四长河,也是北美洲流程最长、流域面积最广、水量最大的河流。位于北美洲中南部,注入墨西哥湾。

3950Km,流经明尼苏达、威斯康星、艾奥瓦、伊利诺伊、密苏里、肯塔基、田纳西、阿肯色、密西西比和路易斯安那等10个州。此外,密西西比河还拥有两条重要的通航支流:东侧的俄亥俄河是流量最大的支流,长1579千米,流经宾夕法尼亚、俄亥俄、西弗吉尼亚、印第安纳和肯塔基等5个州;西侧的密苏里河是最长的支流,长达4125千米,流经蒙大拿、北达科他、南达科他、内布拉斯加、艾奥瓦、堪萨斯和密苏里等7个州①。1997年,密西西比河干流流经各州的地区生产总值占全美GDP的16.4%;俄亥俄河和密苏里河流经各州生产总值分别占11.9%和4.4%。密西西比河干流及支流各州生产总值约占美国的32%。美国水陆运输中,内河航运占77%,其中,密西西比河航运占60%,每年运输量稳定在4.7——5亿吨②,有效推动了流域产业的发展。

图9—3 密西西比河国际通道示意图

资料来源:中国数字科技馆网:《密西西比河》," http://amuseum. cdstm. cn/AMuseum/shuiziyuan/water/02/w02_b06_05. html"。

---

① 刘德生:《世界自然地理》,高等教育出版社1986年版,第274—275页。

② 朱之鑫:《国际统计年鉴2001》,中国统计出版社2001年版,第587—596页。

二、密西西比河国际通道的经济学分析

（一）密西西比河国际通道复合区位条件

首先是地理区位条件和自然区位条件。密西西比河国际通道界于西经80°—112°和北纬29°—49°之间，处于中部平原地带。密西西比河国际通道流经地区地势平坦，落差小，流经地区较广，流经城市多，河道宽，水流缓，流量大，适于大型轮船通行。通道区内煤炭、土地、森林等资源丰富。密西西比河国际通道区矿产资源品种繁多且产量巨大，这构成了密西西比河国际通道开发的重要物质基础。中上游的肯塔基、西弗吉尼亚、伊利诺伊、密苏里、印第安纳等州具有丰富的煤炭资源，再加上附近高品位的铁矿石，造就了以匹兹堡为代表的一批钢铁工业城市。密西西比河流域充足廉价的水电资源则使美国重要的有色金属产地明尼苏达、威斯康星、密苏里和田纳西形成了诸如圣路易斯这样的冶金中心。而下游的路易斯安那则是美国三大石油产地之一①。

其次是密西西比河国际通道的交通区位条件突出，通道区干支流与江湖河海相连，形成四通八达的航道网，是该水系航运事业持续发展的重要原因。美国是世界上交通运输业最发达的国家之一，拥有现代化的水陆空运输工具及道路、港口、机场等基础设施。各种运输方式互助互利，为内河运输的发展创造了良好的条件。内河航运以密西西比河水系和五大湖水系为主体，据统计，密西西比河流域包括沿海的大量工业原料和商品，特别是大宗散货，有90%以上都需要通过密西西比河国际通道和岸内水道运输。

从社会区位中的历史区位考虑，自19世纪初，美国经济就从东北部的五太湖和大西洋沿岸地区开始发展起来。这些地区自然条件好，资源丰富，至20世纪初已成为美国工农业最发达的地区。芝加哥、底特律、匹兹堡、辛辛那提等大城市也相继兴起。由于中央低地与五太湖连成一片，美国经济逐渐向腹地推进，因此密西西比河和东部支流俄亥俄河（包括支流田纳西河）开发较早。地区经济发展后迫切要求发展内河航运，由此密西西比河国际通道的开发与发展顺应了历史潮流。

（二）密西西比河国际通道的产业结构层次性

密西西比河国际通道得天独厚的农业资源使美国农业产业的发展突飞猛

---

① ［美］美国国务院国际信息局：《美国地理概况》，杨俊峰等译，辽宁教育出版社2003年版，第51—53页。

进,通道北部靠近五大湖区发展成为美国乳酪业最发达区域,通道区众多的港口城市为美国产品出口提供了条件,带动了美国贸易业的迅猛发展。

密西西比河国际通道区便利的水运交通、低廉的水电价格、丰富的矿产资源,使流域工业产业起步早、形成规模快。由于通道区丰富的农产品资源、矿产资源、水能资源与综合交通运输方式的结合在一起使密西西比河国际通道区制造业起步之后飞速发展,另一方面,由于国际通道区工程设施的改善和复合交通方式的发展,大力促进了物流业、旅游业的繁荣。

密西西比河国际通道纵贯美国南北,而铁路、高速公路则联通美国东西,水路、铁路、公路立体交通带动流域生产要素聚集形成增长极——城市。如俄亥俄河沿岸的匹兹堡,公元 1800 年时还是一个只有 1500 多人口的小城镇。随着流域矿产资源开发和制造业的发展,到 19 世纪 20 年代已发展成为美国的造船中心,现进一步发展成为美国的“钢都”和第二大机电工业中心。在密西西比河干流上。新奥尔良发展成美国第二大港口城市。圣路易斯汽车制造业仅次于底特律居美国第二位。据统计,目前美国人口超过 10 万的 150 座城市中,有 131 座位于大江大河边,其中大部分分布在密西西比河水系。密西西比河流域成为发达的“点轴”经济带和城市密集带。

(三)密西西比河国际通道区的互补性

密西西比河国际通道的下游地区棉花和谷物产量猛增,而中上游地区食品加工业和服装制造业相对发达,密西西比河国际通道则实现了把下游的原材料源源不断地运往上游地区,促进了上游地区相关产业的发展。另外,密西西比河国际通道下游地区石油储量丰富,中上游地区正需要更多的石油来发展工业,从而实现了区域间的互补。通道下游地区的旅游业发达,借助于密西西比河国际通道,使旅游业与运输业更为顺畅地发展,同时带动通道区经济的发展,如通道区的电子工业,零售业以及金融业也逐渐发达起来。

此外,密西西比河国际通道俄亥俄河区沿江工业布局密集,田纳西河地理位置重要,通道区腹地产业结构不同导致运量结构也有差异,但煤炭、石油、非金属矿石、农产品等仍为运输的主要货种,密西西比河国际通道则实现了不同通道区的矿产资源结合,并将制成品运往有产品需求的其他地区,极大地促进了密西西比河国际通道区经济的优势互补。

（四）密西西比河国际通道的积极影响

密西西比河国际通道航运价值巨大,年运输量在 2 亿吨以上。除了主流外,可通航的支流约有 40 条,水深 2.75 米的航道达 1 万公里,通过运河与五大湖连成巨大的内河航运系统。密西西比河国际通道使美国和加拿大的交往更为密切,为加拿大的农产品及矿产资源出口到美国奠定了运输基础,同时也为美国源源不断将各种产品出口到国外提供便捷的运输途径。密西西比河国际通道铸造了一大批通道区工业城市,这些城市均为物流中心和产品集散地,为美国经济的发展创造了良好的条件。密西西比河国际通道还是美国国家文化和娱乐休闲的宝库。每年仅旅游、捕鱼和休闲娱乐产业的产值就能达到214 亿美元,同时也支撑着价值 126 亿美元的航运业,提供相关工作岗位 3.5 万个。全国一半的谷物和大豆都经由密西西比河上游运出。密西西比河滋润着美国大陆 41%的土地,水量也比任何其他美国河流都要多。密西西比河也是美国人饮用水的来源。密西西比河国际通道不仅是连接美、加两国的国际通道,而且通过远洋航线可以与西欧和世界各国连接。

第四节　莱茵河国际通道

一、莱茵河国际通道概况

莱茵河发源于欧洲南部阿尔卑斯山,全长约 1400 公里。自南向北流经瑞士、列支敦士登、奥地利、法国、德国、荷兰 6 国,最终注入北海,流域面积达25.2 万平方公里。莱茵河流经的这六个国家的面积、人口均占独联体以外欧洲的 1/3,生产总值约占全欧洲的 1/2。莱茵河德国境内长达 865 公里,约占全流域的 65.5%,流域面积 12.2 万平方公里,占 45.5%①。莱茵河的主要支流有摩泽尔河、内卡河、鲁尔河、美因河、纳卡尔河等,是一条著名的国际河流。

莱茵河是目前世界上航运量最大、航运最为繁忙、密度最大的内陆河流。莱茵河年货运量在 3 亿吨以上,相当于 20 条铁路干线的货运量,7000 吨级的货运量。船舶可以直达德国的科隆港,2000 吨级船舶可直达法国的斯特拉斯堡,1500 吨级的船舶可以顺利地航行到上游瑞士的巴塞尔。不仅如此,标准

---

① 刘有明:《流域经济区产业发展模式比较研究》,《学术研究》2011 年第 3 期。

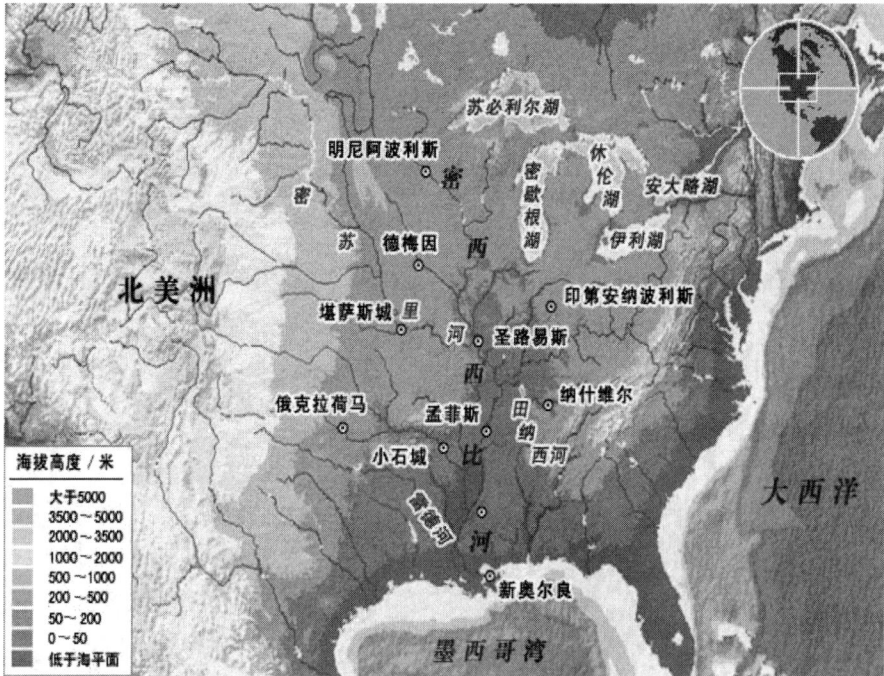

图9—4　莱茵河国际通道示意图

资料来源：中国数字科技馆网：《莱恩河》，"http://amuseum.cdstm.cn/AMuseum/shuiziyuan/water/02/w02_b04_05.html"。

的1350吨级的船舶可以在莱茵河的几大主要支流——摩泽尔河、内卡河、美因河、鲁尔河自由通航。莱茵河及其支流有一系列河港，其中杜伊斯堡港年吞吐量为2000多万吨，是欧洲最大的河港，曼海姆、路德维希也是重要的河港。

二、莱茵河国际通道的经济学分析

（一）莱茵河国际通道复合区位条件

莱茵河国际通道的地理和自然区位条件明显，因受大西洋暖湿气流的影响，莱茵河流域属于温带海洋性气候，夏季凉爽，冬季温和，年降水丰沛。莱茵河流域地形以平原和丘陵为主。河流上游流经瑞士境内的阿尔卑斯山区，蕴藏着丰富的水能资源；中游主要在德国境内，地势较为平坦，适合农业的发展；下游汇聚在荷兰境内，地势地平，水路四通八达。

整个莱茵河国际通道经济区的发展与其交通区位条件有着密切的关系，

莱茵河国际通道经济区一直致力于发展以铁路、高速公路和内河航运为主体的综合性交通体系。莱茵河国际通道的综合交通体系的形成可分 3 阶段①。

1850 年以前的水运交通的形成与综合整治阶段。这个阶段的交通方式基本上以内河运输为主。莱茵河两岸的各国人民通过不断修筑堤坝、整治岸线、疏浚河道、开挖运河,对河水资源进行系统整治和综合开发,使莱茵河的航运条件不断得到改善,成为德国运输网骨干和瑞士及法国东部地区的重要外出通道。

1850——1950 年间的水运和铁路复合交通发展阶段。在此阶段,内河航运已经满足不了增加的运输需求,而铁路运输则解决了这个难题,在德国的鲁尔区正式开通了第一条铁路从而引发区内大修铁路的热潮。鲁尔区的铁路由南向北迅速扩展,构成了莱茵河铁路运输的网络架构,铁路的大发展使莱茵河国际通道区各国加强了对莱茵河航运开发的力度。

1950 年之后的综合运输网形成和莱茵河流域交通经济带稳定发展阶段。原西德掀起高速公路的建设高潮,在扩建原有莱茵河沿岸高速公路的同时,又在河流的另一岸修建高速公路,从而形成了沿莱茵河岸的高速公路运输网络体系。在发展高速公路运输体系的同时,德国也加强了对铁路和内河航运的改造。主要是进一步整治河道,修建船闸,改进港口设施,从而进一步提高莱茵河的通航运输能力。

除此以外,德国的远程输油管道、输气管道以及欧洲电力系统沿莱茵河分别向南北延伸,它们和莱茵河内河航运、铁路、公路一起构成莱茵河交通经济带的复合型发展轴,形成完整的莱茵河国际通道交通体系。

综上所述,莱茵河国际通道的社会区位条件并不明显,但突出的地理、自然和交通区位条件支撑了这条国际通道形成和发展。

(二)莱茵河国际通道的产业结构层次

莱茵河国际通道在水运占主导地位的时期(1850 年以前),区内运输方式单一,产业也单一,缺乏产业间的分工合作,与之相应的产业结构以煤炭工业为主。除了煤炭工业初具规模外,钢铁、化学工业刚刚萌芽,炼焦业也才开始

---

① 莱茵河国际通道的综合交通体系的形成分为 3 阶段,分别为 1850 年以前,1850—1950 的 100 年间,1950 年之后。

出现。煤炭工业由于主要集中在德国的鲁尔区,除少数靠牲畜运输外,绝大多数通过鲁尔河、莱茵河向外运输。并且区内的城市数量不多,城市规模较小,城市职能单一化,主要作为商业中心和工矿点而存在。

在1850—1950的100年间,莱茵河流域内铁路业和内河航运业的进一步发展以及大量廉价水电的开发,极大地促进了莱茵河经济带的发展,尤其是促进了德国鲁尔区工矿业的迅猛发展。鲁尔区成为以煤、钢为主导产业的强大工业区,推动了整个莱茵河国际通道经济带的经济发展,使其产业结构趋于多样化。这一时期,城市纷纷涌现于整个莱茵河国际通道交通产业带内,不仅数量大为增加,规模也不断扩大,一些地区城市交错分布,甚至形成城市绵延区。城市的结构体系也日趋合理,分工职能也更加明确。基本上形成了以鹿特丹、埃森、科隆、杜伊斯堡、法兰克福等城市为中心的城市带。1950年后,莱茵河国际通道经济带又获得较大发展,交通运输网络更加复杂、高效,产业结构也进一步趋于高级化,煤炭、钢铁、冶金等老工业部门获得改造并重新焕发青春。而光学电子、石油化学、高技术产业和服务业也逐步发展并成为区域经济新的增长点,从而带动整个莱茵河经济带产业结构的升级。

现在德国境内由南向北依次布局有莱茵——鲁尔重化工业区、莱茵——美茵石化工业区、莱茵——内卡新兴工业区①。德国钢铁集团92个企业中有66个集中在莱茵河畔,其中鲁尔工业区(位于莱茵河的赫尔内河上)生产的煤、生铁、钢分别占全国总量的90%、70%、60%。工业产值占全国的40%。同时,德国杜伊斯堡、埃森、杜塞尔多夫、科隆、波恩、法兰克福、路德维希、曼海姆等著名城市均布局在莱茵河沿岸,形成德国最大、最密集的城市带。这种以港口城市为点、以沿江产业带为轴、以流域经济区为面,形成"点——轴——面"有效开发的产业模式,使德国经济保持着强大活力。

(三)莱茵河国际通道区的互补性

首先是莱茵河国际通道与荷兰鹿特丹港口的互补性。作为国际航运中心的鹿特丹充分发挥了对莱茵河国际通道区的辐射带动作用,使莱茵河国际通道区形成经济开发带和城市密集带。万吨海轮从莱茵河国际通道经过鹿特丹

---

① 莱茵河的不断开发带动了一大批工业区的聚集,并带动了莱茵河沿岸城市及沿江产业带的发展。

图 9—5   莱茵河沿岸城市带

资料来源：图片来源于艺龙旅行网，《浪漫西欧—行走莱茵河 6 国 10 城》：" http://trip.elong. com/event/e00e11vb.html"。

可直接上溯至距河口 690 公里的科隆，5000 吨驳船经鹿特丹可以到达路德维希港等。而鹿特丹之所以能够成为欧洲门户和世界第一大港口，则是由于其处于世界最繁忙的海上航线与莱茵河国际通道内河航线的交接点；是莱茵河国际通道区沿岸各国的出海口和对外联系的前沿基地，有着无限广阔的内陆腹地和十分充足的货源。鹿特丹国际大港的综合服务功能带动辐射了莱茵河流域经济带的繁荣，莱茵河流域广大腹地的发展又支撑了鹿特丹港口城市的兴旺发达。形成龙头带动、相互促进、共同繁荣的港口与腹地产业合作模式。

其次，莱茵河国际通道上游地区钟表、机械工业发达，尤其是旅游业发展潜力巨大，中游地区冶金、军工、炼油和纺织工业比较发达，而下游地区的交通运输业则相当发达。这使莱茵河通道区的互补性凸显，为莱茵河通道区的进一步开发建设奠定了基础。

最后，莱茵河国际通道区水资源和航运资源的充分开发利用，以及沿岸各国工业化和现代化建设带动莱茵河国际通道区城市的互补发展,形成与莱茵河国际通道区经济带相应的城市带。

(四)莱茵河国际通道的积极影响

莱茵河国际通道水量丰富,汛期长,航运便利;沿岸工业发达,对廉价、运输量大的水运依赖很强;沿途风光优美,带动了旅游业的发展;便利的工农业和居民的饮用水,促进沿途工农业腾飞。莱茵河是德国的"父亲河",是德国境内最长的河流。莱茵河流经地区是世界上著名的鲁尔工业区,煤铁资源丰富,经济发展迅速。而莱茵河入海口也是世界上最大的港口之一,莱茵河正是鲁尔区通向大海的重要枢纽,承担了鲁尔区大部分的运输能力。莱茵河不仅保证了鲁尔区的工业用水,还为鲁尔区提供了重要的运输条件。正是依靠着这种便利的运输条件,大批铁矿砂和其他矿物原料才能源源不断地从国外运到这里。鲁尔工业区与荷兰内河航运网之间运输十分繁忙,每天船只来来往往,就像大街上的车水马龙,货运量居世界前列,大大促进了德国经济的发展同时也便利了与流域周边国家的经济往来。

第五节　泛亚国际通道

一、泛亚国际通道概况

泛亚国际通道从中国昆明出发,跨境连接老挝,缅甸,泰国,越南,柬埔寨,马来西亚到达新加坡。根据中国境内段接口和出口分东线、中线、西线三个方案①。泛亚国际通道东线起于昆明,经既有昆玉铁路,新建玉溪——河口准轨铁路,在河口口岸与越南铁路网相连,并经柬埔寨、泰国、马来西亚铁路网后抵达新加坡,全长5445公里。其中中国境内玉溪——河口新建长度288公里;国外新建长度431公里,分别位于柬埔寨和越南境内。

泛亚国际通道中线起于昆明,经既有昆玉铁路,新建玉溪——磨憨铁路抵达中国与老挝边境口岸——磨憨,此后经老挝、泰国、马来西亚后抵达新加坡,全长3894公里。其中中国境内新建长度599公里;国外新建老挝境内580公

---

① 泛亚国际通道目前尚未完全竣工,一切的方案还在筹划和完善中,预计将于2015建成通车。

图 9—6　泛亚国际铁路示意图

资料来源:图片来源于国信证券.《区域调研跟踪:泛亚铁路促发"西南大建设"》,2011 年 12 月。

里铁路。

泛亚国际通道西线起于昆明,经既有成昆铁路、广大铁路,新建大理——瑞丽铁路至中缅边境口岸瑞丽,此后经缅甸、泰国、马来西亚后抵达新加坡,全长4758公里,其中中国境内新建长度339公里,国外部分尚需新建缅甸、腊成至瑞丽等两段495公里长铁路[①]。

泛亚国际通道计划于2015年初步建成通车,届时将形成中国通向东南亚最便捷的陆路通道,为连接南亚次大陆铁路网奠定基础。

二、泛亚国际通道的经济学分析

(一)泛亚国际通道的复合区位条件

首先是地理区位条件,泛亚国际通道开始段位于中国云南省,云南省位于东亚、东南亚和南亚三亚的枢纽位置,处在中国西南边陲地区,与缅甸、老挝、越南等国接壤。

其次是国际通道区的自然区位条件,通道区端口之一云南省现有森林面积1287万公顷,大部分集中在西部和南部,森林覆盖率高,拥有世界罕见的热带雨林和浓密的原始深林,国家级及省级自然保护区遍布全省。水电资源丰富,自然资源富足,分布着大量在云南省内占有重要地位的矿产,如玉溪的铁矿、磷矿、镍矿;红河州的煤矿、有色金属、锰矿;保山的铁矿、硅矿;思茅的黄金矿、钾盐矿;西双版纳的盐矿、铁矿。

泛亚国际通道途径的国家如老挝,缅甸,泰国,越南,柬埔寨,马来西亚都是资源富足的国家。首先,这些国家的森林覆盖率都很高,其次是这些国家的自然和矿产资源相当丰富。老挝有锡、铅、钾、铜、铁、金、石膏、煤、盐等矿藏,水电资源丰富;越南的矿产资源主要有煤、铁、钛、锰、铬、铝、锡、磷等,且海洋生物种类繁多;缅甸素有"稻米之国"美称,还盛产小麦、玉米、棉花、甘蔗、花生等,矿藏资源有石油、天然气、钨、锡、铅、银、镍、锑、金、铁、铬、宝石等;马来西亚的橡胶、棕油和胡椒的产量和出口量居世界前列,是世界产锡大国之一,石油和天然气储量尤其丰富。

---

① 李平、李义敢:《泛亚铁路新加坡至昆明通道研究》,云南民族出版社2000年版,第14—17页。

再次是通道区的交通区位条件,泛亚国际通道开始于云南省,云南省内交通网络体系完善,而通往东南亚国家的交通通道却很少,为了促进优势资源的利用以及为了更好促进中国和东南亚国家的交流往来,国家基于战略考虑,修建泛亚国际通道就显得尤为重要。

而在东南亚国家,铁路交通运输普遍比较落后,这主要是由于东南亚国家内部经济发展不平衡所引起的。东南亚的铁路主要路网是上世纪前半叶西方殖民者以及日本为了运输各种矿产和战略物资修建的。二战后,东盟的发展追随日本的"雁阵模式",发展外向型经济,争当西方市场廉价商品制造地,这种经济发展的不平衡使东南亚多数工业集中在沿海大城市,主要依靠港口和海运,而内陆地区和内陆国家经济则十分落后。东南亚国家要发展经济,沟通经济交流往来,改变目前经济发展的不平衡状态,首要条件是要便利交通,泛亚国际通道的建设显得尤为必要。

最后是社会区位条件,1992 年云南省就提出了建设中国昆明至泰国曼谷的国际通道建议的构想,之后很快得到了泰国政府的响应。1994 年底至 1995年初,应泰国和老挝邀请,对中泰铁路泰老境内段进行了考察,并与两国的交通部交换了意见,在国际通道总体规划上达成了共识,之后马来西亚,新加坡,越南对此深感兴趣,集体商讨建立泛亚国际通道。

(二)泛亚国际通道的产业结构层次

泛亚国际通道起始点——云南省目前水电产业优势比较明显,农业和劳动密集型产业比重比较大,旅游业、金融、服务业、仓储货运业、加工贸易、转口贸易及边境贸易等第三产业发展滞后。

概括起来,泛亚国际通道途经国家的经济发展水平及产业结构大致如下:中国的产业结构,从构成看,第一产业所占比重逐年呈明显下降趋势,第二产业所占比重基本持平并有下降的态势,第三产业所占比重逐年大幅上升。其中,第一产业所占的比重从 1978 年的 28.2%下降到 2008 年的 11.3%,下降了16.9 个百分点;第二产业所占比重由 47.9%上升为 48.6%,上升了 0.7 个百分点;第三产业所占比重由 23.9%上升为 40.1%,上升了 16.2 个百分点[①]。

---

① 张智远、王春霞:《中国与东盟各国产业结构互补性研究综述》,《长春师范学院学报》2010 年第 9 期。

东南亚国家的产业结构,首先是新加坡属于高收入国家;其次是马来西亚、泰国属于中等收入国家;最后是东盟新成员国即柬埔寨、老挝、越南和缅甸,它们属于低收入国家。新加坡的产业结构具有发达经济的特征,第三产业已居主导地位,并开始出现从传统制造业分工中撤出的迹象;中国和马来西亚、泰国的第二产业与第三产业发展水平相当,制造业在国民经济中占有重要地位,占国内生产总值的比重在21%—35%之间;东盟新成员国中的缅甸、柬埔寨和老挝第一产业占国内生产总值比重高达50%以上,越南也仍占26%。它们第二产业基础还相当薄弱,制造业的生产能力低下。总之,除了新加坡外,其他各国的农业在国民经济中的产值和就业比重均不断下降;工业(尤其是制造业)在国民经济中的产值和就业比重均迅速提高;与此同时,服务业在国民经济中的产值和就业比重总体上趋于上升。

(三)泛亚国际通道区的互补性

泛亚铁路沿线国家的经济和产业结构都凸显出极大地互补性①。

首先,从中国与东盟之间的贸易结构看,中国与新加坡、马来西亚呈现贸易互补关系,而与泰国显示出较强的竞争倾向,但总体上还是互补的。其中在一些劳动密集型工业制成品方面具有较强的产业内互补关系。例如,中国与新加坡在纸、纸板及纸浆和其他未分类的杂项制品方面具有产业内互补关系;中国与泰国在纺织原料及纺织制品和家具及其零部件方面具有产业内互补关系;中国与菲律宾在纸、纸板及纸浆方面具有产业内互补关系。

其次,通过对各国自然资源密集型、非熟练劳动密集型、技术密集型和人力资本密集型产品出口比较优势看,1980—1995年期间,中国的自然资源密集型产品出口比较优势正逐渐减弱,但是非熟练劳动密集型产品出口比较优势迅速增强。此外,东南亚国家人力资本密集型产品的出口均处于劣势。在初级产品方面,由于中国与东南亚国家的自然资源禀赋不同,在资本和技术密集型产品方面,中国与这些国家各具优势,互补性、竞争性都很强。

再次,中国与铁路沿线国家都是资源丰富国,但都互有需求,而且资源互补将是长期的。农业在中国和东盟都举足轻重,各国农业现代化、机械化水平都不高,处于基本相同的发展阶段,自然条件比较接近,因此具有很广泛的合

---

① 泛亚国际通道沿线的国家在资源、产业结构和市场方面都具有互补性。

作基础。双方的互补性主要表现在粮食供求、农副产品品种和农业机械化与技术管理水平三个方面。中国与沿线各国在自然资源、农产品、人力资源等方面所具有的合作潜力巨大,双方应该优势互补,有良好的互补关系。

最后,中国是世界上人力资本最丰富的国家,也是中国各类战略资源中最具实力的资源。中国不仅是世界上人口第一大国,而且也是世界上人力资本总量第一大国,这是中国最大的战略资源优势。而东盟国家中的泰国、马来西亚、新加坡等国均已在不同程度上出现熟练劳动力和高级技术人员短缺的问题,简单劳动力多,阻碍了它们投资结构的转移,与沿线其他国家相比,中国的熟练工人和工程技术人员素质能基本满足需要而工资相对低廉,若以中国劳动力成本为 1 个单位,和中国相比印度尼西亚、菲律宾、泰国和马来西亚的劳动力成本则为 1.07、1.58、1.94 和 2.6 个单位。因此,中国具有很强的劳动力优势。另一方面,中国在管理技能方面非常弱,尤其是高层全球管理技能,而东南亚在这方面有很强的竞争优势。因而中国与铁路沿线国家在人力资源方面的互补性是相当强的。

(四)泛亚国际通道的积极影响

泛亚国际通道的建设和完善,将极大地促进中国西部对外开放以及西部大开发战略的实施,加快通道区端口——中国云南省的社会经济发展,使云南省产业"通边达周",沟通与缅甸、老挝、越南等国的经济联系;泛亚国际通道实现大西南与大东盟两大市场的对接,使之成为连接云南及西南地区与东南亚各国社会经济的纽带和桥梁,促进这一地区经济的快速发展,同时加快中国与东南亚的旅游开发,使昆明、仰光、曼谷、吉隆坡、新加坡、河内、万象等著名旅游城市连接起来,形成云南——东南亚黄金旅游线。

泛亚国际通道对中国来说,可形成新的西南出海口,将中国与东南亚、南亚区域更加紧密的连接在一起,为沟通南亚大市场创造条件。同时还可极大促进澜沧江——湄公河流域丰富资源的开发和大市场的形成,促进湄公河流域经济带的形成和发展以及与东南亚经贸关系往来。此外,泛亚国际通道对促进中国与东南亚经贸往来、中国—东盟自由贸易区的建设,实现互利共赢也具有重要的战略意义。一旦泛亚国际通道建成,中国内陆省区西下印度洋和西进中东,北非,西欧等可缩短运距 3000—5000 公里,运输时间和运费也能大大节省。泛亚国际通道区的石油资源就可从陆路进入我国,还可从泰国,越南等国获得粮食补给。同时必将促进中国与东南亚、南亚的政治经济交往和科技文化交流,进一步扩大各国的对外开放。

　　泛亚国际通道通过中国西南铁路网向北延伸,东北与俄罗斯,朝鲜,韩国相接,北与蒙古相连,西北与俄罗斯、哈萨克斯坦、吉尔吉斯斯坦及塔吉克斯坦等国相通,该通道对加强上述诸国,特别是东南亚的政治经济联系具有重要的战略意义。

第十章 基于引力模型的滇越、桂越双边贸易边界效应比较分析

伴随中国——东盟自由贸易区的建立，中国与东盟各国之间的贸易联系更加紧密。广西、云南两省（区）与越南直接接壤，都是我国与越南贸易往来的"前哨站"，这两个省（区）在对越贸易中不仅具有竞争关系，同时具有可比的研究基础。因此，基于测算边界效应的引力模型，对滇越、桂越贸易边界效应影响因素进行比较研究，对进一步提升这两个省（区）对越贸易水平具有现实意义。

第一节 贸易引力模型研究进展

引力模型较早便应用于两国（或地区）贸易的研究，是一种较为有效的双边贸易定量研究方法。贸易引力模型（Trade Gravity Model）的理论思想源于牛顿的"万有引力定律"——两个物体之间的引力与它们各自的质量呈正比，与它们之间的物理距离呈反比。天文学家斯图尔特（Stewart）和社会学家齐坡夫（Zipf）将其应用到社会科学领域，建立了一个确定两个城市旅行者人数与其人口和距离关系的模型；丁伯根（Tinbergen，1962）提出两国（或地区）之间的双边贸易额与这两国（或地区）的经济总量成正比，与两者间的空间距离成反比；波贺农（Poyhonen，1963）将贸易引力模型应用到国际贸易理论中，论证了一国（或地区）的出口量与进出口国家的国民生产总值成正比，与两国间的运输距离成反比，在模型中，他将国民生产总值作为衡量贸易能量的指标，当两个贸易国的贸易能量越大，双方贸易量就越大；反之则小。当两国越接近，贸易就越活跃，距离遥远，贸易量就小。

利尼曼（Linnemann，1966）系统地将引力模型应用于双边贸易流量的计

量分析,首次对贸易引力模型的研究与分析进行了系统集成。利尼曼认为一个国家的进出口量 X_{ij} 取决于出口国的国民生产总值 Y_i、进口国的国民生产总值 Y_j 以及是否存在贸易优惠待遇,他还认为进出口额与人口(POP)负相关,因为人口众多的经济体没有必要从专业化或规模经济中获利而进行贸易。一个国家是拥有贸易优惠待遇还是面临贸易壁垒也影响贸易量的大小,而运输成本与贸易量总是负相关。

在此后的研究中,贸易引力模型不仅实现了与经济计量学的有机结合,而且加入了更多影响贸易的变量。如 Reuven Glick,Andrew K. Rose(2002)检验了政策、历史、文化等因素对贸易流量的影响,同时将优惠贸易协定、贸易限制措施、殖民关系、语言等因素加入到引力模型中,使引力模型有了进一步的扩展。

我国学者也开展了对贸易引力模型理论与实证研究。张杰、古斯达·克里斯坦森(1996)、史朝兴、顾海英、秦向东(2005)等人通过对引力模型理论的介绍、整理,推动了贸易引力模型在我国的应用;谷克鉴(2001)结合中国实际,构造了中国贸易引力模型的初步方案,为其他学者研究引力模型奠定了基础性工作。盛斌、廖明中(2004)运用贸易引力模型检验了新兴市场经济的出口贸易流量的决定因素,从总量和部门两个层次就中国对 40 个主要贸易伙伴的出口潜力进行了估算。他们研究的结果显示,中国的出口在总体上表现为"贸易过度"(贸易实际发生额与模型模拟值之差为正),但对日本等几个国家(或地区)表现为"贸易不足"(贸易实际发生额与模型模拟值之差为负)。此外,作者以对美国的出口为参照,分析了中国对其他经济体出口不足的原因,指出贸易伙伴的经济规模总量是最为重要的影响因素,而地理和区域因素则发挥着相对次要的作用,贸易依存度和人均收入因素的影响则次之,进口国的贸易限制措施以及与中国的贸易匹配程度等是最为不重要的因素。

林玲、王炎(2004)对传统贸易引力模型中的解释变量做了增减,建立了一个适合中国双边贸易的引力模型,在实证分析后指出 GDP、空间距离、国土面积和 APEC 等因素是影响中国双边贸易的主要因素,同时在对外贸易依存度过高和贸易发展潜力有限的情况下,中国当前应该充分利用国内资源禀赋,深化国内贸易,积极调整贸易政策,改善贸易绩效。朱彤、王金凤(2004)、肖良、张社梅(2005)、李钦(2008)等则主要从虚拟变量如 APEC 因素、实施卫生和动植物检疫措施协议(SPS)等角度研究这些因素对两国(或地区)贸易的影响和估算地区贸易发展潜力;骆许蓓(2003)、楼朝明(2003)等人则从空间距离和实际距离的缺陷入手,探讨"调整距离"的计量问题。

贸易引力模型是一种测度两国(或地区)边界效应对跨国贸易及其影响因素的有效方法,该模型为本章奠定了坚实的理论和方法基础。

第二节　中越贸易背景及特征分析

一、阶段特征

中越关系正常化以来,中越贸易经历了三个发展阶段:

起步阶段(1991—1996年)。1991年中越关系正常化奠定了两国贸易的政治基础。由此,中越进出口贸易额呈逐年增长趋势,1991~1996年期间,中越贸易累计进出口总额为33.46亿美元,年均增长率达120.44%。见表10—1所示。

表10—1　1991—2008年中越进出口贸易额及增长率

(单位:亿美元、%)

年份	进口总额	出口总额	进出口总额	年增长率
1991	0.21	0.11	0.32	
1992	0.73	1.06	1.79	459.38
1993	1.23	2.76	3.99	122.91
1994	1.91	3.42	5.33	33.58
1995	3.3	7.21	10.51	97.19
1996	3.1	8.42	11.52	9.61
1997	3.57	10.8	14.37	24.74
1998	2.18	10.28	12.46	-13.29
1999	3.54	8.64	12.18	-2.25
2000	9.29	15.37	24.66	102.46
2001	10.11	18.05	28.16	14.19
2002	11.16	21.48	32.64	15.91
2003	14.57	31.83	46.4	42.16
2004	24.82	42.6	67.42	45.30

续表

年份	进口总额	出口总额	进出口总额	年增长率
2005	25.53	56.44	81.97	21.58
2006	30.3	73.9	104.2	27.12
2007	33.24	118.91	152.15	46.02
2008	43.36	151.22	194.58	27.89

资料来源:《中国统计年鉴》(1992—2008),中国统计出版社。

波动发展阶段(1997—2000年)。在此阶段,中越贸易不论从商品种类还是交易规模都有明显扩大,交换商品多达千种,同时,逐步形成了边境小额贸易与互市贸易结合,生产资料与生活用品互补的综合性双边贸易格局。但在此期间,中越进出口额增幅有所下降,其主要原因是大量中国商品进入越南市场,对越南中、小型企业产生较大冲击,导致一批越南中小型企业倒闭,促使越南政府对进口小额贸易采取限制措施;同时,由于越南在经济发展层次、产品结构等方面与中国差异较大,特别是越南受到1997年亚洲金融危机的影响,致使中越贸易逆差问题日益突出。从1997年到2000年,逆差额逐年上升,到2000年逆差额高达6.08亿美元,占全年贸易进出口总额的24.66%。这一时期,人民币成为贸易结算的主要货币,越来越多的交易通过银行体系来清算,但也存在着大量的非法交易、偷税、漏税、走私等现象,严重制约中越双边贸易的健康发展。

规范发展阶段(2001—至今)。从2001年起,两国贸易呈现出正规化、良性化发展格局。尽管期间发生过"禽流感"事件及越南限制铁矿砂开采和原矿直接出口等事件,但中越贸易依然保持了年均30%左右的增长速度。到2008年,中越双边贸易额达到194.58亿美元的规模,但巨额逆差问题依然没有得到较好改善。

二、进出口结构特征

中国出口到越南的主要是食品加工业和工业制成品,而从越南主要进口农业原材料、燃料、矿物和金属,因此,中越贸易具有一定程度的贸易互补性。

从出口看,中国出口到越南的商品主要集中在农业原材料、食品、燃料、矿物和金属、工业制成品等五大类,在各类出口商品中,工业品一直是出口主导商品,见图10—1所示。

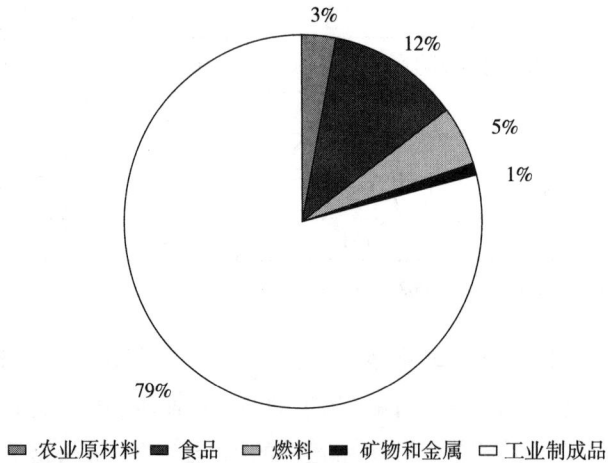

3%
12%
5%
1%
79%

■农业原材料 ■食品 ▨燃料 ■矿物和金属 □工业制成品

图 10—1 2008 年中国出口到越南商品的构成

从进口看,中国从越南的进口商品主要集中在农业原材料、林产品、矿产品三大类,主要有各种农副产品、木材、橡胶、焦炭、铜、锰矿石等 40 多种。从进口商品种类的增减趋势看,从越南进口的水产品、干鲜果、钢材、生产资料和工业用品出现增长势头,但一些资源型商品如木材、藤条、锰矿石等的进口额则受到越南方面贸易政策的影响,波动较大。见图 10—2 所示。

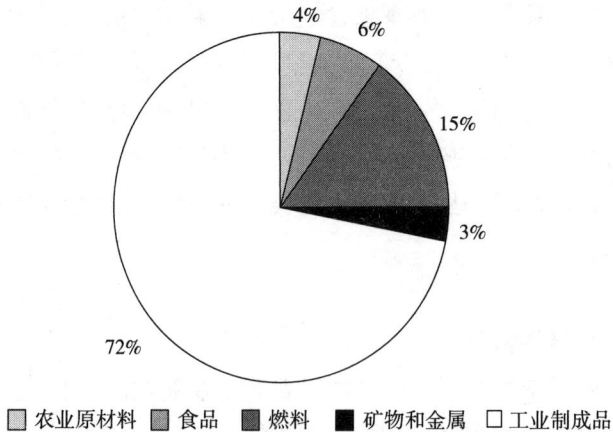

4%
6%
15%
3%
72%

▨农业原材料 ▨食品 ▨燃料 ■矿物和金属 □工业制成品

图 10—2 2008 年中国从越南进口商品的构成

三、滇越贸易特征

20 世纪 90 年代以来,随着中越睦邻友好与全面合作的加强,云南和越南的贸易保持了较快的增长①。在滇越贸易结构上,云南向越南出口5大类200多种商品,主要是谷种、锡、肥料、咖啡、烤烟等;从越南进口4大类100多种商品,主要是腰果、铁矿石、铬矿石、天然橡胶等。总体上,滇越贸易的商品结构单一,科技含量较低。从增长趋势上看,出口商品中的机械设备、化肥、稻谷种、钢材的发展潜力较大,而进口商品中的矿产品、农产品、水产品具有较大发展潜力。

四、桂越贸易特征

广西与越南一衣带水,陆地边境线长达1020公里,有8个县(市)与越南交界,目前拥有一类二类口岸共12个,过货码头4个,边民互市点25个,相对于云南,广西拥有更为得天独厚的对越贸易地缘优势。

中越关系正常化以来,广西同越南的经贸关系得以不断加强。2001年以来,越南一直是广西的第一大贸易伙伴。2008年,广西对越南贸易额达到23.77亿美元,占广西对外贸易额的近20%,占广西对东盟贸易额的78.3%。随着桂越贸易的发展,贸易形式从最初的"肩挑手提式"的边民互市贸易,发展到边民互市、小额贸易、加工贸易、易货贸易、经济技术合作等多种形式并存、共同发展的局面。

在桂越贸易结构上,广西向越南市场出口商品多达200多种,主要有生产线、机器设备(医疗、运输、农机等)、原料(汽油、化肥、水泥、钢铁、建材等)、农产品(化肥、农药、谷种等)、日常消费品(摩托车、服装、儿童玩具、电子产品等);向越南进口的商品一直主要是农副土特产品、林产品、矿产品三大类,主要包括:原料、燃料(原油、天然橡胶、煤炭、各类矿石和各类精油)、粮食农作产品(胡椒、花椒、花生和各类热带水果)、新鲜和冷冻的各类水产品(虾、鱼、蟹、鱿鱼等)以及日常消费品(手工艺品、拖鞋、高级家庭用品)等100多种货物。从增长趋势上看,广西出口商品中的机电产品、日用五金、纺织品等有较大增长潜力,而传统农用物资、食品的出口增幅在不断下降,显现出广西对越南出口商品结构在不断优化。

---

①　从2004年起,越南就已成为云南省的第三大贸易伙伴,至2009年底,云南与越南的进出口总额达6.5亿美元,占全省进出口总额80.2亿美元的8.10%,越南成为95个与云南省有经贸往来国家(或地区)中的第二大贸易伙伴。

第三节　边界效应主要影响因素的选择

贸易引力模型中,双边贸易额的核心解释变量分为"吸引力"因素和"排斥力"因素两类。不同"吸引力"和"排斥力"因素的设置,会形成不同形式的贸易引力模型[①]。

较有影响的衡量因素与贸易关系的是美国学者 Reuven Glick 和 Andrew K .Rose 所建立的国际贸易引力模型,该模型是一个综合考虑较多主要影响因素的双边贸易引力模型[①]。这一模型可表示如下:

$$Ln(X_{ijt}) = \beta_0 + \beta_1 Ln (Y_i Y_j)_t + \beta_2 Ln(Y_i Y_j)/Pop_i Pop_j)_t + \beta_3 LnD_{ij} +$$
$$\beta_4 Lang_{ij} + \beta_5 Cont_{ij}$$
$$+ \beta_6 FTA_{ijt} + \beta_7 Land_{ij} + \beta_8 Island_{ij} + \beta_9 Ln(Area_i Area_j) + \beta_{10} ComCol_{ij}$$
$$+ \beta_{11} CurCol_{ijt} + \beta_{12} Colony_{ij} + \beta_{13} ComNat_{ij} + \gamma CU_{ijl} + \varepsilon_{ijt} \qquad (10.1)$$

上式中,i 表示本国(或地区),j 表示贸易伙伴国(或地区),t 表示时间,各变量的含义见表 10—2 所示。Reuven Glick 和 Andrew K. Rose 使用 1948～1997 年的数据,对 217 个国家(或地区)的双边贸易额及影响因素之间的关系进行了估计,其估计结果见表 10—2 所示。

表 10—2　Reuven Glick 和 Andrew K .Rose 贸易引力模型中的因素及影响效应估计结果

自变量	系数值	自变量	系数值
GU 表示货币联盟	1.3	Island 表示岛国的数量	0.05
D 表示实际距离	1.11	Comcol 表示共同的殖民者	0.45
Y 表示 GDP	0.93	Curcol 表示当前的殖民关系	0.82
Y/Pop 表示人均 GDP	0.46	Colony 表示曾经的殖民关系	1.31
Lang 表示共同语言	0.32	ComNat 表示同一国家或民族	−0.23
Cont 表示共同陆路边界	0.43	观测值	219558

　① 尽管双边贸易的影响因素错综复杂,但贸易理论及贸易影响因素的各项实证研究认为,地理或距离因素、经济体规模因素、政策因素、联盟因素、贸易历史与文化的相似性、互补性等作为主要影响因素对两国(或地区)的双边贸易具有显著的影响效应。

续表

自变量	系数值	自变量	系数值
Area 表示国土面积	0.25	R-Square	0.64
FTA 表示自由贸易协定	0.99	X_{ijt} 是因变量,表示两国(或地区)的双边贸易额	
Land 表示内陆国的数量	0.14		

资料来源:Reuven Glick, Andrew K. Rose: "Does a currency union affect trade? —The time-series evidence". *European Economic Review*, Vol.46, No.6, 2002, pp: 1125－1151.

　　由于云南、广西这两个地区不仅所处的国内社会经济发展的政策环境相同,而且这两个同为我国西南地区的省份在发展的经济条件、自然地理条件、人口规模、消费水平等方面十分接近,都与越南直接接壤,对越贸易在其对外贸易中均占据显要地位①;鉴于本章的主要目的在于分析云南、广西对越贸易影响因素效应的差异,本章引力模型中仅考虑经济体规模、贸易互补性及距离这三个主要影响因素,具体使用 GDP、非农产业比重和"调整距离"三个解释变量分析它们在滇越和桂越双边贸易上的影响效应差异。这样处理后,不仅核心解释变量可以大为简化,而且由于忽略的因素大都很难定量化,从而使研究的可行性大为加强。

第四节　滇越、桂越双边贸易边界效应的测算

　　下面以 Reuven Glick 和 Andrew K .Rose 贸易引力模型为基础,并简化贸易主要影响因素,通过引入"调整距离"构建滇越、桂越贸易引力模型,继而对模型及主要因素对双边贸易的影响效应进行比较。

一、调整距离 D 的构建

　　两个国家(或地区)间的距离是影响双边贸易的重要排斥因素,但在进入模型之前需要结合交通便利化程度对距离进行调整,以修正"直线距离"或"实际距离"的缺陷。本文以交通密度为基础,形成对滇越(或桂越)实际距离

---

①　鉴于云南、广西开展与越南双边贸易的历史、政治背景、文化背景十分接近。我们可以忽略"政策"、"联盟"、"贸易历史与文化"等因素在滇越和桂越双边贸易上的影响。

的调整因子,具体方式为:

$$\rho_t = \left[\sum_c (d_{1ct} + d_{2ct}) / (2S_c) \right] / 31 \tag{10.2}$$

$$k_{yt} = \rho_t / \left[(d_{1yt} + d_{2yt}) / (2S_y) \right] \tag{10.3}$$

$$k_{gt} = \rho_t / \left[(d_{1gt} + d_{2gt}) / (2S_g) \right] \tag{10.4}$$

$$D_{yt} = D_y k_{yt} \tag{10.5}$$

$$D_{gt} = D_g k_{gt} \tag{10.6}$$

上式中,d_{1ct}、d_{2ct}分别表示t年某省(区)公路和铁路长度;c表示各省区;S_c表示某省(区)的国土面积;ρ_t表示t年全国平均交通密度;d_{1yt}、d_{2yt}分别表示t年云南公路和铁路长度;d_{1gt}、d_{2gt}分别表示t年广西公路和铁路长度;S_y、S_g分别表示云南和广西国土面积;k_{yt}、k_{gt}分别表示滇越和桂越实际距离的调整因子;D_y、D_g分别表示滇越和桂越陆路实际距离;D_{yt}、D_{gt}分别表示t年滇越和桂越陆路调整距离。

由此,获得滇越和桂越陆路调整距离,见表10—3所示。

表10—3   1995年—2007年滇越、桂越调整距离   (单位:千米)

年份	滇越调整距离	桂越调整距离	年份	滇越调整距离	桂越调整距离
1995	1201.0342	691.3112	2002	501.5124	481.4995
1996	1166.8770	639.9854	2003	497.7917	464.6063
1997	1107.5915	600.3842	2004	495.1326	455.2861
1998	1064.1097	535.5133	2005	493.4197	439.1782
1999	804.2446	532.4711	2006	417.6404	305.5112
2000	752.6046	517.6137	2007	413.8573	293.2733
2001	505.5152	494.7347	2008	403.5832	285.4692

二、滇越、桂越双边贸易引力模型及其含义

在以上分析的基础上,为了更好揭示云南及广西两省(区)在提升与越南贸易水平主观努力的效果差异,本文选用云南(或广西)GDP、云南(或广西)非农产业比重、调整后的滇越(或桂越)距离作为影响滇越(或桂越)双边贸易的主要影响因素,由此建立的滇越、桂越双边贸易引力模型为:

$$LnX_y = -729.054 + 0.289LnY_y - 0.14LnD_y + 15.545LnI_y \qquad (10.7)$$

$$LnX_g = -17.830 + 0.343LnY_g - 0.315LnD_g + 4.752LnI_g \qquad (10.8)$$

其中：X_y、X_g 分别表示滇越和桂越进出口总额；Y_y、Y_g 分别表示云南和广西 GDP；D_y、D_g，分别表示滇越和桂越陆路调整距离；I_y、I_g 分别表示云南和广西非农产业比重。模型的相关参数如表 10—4、表 10—5 所示。

表 10—4 滇越双边贸易引力模型多元线性回归结果

自变量	系数 B	标准化系数 Beta	调整 R 平方	F 检验值
常数	-729.054			
云南 GDP	0.289	0.499	0.88	0.00
云南非农产业比重 I	15.545	0.292		
滇越调整距离 D	-0.14	-0.282		

表 10—5 桂越双边贸易引力模型多元线性回归结果

自变量	系数 B	标准化系数 Beta	调整 R 平方	F 检验值
常数	-17.83			
广西 GDP	0.343	0.749	0.84	0.00
广西非农产业比重 I	4.752	0.096		
桂越调整距离 D	-0.315	-0.181		

从上述回归结果可以看出，两个回归模型的 F 检验值都较显著，并且调整后的可决系数分别达到了 0.88 和 0.84，说明方程的拟合优度较好，可以用于分析。

（一）滇越、桂越双边贸易引力模型的含义

通过引力模型标准化系数的对比可知[1]，在滇越贸易中，三个因素的影响效应依次为 GDP>非农产业比重 I>调整距离 D。由于模型中自变量与因变量均取对数形式，所得到的偏相关系数分别代表了各自变量对因变量的弹性。具体来说，云南 GDP 每增长 1%，滇越贸易额增长 0.289%，调整距离每减少

---

[1] 由于标准化系数是在消除因变量与自变量量纲影响后所获得的回归系数，其绝对值的大小直接反映了各自变量对因变量的影响程度。

1%,滇越贸易额将增长 0.14%,非农产业比重每增长 1%,则滇越贸易额增长 15.545%。

同样,在桂越贸易中,三个因素的影响效应依次为 GDP>调整距离 D>非农产业比重 I,而且广西 GDP 每增长 1%,桂越贸易额增长 0.343%,调整距离每减少 1%,桂越贸易额将增长 0.315%,非农产业比重每增长 1%,则桂越贸易额增长 4.742%。

(二)公路基础设施改善的效应比较

滇越调整距离对滇越贸易的影响效应(0.282)大于桂越调整距离对桂越贸易的影响效应(0.181),表明云南交通基础设施的改善对滇越贸易的积极效应大于广西。

广西与越南的实际陆路距离(468.75 公里)比云南与越南的实际陆路距离(838.25 公里)要短,不仅如此,广西拥有北部湾钦、北、防三个港口,陆路和海上交通相对于云南已经十分便捷(见表 10—6、表 10—7 所示)。

表 10—6   2008 年广西至越南主要国际通道的实际陆路距离

主要国际通道	实际距离(公里)
南宁—东兴—越南芒街—下龙湾—越南河江—河内公路线	538
南宁—龙洲—越南高平—河内公路线	500
南宁—凭祥—越南谅山—河内公路线	419
南宁—凭祥—同登—河内铁路	418
平均值	468.75

资料来源:《广西统计年鉴》(2009),中国统计出版社。

表 10—7   2008 年云南至越南主要国际通道的实际陆路距离

主要国际通道	实际距离(公里)
昆明—文山—麻栗坡—越南清水河—越南河江—河内公路线	870
昆明—河口—越南老街—越南富寿—河内公路交通线	850
昆明—金水河—越南马鹿塘—莱州公路交通线	865
昆明—河口—老街—河内铁路线	768
平均值	838.25

资料来源:《云南统计年鉴 2009》,中国统计出版社 2009 年版。

　　然而,从上世纪末期以来,云南省加大了对公路建设的投入力度,公路设施密度的提高幅度超过广西。1995 年,云南与广西公路密度相差不大,但到2008 年云南公路密度是广西公路密度的 1.2 倍(见图 10—3)。2008 年滇越陆路调整距离相当于 1995 年时的 34%,相当于通过 13 年云南公路基础设施的改善缩短了滇越调整距离 66%;而 2008 年桂越陆路调整距离相当于 1995年时的 42%,13 年里广西交通基础设施的改善缩短了桂越调整距离 58%。公路基础设施的改善,使滇越"调整距离"逐渐与广西接近,弥补了滇越贸易在地理因素特别是实际陆路距离上的先天劣势,较好发挥了滇越调整距离对滇越贸易的"边际效应"优势,因此,相对于广西,云南公路基础设施改善对滇越贸易的效应更显著。

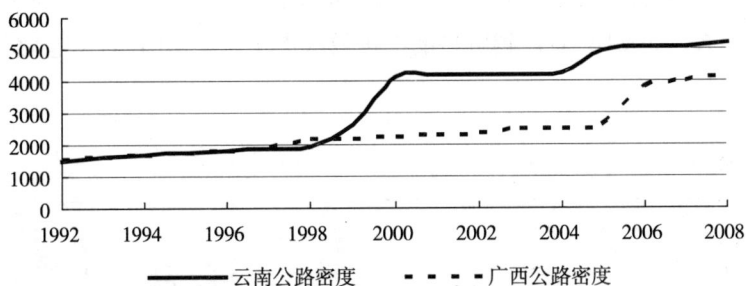

图 10—3　1992—2008 云南、广西公路密度动态比较(单位:公里/万平方公里)

　　云南公路基础设施建设改进程度好于广西,这使滇越贸易大为受益。但由于调整距离对贸易额的效应远小于 GDP 的效应,所以,滇越相对于桂越进出口比值并没有显著提高,见图 10—4 所示。

(三)GDP 增长的效应比较

　　GDP 是三个主要影响因素中对贸易额贡献最大的因素,说明云南和广西的 GDP 具有较强的促进与越双边贸易的正向效应,是推进两地与越贸易的核心因素;同时,由于云南 GDP 的标准化系数为 0.499,而广西为 0.749,说明相对于云南而言,广西 GDP 对桂越双边贸易的效应更大。

　　由图 10—5 可知,云南、广西均属中国西南部边疆省份,经济总量、社会经济发展水平、增长速度较为接近。但云南在烟草、矿产品初级加工上有优势,而广西则在生产线、机器设备制造、机电制造、日用消费品生产、纺织品生

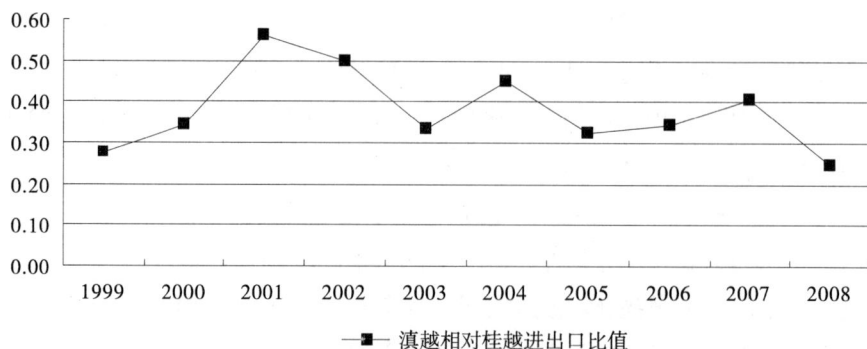

图 10—4　1999—2008 滇越进出口相对桂越进出口占比动态变化

产等方面具有优势。结合前面我们对滇越和桂越贸易特征的分析,广西的优势产业正好与越南的进口需求匹配,桂越贸易中的互补性强于滇越贸易,这解释了为什么广西 GDP 对桂越贸易的促进效应大于云南 GDP 对滇越贸易的促进效应。

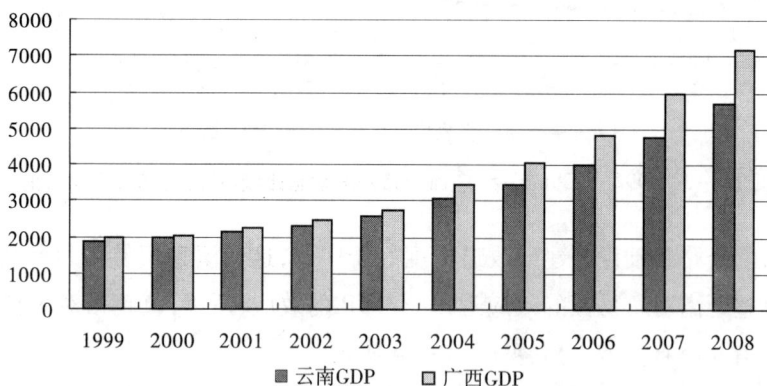

图 10—5　1999—2008 年广西、云南 GDP 比较(单位:亿元)

(四)非农产业比重的效应比较

云南与广西非农产业比重变化趋势虽然十分接近,如图 10—5 所示,但模型揭示,云南非农产业比重对滇越贸易的影响效应(0.292)大于广西非农产业比重对桂越贸易的影响效应(0.096),而且效应值差异较大,这表明云南提高非农产业比重对滇越贸易的积极效应要显著高于广西。

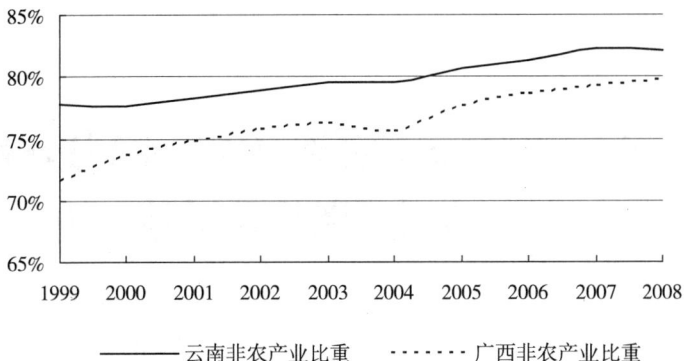

图 10—6　1999—2008 年广西、云南非农产业
比重动态比较(单位:%,年份)

第五节　滇越、桂越贸易边界效应的转化

从滇越、桂越贸易引力模型的对比可以获得以下结论:在滇越贸易中,影响效应从大到小分别为 GDP>非农产业比重 I>调整距离 D;在桂越贸易中,影响效应从大到小分别为 GDP>调整距离 D>非农贸易比重 I;同时,广西 GDP 的影响效应>云南 GDP 的影响效应;云南调整距离 D 的影响效应>广西调整距离 D 的影响效应;云南非农产业占比 I 的影响效应>广西非农产业占比 I 的影响效应。

滇越和桂越双边贸易的引力模型表明:云南与广西的 GDP 都对滇越、桂越贸易具有显著的正向促进效应,两省(区)GDP 的增长能够显著提升对越贸易水平,因此,两地提升对越贸易水平的重中之重在于扩大本地经济发展规模;相对于广西而言,云南应在不断提升经济发展规模的同时,持之以恒地改善交通基础设施建设,特别是要积极推进对越国际通道硬件和软件建设,提高对越国际通道的便利化程度以有效降低滇越运输成本,此外,加快云南非农产业的发展,也可在一定程度上缩小与桂越贸易的差距。

第十一章　云南实施"GMS 便利运输协定"现状及对策

本章从云南省的角度,围绕云南国际道路运输便利化合作、云南实施"GMS 便利运输协定"评估、实施"GMS 便利运输协定"存在的问题、云南进一步实施"GMS 便利运输协定"的思路与对策四个方面开展调查与研究①。

第一节　云南国际通道运输便利化合作

一、国际道路便利运输公约

(一)国际道路便利运输公约

国际道路便利运输公约着眼于为跨国道路运输创造高效、便捷、可预期的运输环境,切实提高各成员国在全球生产体系中的竞争力。

联合国亚太经合组织一贯建议其成员国加入最为重要且普遍接受的 7 个国际道路便利运输公约。这些公约分别是:"国际道路货物运输合同公约"(1956 年),该公约旨在规范国际运输交易行为,统一合同文件,减少争议,方便管理,提高国际道路货物运输的效率;"关于持有 TIR 单证的国际货物运输海关公约"(1975 年),该公约的主要目的是通过国际担保链制度简化海关过境查验手续,减少海关查验投入,为国际道路跨境运输提供便利,提高运输效率、节约运输成本;"关于临时进入商用车辆的海关公约"(1956 年),该公约的作用是为临时进入缔约国且在短时期内出境的其他缔约国商用车辆提供便

---

① 本章为云南省交通运输厅委托课题《关于云南进一步实施大湄公河次区域便利货物与人员跨境运输协定的对策研究》的部分研究成果。课题顾问:张诚安、廖鸿志;课题组长:张正华;副组长:彭智辉、陈勤彦;课题组成员:雷晓凌、庄黎英、吕存书、郭小兰、赵珂艺、李国梁、王劲惠、张迪、谢凝、刘亚朵。

利;"道路标识和信号公约"(1968 年),该公约旨在统一国际道路标志、信号、标线、符号以及道路标牌,以促进国际道路运输业的发展和改善道路安全;"道路交通公约"(1968 年),该公约旨在规范车辆标准及交通行为,以方便驾驶员和车辆在各国间用统一的规则通行,便利国际道路运输并提高道路驾驶的安全性;"关于统一边境货物管理的国际公约"(1982 年),该公约的主要目的是减少国际货物运输过境程序手续和停留时间,实现"合署办公"、"统一检查"、"统一文件"及"一站式"的服务;"集装箱关务公约"(1972 年),该公约旨在发展和推动国际集装箱运输①。

2004 年 2 月,我国签署了"亚洲公路网政府间协定",为我国与亚洲各国开展道路便利运输奠定了基础。目前我国已加入"亚洲公路网政府间协定"公路总里程达 2.6 万公里,约占亚洲公路网总里程的 20%。

经过 30 多年的改革开放,我国的综合国力、经济实力和产品竞争力日益提高,这使我国对国际道路运输便利化的需求日益迫切。但由于我国尚处于转轨时期,市场经济体制初步建立,各种制度还处于完善过程中,国际道路便利运输公约的许多条款与我国现行的法律法规、管理制度存在一定差异;同时在"硬件"基础设施方面也需要相当的投入。因此,我国目前仅加入了其中的"集装箱关务公约"(1972 年)。

（二）我国与上海合组织成员国之间的交通合作

上海合作组织(简称"上合组织")成立于 2001 年 6 月 15 日,现有中国、俄罗斯、哈萨克斯坦、吉尔吉斯斯坦、塔吉克斯坦和乌兹别克斯坦共 6 个成员国。

"上海合作组织宣言"和"上海合作组织宪章"已明确将鼓励各成员国开展交通领域的有效合作作为上海合作组织的宗旨和任务之一,各成员国总理签订的"上海合作组织成员国政府间关于区域经济合作的基本目标和方向及启动贸易和投资便利化进程的备忘录"也将交通列为重点合作领域。

"上合组织"交通部长会议机制于 2002 年由吉尔吉斯和我国共同倡议建立,并于 2002 年 11 月、2003 年 9 月、2004 年 11 月以及 2009 年 11 月分别在吉

---

① 总的来说,上述公约的总体目标是一致的,分别从运输合同、便利通关、统一规则、规范管理的角度,促进国际道路的便利运输,最终达到节约运输时间、降低运输成本、提高道路安全的目的。

尔吉斯斯坦首都什凯克、俄罗斯圣彼得堡、塔吉克斯坦杜尚别以及中国北京举行了上海合作组织成员国交通部长第一次、二次、三次、四次会议。这几次会议的议题和成果分别是：第一次会议正式启动上海合作组织成员国交通部长会议机制，研究"上合组织"成员国国际运输通道的发展以及制定多边运输协定的可能性，以及航空领域的相关合作与多种形式的货物运输促进建议等；第二次会议继续研究制定多边运输协定的必要性，研究各成员国加入"欧洲综合运输重要干线协定"的可能性；第三次会议的主要内容是研究制定"上合组织"国际公路运输便利化协定问题、建设和完善"上合组织"成员国运输通道问题、"上海合作组织成员国多边经贸合作纲要"的落实措施问题，以及参加"亚洲公路网政府间协定"的问题；第四次会议在"推进互联互通，实现便利运输"的主题下，形成"采取必要措施，有效利用成员国现有过境运输潜力，形成进一步完善交通基础设施，加强交通运输合作的法律基础"的共识；着手研究"上合组织"成员国公路协调发展规划、确定新的公路基础设施示范项目、交通领域人员培训和经验交流、共同消除国际道路运输领域现存障碍、制定"上海合作组织成员国政府间国际道路运输便利化协定"等问题。

我国交通部在外交、公安、海关、质检等部门的积极配合下，充分利用"上合组织"交通部长会议机制，积极推动"上海合作组织成员国政府间国际道路运输便利化协定"的制定和签署工作。2008 年 6 月完成了"上海合作组织成员国政府间国际道路运输便利化协定"（草案）框架部分的谈判工作，目前就协定框架文本已经初步达成一致意见。

（三）我国与周边国家的交通运输合作

近年来，在中央各有关部门和地方省区的共同努力下，我国国际道路运输便利化工作取得了长足发展。

自上世纪 90 年代初起，我国先后与蒙古、哈萨克斯坦、俄罗斯、老挝、乌兹别克斯坦、巴基斯坦、尼泊尔、吉尔吉斯斯坦、越南、塔吉克斯坦、朝鲜等 11 个国家签订了双边政府间汽车运输协议；与巴基斯坦、哈萨克斯坦、吉尔吉斯斯坦、乌兹别克斯坦、柬埔寨、老挝、缅甸、泰国和越南分别签订了 3 个区域性政府间汽车运输协定。这些文件的签订为我国与周边国家开展国际道路运输提供了法律基础，为我国与周边国家实现贸易往来创造了便捷条件，同时也切实保障了运输经营人的权益。

截止 2007 年底,我国与周边国家实际开通了 201 条客货运输线路,完成客运量 768.7 万人次/年,货运量 1339.5 万吨/年。仅我国新疆地区就与周边 5 个接壤国家开通了 101 条国际道路客货运输线路,其中客运 51 条,货运 50条,通过国家批准的 15 个对外开放一类口岸从事国际道路运输。国际道路运输的蓬勃发展对促进我国边境地区实现与邻国经贸和人员往来、带动本地区经济发展发挥了重要的作用。

此外,由中国、缅甸、老挝、越南、柬埔寨、泰国共同签署的"大湄公河次区域便利货物与人员跨境运输协定"也于 2003 年 12 月 31 日生效。

二、"GMS 便利运输协定"的核心内容及要求
(一)"GMS 便利运输协定"的签署进程

由亚洲银行行牵头的大湄公河次区域(GMS)经济合作始于 1992 年,其宗旨是通过官方和私人筹集资金支持该区域的发展,协调贸易和一般经济事务的政策,对工程项目给予技术援助,也推动亚行各种基金在该区域的投资。GMS 经济合作包括交通、能源、电讯、农业、环境、人力资源开发、旅游、便利贸易、投资、水资源开发和管理十个领域。截至目前,云南和广西是我国唯一参加 GMS 经济合作的省区。

《大湄公河次区域便利货物与人员跨境运输协定》最初是指由老挝、泰国、越南三国于 1999 年 11 月 26 日在老挝万象共同签署的《老挝人民民主共和国、泰王国政府和越南社会主义共和国政府便利货物及人员跨境运输协定》。此后,柬埔寨王国于 2001 年 11 月 29 日加入,中华人民共和国于 2002年 11 月 3 日加入,缅甸联邦于 2003 年 9 月 19 日加入。该协定在缔约六国批准后于 2003 年 12 月 31 日正式生效[①]。

2004 年,六国缔约方在柬埔寨举行了第一次联委会会议,审议并通过了联委会及其下设的运输、边检、海关和检疫四个分委会的职责范围。

2007 年 3 月,第二次联委会会议在北京举行,六国缔约方在会上通过了由各国国家便利运输委员会主席(副主席)共同发表的包括全面有效实施

---

① 由中国、缅甸、老挝、越南、柬埔寨、泰国共同签署的"大湄公河次区域便利货物与人员跨境运输协定"旨在推动大湄公河次区域各国之间人员和货物的便捷流通、推动该区域各国经贸和旅游业的发展及人民生活水平的共同提高。

"GMS 便利运输协定"的行动计划。同时,运输、边检、海关和检疫四个分委会分别召开会议,审议并通过各自工作计划。会后,六国政府代表共同签署了"GMS 便利运输协定"最后的 3 个附件及 1 个议定书。

2007 年 3 月和 2008 年 3 月,我国与越南政府分别签订了关于在河口——老街实施"GMS 便利运输协定"的"谅解备忘录"和关于将友谊关——友谊及其配套线路纳入"GMS 便利运输协定"的"谅解备忘录"。至此,我国共有河口、磨憨、瑞丽和友谊关四个口岸及其配套线路适用于"GMS 便利运输协定"。

2008 年 1 月,我国政府完成了接受所有"GMS 便利运输协定"附件和议定书的法律程序。

2008 年 8 月,六国缔约方原则达成了关于海关担保制度的"谅解备忘录"。

2008 年 11 月,中老双方就磨憨——磨丁口岸实施"GMS 便利运输协定"问题进行磋商,形成相关"谅解备忘录"。双方商定尽快与泰方协商,早日实现昆曼公路的国际客货汽车运输。

至此,"GMS 便利运输协定"内容已相对完善并得到了广泛实施。

(二)"GMS 便利运输协定"的文件组成

"GMS 便利运输协定"仅是一个框架协定,有效实施该协定需要大量技术附件的支持。在亚行的协调下,2003 年 2 月~2005 年 11 月六国缔约方就"GMS 便利运输协定"的 17 个技术附件及 3 个议定书按照先易后难顺序分四阶段举行了 10 次谈判会议,在各国履行本国报批程序后,这 20 个文件分四批分别于 2004 年 4 月(8 个)、2004 年 12 月(4 个)、2005 年 7 月(4 个)和 2007 年 3 月(4 个)分别由六国政府正式签署。我国由交通部牵头,外交部、公安部、海关总署、质检总局等部委和云南、广西两省(区)代表组成的中国代表团参加了上述所有文件的全部谈判和签署工作。

"GMS 便利运输协定"中的 17 个附件和 3 个议定书分别是:

附件一:"危险货物运输",主要对危险货物的分类及运输要求作出严格规定;

附件二:"国际运输车辆登记",主要涉及机动车分类、标志识别、证件登记、牌照登记;

附件三:"易腐货物运输",主要涉及易腐货物的范围及运输条件、优先结

关顺序、动植检要求、运输工具及时间要求;

附件四:"跨境手续的便利化",主要涉及便利货物、人员及运输工具出入境手续的便利化;

附件五:"跨境人员流动",主要涉及出入境人员签证条件、健康与海关监管、便利措施、运输条件,承运人责任制等;

附件六:"过境和内陆通关制度",主要涉及海关过境模式、运输工具、过境与转关单证;

附件七:"道路交通规则和标志",主要涉及道路交通规则、道路交通标志与信号;

附件八:"机动车临时进口",主要涉及免除进口环节税、暂准入境单证、复出境等;

附件九:"运输经营人跨境运输颁证标准",主要对从事跨境运输经营人的资质作出具体规定;

附件十:"运输条件",主要涉及货物运输价格、运输合同、赔偿措施及承运人责任限制等;

附件十一:"公路和桥梁设计和建设标准",主要包括道路分类、设计速度范围、路线及沿线设施;

附件十二:"过境站点、运输设施和相关服务",主要对出入边境口岸的运输工具、货物及人员提供的口岸设施作出规定;

附件十三(a):"多式联运承运人责任制度",主要包括适用范围、承运人的责任、托运人的责任、索赔和诉讼;

附件十三(b):"多式联运经营人跨境运输颁证标准",主要对从事多式联运经营人的资质及偿付能力作了明确规定;

附件十四:"集装箱海关制度",主要涉及免除进口环节税、集装箱标志、暂准入境单证、复出境等;

附件十五:"商品分类制度",主要涉及统一进出口货物的分类标准,便利货物报关;

附件十六:"驾驶证标准",规定了缔约各方应相互承认驾驶证,并对驾驶证的内容作了具体要求。

议定书一:"边境通道路线和出入境站点",主要包括跨境运输通道、线路和出入境站点的指定；

议定书二："过境运输收费"，主要涉及收费的种类、收费的非歧视性、透明度与合法性等；

议定书三："服务频率和能力及配额和许可证发放"，主要涉及许可证要求，种类和签发及分配程序等。

上述"GMS 便利运输协定"的 17 个附件和 3 个议定书实际将"GMS 便利运输协定"的内容具体化。

（三）"GMS 便利运输协定"的核心内容

"GMS 便利运输协定"的核心内容可归纳为以下八个方面：

一是跨境手续的便利化。主要包括不同部门联合并同时对跨境人员、车辆、货物进行单一窗口检查、双方边境主管部门同时检查的一站式检查、协调办公时间和提前交换信息以便利通关。

二是人员跨境的便利化。主要规定了缔约各方为跨境人员签证的条件和手续、健康检查、海关监督等相关细则。

三是货物跨境运输的便利化。主要包括缔约各方免除海关检查、免缴保证金及免除护送的相关细则，以及推动缔约各方给予其他缔约方人员和货物通过其领土的自由、过境运输应免缴任何海关关税和税收的要求、收取除海关关税与税收以外的其他过境运输费用的标准，还包括食品、动植物检验检疫的执行标准与危险货品、易腐货品等特种货物运输的专门制度。

四是车辆出入境的便利化。主要包括推动缔约各方允许车辆入境的规定、从事跨境运输的车辆登记的相关细则（包括标记识别、证书登记、号牌登记等）、对驶往其他缔约方车辆和集装箱（设备）在安全及污染排放的技术要求、技术检查证书的承认、道路交通规则或标志的要求、强制性第三者车辆责任保险的要求、驾驶许可证的承认、道路车辆临时路口的安排等。

五是跨境运输经营的便利化。包括允许运输经营人根据自由市场机制从事跨境运输经营活动（含在其他缔约方开展过境运输、运抵另一缔约方的运输、从另一缔约方运出的运输）的规定、运输经营人在其他缔约方按照指定的运输经营活动、行车路线和入境口岸从事运输经营的规定、对运输经营人发证的要求及规定、市场准入的规定、运输经营的授权步骤以及运输价格与条款的规定等。

六是统一基础设施建设的标准。包括规定国际道路和桥梁的设计和建设标准、统一交通规则、交通标志和交通信号、缔约各方过境口岸基础设施建设和人员配备要求等。

七是协定实施的组织保障。主要包括缔约各方需建立一个常设的国家便利运输委员会、建立由各国便利委员会的代表组成的联合委员会的要求;

八是协定实施的法律法规保障。包括对东道国国家法律法规的遵守和执行的相关规定,保证缔约方法律法规和基础设施建设状况透明度的要求,无歧视待遇的相关细则,跨境人员、运输经营人、车辆或货物发生交通意外时东道国的措施规定,促进多式联运的相关要求,关于批准或加入该协定的规定等。

三、"GMS便利运输协定"对相关部门的具体要求

"GMS便利运输协定"(含附件、议定书)、相关谅解备忘录对我国相关政府部门的要求可归纳如下:

(一)对交通运输管理部门的要求

交通运输管理部门在CBTA框架下从事货物跨境运输的管理,应当肩负以下主要职责:

1. 允许符合条件的跨境运输经营人从事跨境运输,具体为:

(1)交通运输管理部门应允许符合要求的多式联运经营人从事跨境运输活动,对符合"GMS便利运输协定"要求的多式联运经营人发放相关证件①。

(2)中越便利运输"谅解备忘录"中规定,交通运输管理部门对不再满足条件的跨境运输经营人及车辆取消许可;

(3)中越便利运输"谅解备忘录"中规定,交通运输管理部门对过境车辆、人员给予平等的待遇,待遇不低于给予第三国车辆、人员的待遇;

2. 按要求负责跨境运输道路和桥梁的设计、建设及改造工作

(1)交通运输管理部门应负责或促成跨境运输道路的设计、建设及改造符合"GMS便利运输协定"附件十一的相关规定,包括应满足不同地形、不同等级公路的设计速度、宽度(包含道路用地、车道、路肩)、最小曲线半径、路面

---

① 如中越便利运输"谅解备忘录"中规定,应每年定期向越方提供已颁证的多式联运经营人名单。

类型、最大超高、最大纵坡、最小竖向净空、最小结构承载等参数标准。

（2）交通运输管理部门应负责或促成跨境运输桥梁建成永久性结构，同时，要求长度小于50米的桥其桥面宽度应至少与路面宽度一致，而长度大于50米的桥其桥面宽最小值应比桥头路面宽1.5米，同时在路两侧各设1米宽的人行道。

（3）交通运输管理部门应负责或促成跨境运输道路和桥梁的设计、建设及改造符合"GMS便利运输协定"附件十一中关于照明、防眩光、减速车道、紧急停车带、避险车道、安全护栏、铁路交叉口、防止动物穿行等方面的相关要求。

（4）中越便利运输"谅解备忘录"中规定，交通运输管理部门应根据"GMS便利运输协定"附件十一所规定的最低技术标准和规范，对议定书一附录一中所列明的"昆明—弥勒—银绍—开远—蒙自—河口—老街—海防"南北经济走廊的本国路段的公路和桥梁进行修建或重建，并对各自境内路段设置道路交通标志，并于2009年3月31日前完成；向越方提供一份英文本的综合性文件，告知对方关于上述南北经济走廊中各自路段的最新情况，包括已完成或计划施工的工程项目，在工程项目计划施工或宣布竣工后的半年内告知对方，并于2007年9月30日前开始实施。

3. 统一道路交通标志

（1）交通运输管理部门应负责或促成跨境运输道路和桥梁的标线、标志和信号尽可能使用符号及英文、拉丁文和阿拉伯数字（但并不禁止使用本国母语），降低语言的使用。

（2）交通运输管理部门应负责或促成跨境运输道路和桥梁的道路标志应用不同颜色、形状的道路标线区分危险警告标志、管制标志、信息性标志以管制交通或警告或指引道路使用者①。

4. 实施第三者车辆责任强制保险制度

要求实施第三者车辆责任强制保险制度。中越便利运输"谅解备忘录"中规定，应在2008年3月31日前，为越方提供英文本的关于机动车第三者责

---

① 中越便利运输"谅解备忘录"中规定，于2009年6月30日前向对方提供英文的综合性文件，内容包括道路标志和信号的适用规定。

任强制保险要求的综合性文件,内容包括强制实施的文件、保险合同、保险费、投保第三者车辆责任保险的时间要求及时效。

(二)对海关部门的要求

海关部门是国家的进出境监督管理机关,其基本任务是对外承担税收征管、通关监管、保税监管、进出口统计、海关稽查、知识产权海关保护、打击走私、口岸管理等主要职责。

根据"GMS便利运输协定"及相关"谅解备忘录",我国海关部门应承担以下职责:

1. 对符合通关规定的过境车辆、人员予以放行

(1)对符合"GMS便利运输协定"的跨境货物通常免除货物运输过程中的海关常规查验、免除在本国境内的海关押运以及关税保证金。

(2)要求出示车辆、货物以及通关单证时,应限于单证作业,仅对货物或车厢进行外形查验。

(3)当怀疑有违法情况时,可以对在途货物进行实际查验。

(4)在不干扰、延迟及额外增加运输要求的情况下,可以采取适当措施(如电子设备、全球定位系统、信息与通讯技术)监控货物的运输。

2. 对起运地货物车厢或集装箱施加封志及对入境车辆施加跟踪装置

(1)本国海关部门应接受由其他缔约国海关施加的封志,也可以出于监管的需要额外施加本国关封。

(2)海关部门应检查运输货物的机动车或集装箱是否留下有明显开拆裂痕或海关封志破损,检查过境车辆或集装箱是否存在可以藏匿货物的隐秘部位,防止以偷换、提取或增加货物的方式进行走私。

(3)海关部门应拒绝设计和构造不能充分预防走私的车辆从事过境运输业务。但若车辆或集装箱符合"GMS便利运输协定"及其附录的相关标准并具有证明,海关当局无权拒绝该车辆或集装箱的运营。

(4)海关部门对在途货物进行的实际查验,应施加新封志并在过境与转关单证中记录。

(5)海关部门对由容器装运的货物,应查验所提供证明,以避免任何形式的替换、提取或增加货物。

3. 提供过境与转关单证或证明

（1）海关部门对运输运承人签发的过境与转关单证,其中以英文表示的内容应包括标题、发证机构及签章栏、承运人姓名、地址、单证的有效范围、车辆特征、封志或识别标志、用于记录途中海关开启封志并施加新封志及更换车辆的栏目、起运地、过境地及抵运地等栏目、货物清单栏目①。

（2）海关部门提供过境运输业务证明、货物进入及离开东道国境内的证明。

（3）规定过境与转关单证的有效期（自签发之日起至少六个月有效）

（4）对从事跨境运输的车辆或集装箱的入境与转关单证在其入境之日起三个月内予以核销。

4. 对途中意外事故处理的要求

（1）海关部门对货物运输途中因不可抗力而造成的无法挽回的损失或因货物自身特性发生"短少"应进行确认,正常情况下,应免除"损失"或"短少"部分缴纳的关税及其他税费。

（2）由于不可抗力或其他合理原因造成承运人延误的应为承运人办理延期手续。

（3）向具有直接责任的承运人追索相关关税、税费、罚款及利息。

（4）当违法行为确认后,经授权的发证担保机构应在接到通知之日起30日内交存或支付关税、其他税费及利息。

（5）经授权的发证担保机构应以一定金额的方式提供保证金。中越便利运输"谅解备忘录"中规定,实施旅客死亡、身体伤残以及行李损坏或丢失的承运人保险制度,并备忘录生效后不迟于六个月开始实施。

5. 监管个人随身物品

（1）海关部门对跨境人员的个人随身物品进行卫生、危险及违法检查。

（2）本国居民出国时携带的物品在其回国时若未被替换应免除关税。

（3）进出境时检查个人随身物品是否以商业为目的。在免税入境情况下,应检查旅客因个人所需而非商业目的的免税入境的合理数量,检查某些物品是否在规定范围之内。如消费品（200 支香烟或 50 支雪茄或 250 克烟草或

---

① 中越便利运输"谅解备忘录"中规定,于 2007 年 9 月 30 日前,联合对河口——老街跨境口岸通关所需的文件、程序、手续等进行调查研究,并评估它们的必要性。

不超过 250 克的上述物品的混合物和 1 升烈性酒类）、其他非商业性总值不超过 75 个特别提款权的货物、生活费用现金（停留期间每天 100 个特别提款权）。

（4）规定旅客及行李的运输价格。旅客运输价格由市场确定，但须受反垄断的限制，以避免过高或过低的价格。每名旅客允许免费携带最多不超过20 公斤且尺寸适当的行李。运输经营人可以对超重行李收取费用，并视不同运输路线按每公斤不超过一张全价票 5% 的标准收取超额费。

6. 集装箱监管、关税免除及出境

（1）海关部门应允许来自其他缔约方注册的营运集装箱暂时入境，免除进口环节税，且不受其他禁止和限制性规定的约束，对集装箱附件、工具包及其他合理数量的维修备件免除环节税。

（2）对暂准入境的集装箱发放用英文表示的暂准入境单证（其格式、外观及版面设计由"联合委员会"决定），在暂准入境单证上注明有效期，并按规定予以核销。

（3）获准暂时入境的集装箱若发生意外严重受损应免除其复出境的义务。

（4）由于不可抗力或其他合理原因影响到营运集装箱复出境或暂准入境单证核销的，海关部门应允许延长期限。

7. 允许跨境机动车临时入境

（1）允许在另一缔约方注册的机动车辆暂时入境，免除缴纳进口环节税，且不受其他禁止和限制性规定的约束。对于附件、工具包及其他车辆正常配备的物件以及正常或原有油箱里的燃料、润滑剂、维修器材和合理数量的维修备件，应免征进口环节税。

（2）对暂准入境的机动车辆发放暂准入境单证（其格式、外观及版面设计由"联合委员会"决定），在暂准入境单证上注明有效期，并按规定予以核销。

（3）获准暂时入境的车辆若发生意外严重受损应免除其复出境的义务。

（4）由于不可抗力或其他合理原因影响到车辆复出境或暂准入境单证核销的，海关部门应允许延长期限。

（三）对公安边防及出入境管理部门的要求

公安边防部门担负着为国把守国门，维护国家主权和尊严的重任，担负着对出入境的人员及其行李物品、交通运输工具及其载运的货物实施边防检查，按照国家有关规定对出入境的交通运输工具进行监护，对口岸限定区域进行警戒，维护出入境秩序，执行主管机关赋予的和其他法律、行政法规规定的任务。出入境管理部门的职责是对出入境管理工作进行规划、组织、指导、监督，组织指挥对出入境违法犯罪案件的查处，承担签发出国境证件、因私出入境中介机构审批和管理等工作。

根据"GMS 便利运输协定"及相关"谅解备忘录"的规定，公安边防及出入境管理部门应满足以下职责要求：

1. 为跨境人员颁发签证

（1）对满足双边或地区协议规定的免签条件的跨境人员签证。

（2）签证的条件、程序、种类和特点应符合东道国的法律法规。签证或拒签证的时间不应超过 10 个工作日①。

（3）对从事过境运输经营的人员颁发较长时间的多次入境、过境及出境签证。中越便利运输"谅解备忘录"中规定，此项制度于 2007 年 9 月 30 日前开始实施；

2. 签发护照或替代护照的国际旅行证件

（1）通过外交途径向其他缔约方提供护照或替代护照的国际旅行证件的样本。

（2）除本国语言外，护照或替代护照的国际旅行证件上的所有项目还应使用英语。

（四）对公安交通管理部门的要求

承认其他缔约方主管机关颁发的跨境运输机动车登记牌号、机动车登记证、机动车检验证和检验标志。具体为：

1. 公安交通管理部门应允许在其他缔约方登记的车辆（无论左驾驶还是右驾驶，无论私营、自用还是商业运营）进入本国领土；

---

① 　中越便利运输"谅解备忘录"中规定，应该持续更新信息并通过使馆/领馆和互联网（中国：http://www.fmprc.gov.cn，越南 www.mofa.gov.vn）发布英文文本的签证信息。

2. 公安交通管理部门应按照"GMS便利运输协定"的要求,允许符合要求的运输经营人进行跨境运输活动,对满足技术要求的从事跨境运输的机动车颁发有效登记证,登记证的标准及其所含信息应满足规定的要求。如中越便利运输"谅解备忘录"中规定,应在2007年9月30日前向对方签发机关提供本国国内驾驶证样本,完成从事跨境运输驾驶员国内驾驶证的英文翻译。允许越方跨境运输经营者在我国设立办事处,便于开展跨境运输业务,并于附件九对缔约双方生效后不迟于六个月开始实施;

3. 车辆及行人的交通管理通则,应符合"GMS便利运输协定"附件七附录一中的规定。

4. 中越便利运输"谅解备忘录"中规定,在本国指定相关机构向外国人(驾驶员、乘客等)提供协助的联络点,并将该联络点告知越方,由其向社会公众公布,并于2007年9月30日前开始实施。为联络点配备精通英语和/或越南语的工作人员,并于2008年3月31日前开始实施。

5. 为被迫更改路线的承运人指定代替路线并通知其他部门。

6. 中越便利运输"谅解备忘录"中规定,公安交通管理部门在本国批准"GMS便利运输协定"附件二后不迟于三个月,按附件二的要求准备机动车登记号牌和机动车行驶证,并在不迟于六个月内与对方交换机动车行驶证、登记号牌、安全检验证和国家识别标志的样板/模型(提供实物样板,上载到互联网上),并于2007年9月30日前向对方提供一份英文的综合性文件,内容包括本国关于机动车辆的外廓尺寸、轴荷及质量限值等的最新信息。

(五)对检验检疫部门的要求

出入境检验检疫部门主要对口岸出入境旅客、动植物及其产品、进出口商品、运输工具等实施检验检疫和监督管理。根据"GMS便利运输协定"及相关"谅解备忘录"的规定,检验检疫部门应满足以下职责要求:

1. 对跨境人员进行健康检查

(1)本国法律法规应符合世界卫生组织的国际健康条例。

(2)要求跨境人员携带世界卫生组织规定的个人健康证明。

(3)对携带世界卫生组织所规定的健康证明者或非来自已知疫区或无任何危及公共健康的外部症候者,通常免除常规医疗检查。

(4)可以拒绝可能危及公共健康的传染人员入境或健康状况允许旅行时

建议其回国;如其健康状况不允许旅行,应向其提供适当的隔离医疗护理与治疗,并根据有关规定迅速通过世界卫生组织。

(5)相关卫生检疫部门用其官方语言通过报纸、期刊和其他媒体向跨境运输经营人和公众提供相关信息①。

2. 对危险货物进行检查与监管

(1)根据"GMS便利运输协定"附件一的规定,鉴别货物的危险等级。

(2)对缔约各方以"个案"为基础许可的危险货物跨境运输,应要求对危险货物进行包装和标记;车辆识别、货物搬运、装载和捆扎、运输文件和申报单、人员培训、防火、防爆措施等全面适用"欧洲国际道路危险货物运输协定"和/或"联合国关于危险货物运输的建议书"。

3. 对易腐烂货物进行确认、检查与监管

(1)优先办理易腐货物的跨境结关手续。中越便利运输"谅解备忘录"中规定,于2007年9月30日前应准予该备忘录附录三中所列易腐货物优先办理跨境通关手续;

(2)在确定的联络点(如边防检查站)互相通报易腐货物名单。

(3)确认动物的运输条件是否适宜,检查运载动物的车辆或集装箱是否标注有活动物的符号及动物垂直方向。

(4)检查运载动物的运输工具是否易于清理并能防止动物逃脱,是否配有动物排泄物装置、顶棚和能保证足够通风的其他设备。

(5)确认运输途中是否有动物生病或受伤后的合适兽医治疗措施。

(6)确认超过24小时的动物运输是否有临时集结地,以便动物休息、进食、饮水。

(7)检查运输工具的内表面是否抗腐蚀,是否与运送的物品发生化学作用。

(8)检查新鲜食品是否与活动物一起运输,是否可能会污染和影响食品卫生,食品包装物是否有效保护了食品。

(9)检查运输的植物是否健康、无虫害。

---

① 中越便利运输"谅解备忘录"中规定,应通过互联网(中国 http://www.aqsiq.gov.cn,越南 http://www.moh.gov.vn)用英文发布现行的卫生检疫法律法规最新信息。

（六）对联检部门的要求

根据"GMS 便利运输协定"及相关"谅解备忘录"的规定,应通过各相关主管部门联合并同时行使职能,实现"单一窗口检查"或"一站式通关检查"。

1."单一窗口检查"和"一站式通关检查"的原则

（1）人员、车辆和货物入境时,须办理由缔约双方相关主管机关联合和同时进行的跨境手续;

（2）出境国各主管机关应与入境国各主管机关在入境国境内的共同管理区联合并同时或接近同时履行职责,但须修改或颁发国内相关法律法规,以允许双方各主管机关到对方境内履行职责;

（3）入境人员、车辆和货物（活的动物除外）仅须在入境国境内共同管理区办理由缔约双方主管机关联合并同时或接近同时进行的跨境手续,无须在出境国办理此类检查手续。

（4）活的动物须在出境国境内共同管理区或其他指定地点办理由缔约双方主管机关联合并同时或接近同时进行的跨境手续（即活的动物仅须在出境国办理跨境手续）,无须在入境国办理此类检查手续;

（5）跨境手续应以简化和统一的单证（如移民和海关报表）办理;

（6）各相关主管机关应在履行职责过程中实施风险管理技术和程序;

（7）为提高风险评估的准确性,各主管机关应尽可能地在货物和车辆到达跨境口岸前协助提供有关信息;

（8）若对过境国不构成传染、或其他安全风险、或不影响必要的消毒处理和对运输工具监管的情况下,密封的过境运输货物应免受物理检查,但存在可疑的特殊情况除外;

（9）各主管机关应根据双方达成的时间基准/服务标准,努力以系统化、快速方式完成跨境检查手续。

2. 对"单一窗口检查"的要求

中越便利运输"谅解备忘录"对缔约双方执行"单一窗口检查"做出了详细规定。

单一窗口检查是跨境手续便利化第一阶段的主要内容。中越便利运输"谅解备忘录"中规定,在 2007 年 9 月 30 日前实现 24 小时通关;2008 年 3 月 31 日前做出临时性安排,以确定过境运输证件颁发和过境运输担保机构;对跨境单证和手续在 2007 年 12 月 31 日、2008 年 6 月 30 日和 2008 年 9 月 30 日前分别完成简化、优化和最终调整;在 2009 年 3 月 31 日前在双方跨境口岸和总部间、在河口和老街跨境口岸间建立信息交换和通讯技术联系,并互换电子数据,以促进出入境手续的便利。

3. 对"一站式通关检查"的要求

"一站式通关检查"是指通过相邻两国海关时仅办理一次货物通关手续,是跨境手续便利化措施的第二阶段。中越便利运输"谅解备忘录"中规定,缔约双方在各自国内相关法律法规进行必要修正得到批准后六个月内,在入境国的共同管理区内联合和同时或接近同时履行海关、检疫和移民部门的证件查验和物理检查。时序上分为三个步骤:一是在入境国内双方海关联合同时进行检查(证件检查和物理检查);在入境国内双方海关和检疫部门联合同时进行检查;在入境国内双方海关、检疫部门和移民部门联合同时进行检查。

(七)对口岸管理部门的要求

根据"GMS 便利运输协定"及相关"谅解备忘录"的规定,过境站点或口岸基础设施建设应满足以下要求:

1. 过境站点或口岸设有车辆维修和保养服务、加油站及有硬质路面的停车场和消毒设施;

2. 过境站点或口岸应提供供货物装卸、换装和检验的硬质路面区域和遮蔽场所、仓库设施、储存室和集装箱仓库以保证货物安全存放而不致遭受破损或腐烂或丢失、海关仓库、植物检疫和消毒设施、供所转运动物休息、饲养、饮水的场所,必要时装卸及接纳的驿站等。

3. 过境站点或口岸应提供休息区、卫生设施和医疗救助、寻找乘客的设施等。

4. 过境站点或口岸应设置具有邮寄和电信功能的通信中心、旅行信息中心、银行和货币兑换所、提供警察机构和相关设施保证外国司机或乘客、车辆和货物在边境站点、磅站、停车区、指定库房的安全。中越便利运输"谅解备忘录"中规定,双方应提供设施、设备包括信息交流技术"ICT"及非 ICT 设备,如电脑、电信通讯、电子识别护照设备、检验货物和集装箱的激光设备、自动识别机动车车牌设备、识别其他文件条码的设备。

5. 在过境站点或口岸配备合格人员,特别是会说流利英语的人员。按照中越便利运输"谅解备忘录"中规定,要独自或与对方联合为河口—老街跨境口岸相关主管机关举办有关实施该协定及其附件、议定书的培训班,并在本备忘录签署后十二个月内开始实施;

6. 实施先进的过境管理技术,合理安排过境站点的双向通道,确保过境运输车辆和人员优先通过。

（八）对协调部门的要求

根据"GMS便利运输协定"及相关"谅解备忘录"的规定,协调部门应承担以下职责:

1. 组织协调国内有关部门参加"GMS便利运输协定"及相关"谅解备忘录"的谈判及签署工作,并协调和处理"GMS便利运输协定"及相关"谅解备忘录"执行中出现的问题。

2. 组织有关部门研究开展便利运输的特点及相应对策并提出方案,在维护合法权益的基础上推动便利运输工作的有效开展。中越便利运输"谅解备忘录"中规定,至少每年举行一次双边会议,监督协定及其附件、议定书在河口—老街口岸的实施情况,并于2007年12月31日前开始实施;保证双方各自主管机关每季度至少在河口—老街口岸举行一次协调会,并于2007年12月31日前开始实施。

四、云南主要出境公路通道及口岸

（一）主要出境公路通道基本现状

公路运输是云南省实现对外经贸和人员交往的主要方式。目前云南主要的四条出境公路通道是中老泰昆明—曼谷公路通道、中越昆明——河内公路通道、中缅瑞丽——皎漂公路通道以及昆明经缅甸至南亚公路通道。这四条出境公路通道国内段已全部实现高等级化,其中大部分为高速公路。

1. 昆明—曼谷公路通道

昆明—曼谷国际公路全长1807公里,东起昆玉高速公路入口处,止于泰国曼谷,全线由中国境内段、老挝段以及泰国境内段组成。昆明—曼谷国际公路云南境内段688公里,除磨黑——普洱和小勐养——磨憨外均已为高速公路;老挝境内段229公里,由中老泰三国承建,目前已完成全线改造通车,大部分路段为东盟二级;泰国境内段890公里,已全部实现高速或高等级化。昆明—曼谷国际公路的会晒——清孔湄公河大桥预计于 2012 年建成通车。

2. 昆明——河内——海防公路通道

改造后,昆明——河内——海防公路通道全长 664 公里,其中云南境内段 400 公里,越南境内段改造后 264 公里。

昆明至蒙自有两条高速公路。一条是昆明——石林——锁龙寺——蒙自高速公路,全长 276 公里。其中昆明至石林为双向四车道高速公路,长 78 公里,于 2003 年建成通车。石林至蒙自高速公路全长 186.5 公里,全线采用四车道高速公路标准建设,已于 2008 年 11 月开工,预计 2013 年建成通车。第二条是昆明——玉溪——通海——建水——蒙自高速公路,已建成通车。

蒙自——新街——河口公路,全长 141 公里,为双向四车道高速公路,于 2008 年建成通车。

中越红河公路大桥。2006 年 2 月中越双方签署了合作建桥"协定"及"议定书",于 2006 年 6 月中越双方分别举行开工典礼,2008 年 12 月举行桥面对接仪式,2009 年 9 月建成试通车。桥长 295 米,桥面为双向 4 车道。

3. 中国—缅甸公路通道

云南通往缅甸的主要公路有 9 条,其中有 3 条已基本建成高等级公路与缅甸连接,分别是:

昆明——保山——腾冲——猴桥通往缅甸密支那。云南境内全长 698 公里,已建成高速公路 550 公里,其余为二级公路。

昆明——保山——瑞丽——姐告通往缅甸曼德勒。云南境内全长 731 公里,已建成高速公路 577 公里。龙陵——瑞丽长 150 公里,将开工改造为高速公路,改造后全线为高速公路。

昆明——普洱——景洪——打洛通往缅甸东枝、曼德勒。云南境内全长 672 公里,已建成高速公路 448 公里,其余为二级及以上高等级公路。

此外,昆明——瑞丽——缅甸皎漂(印度洋深水港)公路通道也得到了持续推进。目前已签署"关于发展瑞丽至皎漂公路通道项目的合作谅解备忘录",内容包括通道建设的合作模式、融资方案以及技术标准等。瑞丽至缅甸皎漂公路全长 1022 公里,目前路况等级低。瑞丽至曼德勒段长 448 公里,按国内一级公路标准改造;曼德勒至皎漂段长 574 公里,按国内二级公路标准改造。

（二）主要口岸基本现状

云南现有国家一类口岸13个，二类口岸7个，90个边民互市通道和103个边贸互市点，绝大多数为陆运口岸。这些口岸是云南省乃至中国促进对外交往、与周边国家进行友好合作的重要窗口。陆运口岸中目前允许第三国人员出入境的有瑞丽、磨憨、河口口岸，是云南省目前最重要的陆运（铁路）口岸。

1. 中越河口—老街口岸

河口口岸位于河口县城，地处南溪河、红河交汇处，与越南老街口岸对接，是滇越通道的主要口岸。河口口岸距昆明公路470公里，铁路468公里，至越南河内公路320公里，铁路296公里，至越南海防港铁路386公里，至胡志明市铁路2026公里。1953年河口口岸开通，1956年被确定为国家级口岸，1978年口岸关闭，1993年5月18日，经国务院批准恢复河口口岸为国家一类口岸对第三国人员开放。2001年云南省政府批准河口口岸为边境贸易区并给予优惠政策。

老街—河口口岸在中越人员及货物跨境流动中具有十分明显的区位优势，是先行实施"一站式"查验模式的试点口岸。近几年来，河口口岸已累计投入建设资金10亿多元实施口岸配套设施工程、河堤工程、道路、水、电、通讯等工程项目的建设，基础设施建设和口岸建设日臻完善。建成有6条出入境通道，建筑面积为5485平方米的口岸联检大楼。2001年，投资约1000万元的南溪河公路大桥投入使用，改变了原铁路大桥公路铁路混合使用的状况。2002年11月，建筑面积1200平方米的河口山腰铁路国境站联检楼和铁路物资验货场投入使用；2002年，"对外商品交易市场"投入使用；2004年9月，占地63亩的北山口岸货场建成投入使用，海关、检验检疫局、商务局、口岸运输管理站等部门驻场办公。经省政府批准，2006年8月21日，河口国际口岸北山片区建设正式启动，片区规划面积2.8平方公里，概算投资10亿元，总建筑面积为140万平方米。

2. 中缅瑞丽——木姐口岸

瑞丽口岸位于德宏傣族景颇族自治州的西南，320国道的终点，与缅甸的对华主要口岸木姐对接，相邻缅甸的南坎、腊戍、八莫等重要城镇，是中国对缅贸易的主要口岸。瑞丽口岸是云南开放较早的国家一类口岸，1978年国务院批准开放口岸,1985年经德宏州政府批准为边境贸易区,1991年2月由云南省政府批准瑞丽姐告设立边境贸易经济区,1992年6月经国务院批准为沿边开放城市,1993年撤县设市后,由国务院特区办批准在瑞丽口岸设立经济合作区,2000年经国务院批准按照"境内关外"的方式设立"姐告边境贸易区",2001年10月26日经国务院批准瑞丽口岸对第三国人员开放,现已被国家批准为我国"开发开放实验区"。

瑞丽口岸拥有4336平方米的联检查验中心①,姐告边境贸易区建有17万平方米的边贸货场。目前,在"联检查验中心"开展工作的单位有"瑞丽海关"、"瑞丽出入境检验检疫局"、"武警瑞丽边防检查站",同时还有瑞丽市商务局、瑞丽市人民政府口岸管理办公室、瑞丽口岸交通运输管理站、瑞丽市旅游局、公安外管等单位实行联合办公,开展一条龙服务,初步建立了一套依法把关、监管有效、方便进出、服务优良、高效快捷的口岸查验管理模式。

3. 中老磨憨——磨丁口岸

磨憨口岸位于勐腊县南端,与老挝磨丁口岸对接,是我国通往东南亚各国重要的国际大通道。1992年3月3日经国务院批准,磨憨口岸为国家一类口岸,也是中老两国唯一的国家一类口岸。1993年12月中老两国磨憨——磨丁国际口岸正式开通,允许第三国人员出入境。2000年6月经云南省政府批准,磨憨口岸为边境贸易区,并给予政策优惠。磨憨口岸距老挝南塔省城62公里,距泰国清孔县247公里(昆曼公路走向),距老挝乌多姆赛省城100公里,距琅勃拉邦300公里,距万象市700公里。昆曼高速公路由该口岸出境,经老挝南塔、波乔两省至泰国清莱府与泰国公路相连,直达曼谷。

4. 腾冲猴桥口岸

腾冲猴桥口岸位于腾冲县猴桥镇的槟榔江畔,距腾冲县县城65公里,距中缅边界南4号界桩19公里,与缅甸甘败地口岸对接。该口岸距缅甸北部重镇密支那133公里,从该口岸经密支那到西印度雷多(里多)仅687公里。1991年8月云南省政府批准腾冲猴桥口岸为二类口岸,2000年4月经国务院批准为一类口岸,2003年1月正式对外开放。腾密(腾冲—密支那)公路从该

---

① 瑞丽口岸联检查验中心一期工程于2000年12月动工,2003年2月20日竣工验收使用,建设投资1828.70万元,是一座功能齐全、设备先进的口岸查验设施。

口岸通往缅甸,有大量的人员从这里出入境、车辆和货物出境。2010年,猴桥口岸通道人员出入境流量达28.7万人次,出入境运输工具达11.5万辆次,货运总量达224万吨,货运总值达1.6亿美元。随着人货流量的增长,原有联检通关设施已经不能适应发展的需要,目前新建猴桥口岸联检楼和查验货场的建设正在实施。

第二节 实施现状与"GMS便利运输协定"的差距评估

自签署"GMS便利运输协定"以来,我国各级相关部门为推动协定的实施做了大量实质性工作。

本部分以"GMS便利运输协定"实施现状调查为基础,结合"GMS便利运输协定"的要求,从组织机构、政策法规、资金投入与使用、培训与宣传、国际合作与交流、出境口岸建设、技术标准、监督执行等方面对云南实施"GMS便利运输协定"的现状与要求的差距进行评估。

一、组织机构方面评估

(一)"GMS便利运输协定"实施工作进展

实施"GMS便利运输协定"的政府部门主要有协调部门和执行部门两类。

2003年9月,我国成立"国家便利运输委员会"(国家便委会),国家便委会由交通部牵头,成员单位包括外交部、发改委、公安部、财政部、商务部、海关总署、质检总局等;2008年6月,云南省相应成立了"云南省便利运输领导小组",成员单位有云南省外办、省发改委、省财政厅、省商务厅、昆明海关、省出入境检验检疫局、省公安边防总队、省公路运输管理局、省航务管理局、省道路运输行业协会、红河州政府、德宏州政府、西双版纳州政府。"云南省便利运输领导小组"及其办公室为促进云南实施"GMS便利运输协定"做了大量工作,包括参与、组织、协调有关部门参加"GMS便利运输协定"及相关"谅解备忘录"的谈判及签署工作,协调和处理"GMS便利运输协定"及相关"谅解备忘录"执行中出现的问题,组织开展相关研究,针对货物及人员跨境运输出现的问题,提出相关方案等。

参与实施"GMS便利运输协定"的有政府部门、企业和个人三类。中央、省、州(市)、县(市)、口岸等层次的交通运输、海关、边检、检验检疫、交警等部门是实施"GMS 便利运输协定"的主要政府部门。

为实施"GMS 便利运输协定",由交通部牵头,云南省交通运输厅等部门参与,积极稳妥开展"GMS 便利运输协定"的各项实施工作。中越两国交通运输部门多次就"便利运输"事宜进行磋商并达成共识、签署会谈纪要;牵头拟定中老泰车辆汽车直达运输协定文本;云南省交通运输厅组织完成了云南通往缅甸、老挝、越南、泰国国际道路交通标志、标线设置和替换工作;草拟了车辆直达运输协议法律文本;通过多种渠道与老挝和泰方协商,就昆曼公路老挝段出现的各种影响便利运输的问题进行磋商,促进中老泰汽车直达运输;组织开展与"GMS 便利运输协定"缔约国参与的各项考察、合作与交流活动。

为配合"GMS 便利运输协定"的实施,海关部门在昆明举办了"便利跨境海关管理研讨班",被朱镕基总理在当年的 GMS 领导人会上列为中国政府在贸易便利化项下的贡献之一;2004 年海关部门与 ADB 共同出资在云南再次举办了"GMS 跨境运输协定海关问题研讨班";昆明海关针对"GMS 便利运输协定"的顺利实施,专门制定了系列便利通关措施,如实行"5+2(节假日值班工作制)、"24 小时预约加班"的口岸通关工作机制;海关业务现场实行首问责任制,答复咨询实行"一次性告知"等十八条具体措施,这些制度的实施,有力推进了"GMS 便利运输协定"所要求的通关便利化。

2009 年 1 月以来,云南省各级公安交警部门认真执行机动车辆登记号牌、机动车登记证、机动车检验证缔约国互认的规定,对入境的泰国、老挝、越南、缅甸、柬埔寨等国的机动车和驾驶人,经我方交通运输部门确认符合规定的不再办理临时入境机动车号牌、行驶证和临时机动车驾驶许可手续;云南省各级公安边防部门为促进中越双方人员往来制定了免费为我方边民办理《中华人民共和国中越边境地区出入境通行证》、取消出入境车辆《查验卡》办理收费等措施;在河口口岸建立边民自助查验系统,大大提高口岸通关速度;召开云南公安出入境管理工作会议,采取与会代训的形式开展情报信息与宣传工作业务培训,有力推动了"GMS 便利运输协定"实施中的边防管理便利化。

云南出入境检验检疫部门在河口口岸实施了"电子转单"制度,目前通过

"电子转单"的出口货值已占总货值的30%~40%,在其余口岸一线均实现了报关、施检、签证、放行功能;与海关部门建立了《通关单》联网核查等电子通关模式,形成了"一条龙服务";在检验检疫机制方面,完善了"先报检、后报关"监管模式,与海关部门共同形成发挥各自优势、履行相互承诺、搞好协作配合机制;理顺了"产地检验检疫,口岸查验放行"机制;按照《财政部、国家发改委、国家质检总局关于出口农产品减免检验检疫收费的通知》及相关规定,推出了十五项通关便利措施。

(二)评估

根据"GMS便利运输协定"第八部分的要求,为保证缔约国各项便利运输措施的执行,各国须成立"国家便利运输委员会",有一名部长或副部长或相当人士担任主席,委员会包括与执行协定有关的所有各方代表,并由各国委员会组成"GMS便利运输联合委员会(联委会)",负责协调和处理"GMS便利运输协定"执行中出现的问题,联委会对协定的执行状况进行监督和评估。

在协调部门设置上,我国及云南省目前已贯彻实施了"GMS便利运输协定"对协调部门设置的要求;但协调部门对"GMS便利运输协定"实施中的组织、协调、促进、监督、培训、宣传、合作与交流等方面的工作深度和广度需有待加强。

"GMS便利运输协定"对交通运输管理部门的要求主要包括按照要求在CBTA框架下从事货物跨境运输的管理、按要求负责跨境运输道路和桥梁的设计、建设及改造、统一道路交通标志等①。

对比"GMS便利运输协定"对海关部门的要求和实施现状,海关部门在自己职责范围内,通关便利化取得了显著进展,但依然存在一些问题。如"一站式"查验制度尚不能有效实施;未按时间要求与缔约国交换相关海关法规、通关程序、手续等信息;通关程序与手续仍有待进一步简化。

根据"GMS便利运输协定",公安出入境管理部门的职责要求是为跨境人员颁发签证以及签发护照或替代护照的国际旅行证件。调查显示,公安出入境及边防管理部门有效实施了"GMS便利运输协定"的上述要求,但由于缺乏

---

① 从执行进展看,交通运输管理部门为"GMS便利运输协定"的顺利实施做了大量工作,但仍有需要加强之处。如过境运输中的道路运输标志需进一步完善以符合要求;目前,与协定缔约方之间的跨境运输证件颁发互认和担保机制尚没有建立。

专项资金,公安出入境及边防管理部门在与缔约国相关部门的国际交流、人员培训、设备引进及技术升级等方面的工作开展受到制约。

为适应"GMS便利运输协定"中的有关要求,公安交通管理部门在立法和执法方面取得很大突破。过去规定除一些特定区域外,境外车辆进入云南省都要通过国家层面的审批,而现在只需经过省级公安主管部门的批准,国外入境车辆就可以在云南省范围内进出。但真正实现跨境运输便利化不仅还需推进两方面的工作,一是要进一步推进"GMS便利运输协定"范围的人员和车辆进入中国后的管理,二是要进一步推进由其他出入境通道进入的境外人员和车辆的管理。目前,公安交通管理部门除负责公共通道上行人的安全,车辆事故的现场处理以及治安案件的先期处置外,再进行境外车辆和人员的管理工作难度较大。

检验检疫部门的职责主要是对跨境人员和危险货物进行检查和监管,对易腐烂货物进行确认、检查与监管。调查显示,检验检疫部门较好实施了"GMS便利运输协定"在检验检疫便利化的要求,但由于投入不足,不能满足开展国际交流、更新查验设备、服务设置的需要。

二、政策法规方面评估

根据"GMS便利运输协定"的要求,缔约各方应促进其国家法律与"协定"内容相一致,过境人员、运输经营人和车辆应遵守东道国现行法律法规,违法行为发生地的主管部门具有处置违法行为的权利。同时,缔约各方应备有以英语编写的与"GMS便利运输协定"规定的货物和人员跨境运输有关的国家法律、法规、程序和技术信息的综合文本。

2008年1月,我国政府完成了接受"GMS便利运输协定"所有附件和议定书的法律程序。但由于泰国政府至今尚未完成"GMS便利运输协定"相关附件的国内法律程序,目前泰方车辆不能入境云南,中方车辆不能入境泰国。此外,中国与越南、老挝、缅甸、柬埔寨之间尚未进行货物与人员便利运输法律法规、制度标准的修改和统一工作。

执行"GMS便利运输协定"是缔约各方的义务,任何一方的不积极态度或国内法律法规与"GMS便利运输协定"的冲突都会影响到"GMS便利运输协定"的有效实施;由于越南、老挝、缅甸等缔约国均为法制化程度相对较低的国家,执法不规范,随意性强,国内法律法规与"GMS便利运输协定"的要求有较大差距。缔约各国在实施"GMS便利运输协定"及其相关附件法律化的进程中缺乏一致性与协调性,因而异地跨境执法不能有效得到这些国家国内法律法规的支持。对中方人员和车辆乱扣车、乱收费、乱罚款等现象时有发生。

中方目前基本做到用英文及中文向缔约国提供相关信息,列明跨境所需的手续、程序和文件;但未能在2008年3月31日前向其他缔约方提供包括地点、文件、保险费及包含保险时效内容的英文本机动车第三者责任强制保险合同式样①。

在海关担保制度方面,我国海关总署对GMS国家商定的有限担保额度(55300特别提款权)持保留意见,因此至今未能建立起完善的过境运输海关担保制度。

三、基础设施建设方面评估

自我国签署"GMS便利运输协定"以来,各执行部门均加大了国际通道、口岸等基础设施建设方面的投入,为货物和人员的跨境运输便利化奠定了坚实的"硬件"基础。

2006年至2009年的四年间,云南省共完成交通投资1340.2亿元,超额完成了"十一五"期间1200亿元的既定目标,云南境内包括国际通道在内的公路基础设施得到显著改善。国际公路大通道粗具雏形。目前,昆明—磨憨经老挝至曼谷、昆明—瑞丽—曼德勒—仰光、昆明—河口—老街—河内云南境内段已全部建成高等级公路,其中大部分为高速公路。道路配套设施的建设逐步符合国际通道的要求。

包括磨憨—磨丁、河口—老街、瑞丽—木姐口岸在内的口岸基础设施建设得到了持续推进。一是在景洪、河口、瑞丽三个口岸城市于2007年被纳入国家公路运输枢纽布局规划的基础上,各口岸管理机构的办公条件得到持续改善,大大促进了执行部门工作效率的提高,也维护了执法形象。如河

———————

① 虽然中越便利运输"谅解备忘录"中规定在2008年3月31日前,作出临时性安排以双方认可的担保机构为过境车辆和货物提供担保。但总体上,中国与协定缔约国之间目前尚未建立起过境运输责任担保及车辆保险制度,影响到跨境运输便利化。

口口岸新联检大楼功能齐全、设施完善,目前已形成进出口疏散有序、相对独立而又相互联系的功能体系,能满足海关、检验检疫、公安边防以及相关执行部门"一条龙"联合办公的需要。二是各口岸的管理设备现代化水平持续得到提升。口岸管理部门增配了电脑设备、电信通讯设备、电子识别护照设备、检验货物和集装箱激光设备、自动识别机动车车牌的设备以及识别其他文件条码的设备等。三是充实了为过境站(点)服务的机构和人员,如加强了为过境站(点)提供安全保障的警察机构、充实了会说流利英语或缔约国语言的服务人员,设置为过境人员咨询和解答疑难问题的问询处等。

(一)公路设施建设与"GMS 便利运输协定"的一致性评估

依据"GMS 便利运输协定"及其附件的要求(选择了 15 项),结合本课题开展的"GMS 便利运输协定"调查,目前中老、中越与中缅主要公路通道设施建设与"GMS 便利运输协定"及其附件要求的一致性评估情况见表 11—1 所示。

表 11—1   2010 年国际通道(国内段)公路设施建设
与"GMS 便利运输协定"的一致性评估

通道名称 协定要求事项	中老公路通道	中越公路通道	中缅公路通道
道路与桥梁建设	√	√	√
英文道路标识置换	×	×	×
桥面宽度(长度<50m)	×	×	×
桥面宽度(长度>50m)	√	√	√
桥面人行道宽度	×	×	×
特殊区域照明	×	×	×
防眩光设施	√	√	√
减速车道	√	√	√
紧急停车带	√	√	√
避险车道	√	√	√

续表

通道名称 协定要求事项	中老公路通道	中越公路通道	中缅公路通道
交叉口桥梁或隧道	√	√	√
动物穿行道	√	√	√
紧急通讯系统	√	√	√
服务设施	√	√	√
休息场所	√	√	√

注:√表示通道的设施建设符合"GMS便利运输协定"及其附件要求的标准;×表示通道设施建设不全
　　面符合"GMS便利运输协定"及其附件的要求。

　　调查结果显示,中老、中越与中缅主要公路通道设施建设(国内段)与"GMS便利运输协定"及其附件的一致性基本相同,尚有27%的技术项目不符合"GMS便利运输协定"及其附件的要求,主要表现在道路英文标识置换、桥面宽度、桥面人行道宽度及特殊区域的照明设施等方面与"协定"要求尚有一定的差距,如图11—1所示。

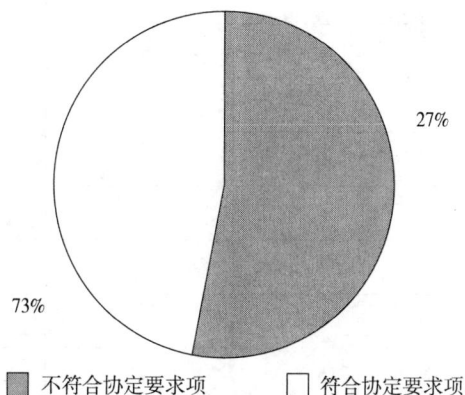

27%

73%

■ 不符合协定要求项　　□ 符合协定要求项

**图11—1　中老、中越与中缅主要公路通道
设施建设(国内段)评估**

(二)口岸设施建设与"GMS便利运输协定"的一致性评估

　　针对"GMS便利运输协定"及其附件对口岸设置建设的要求,课题组设置了15项技术指标对云南省口岸办、云南出入境检验检疫局、云南省公安边防

总队就中老磨憨磨丁口岸、中越河口老街口岸、中缅瑞丽木姐口岸进行调查，调查结果见表11—2所示。

表11—2　2010年云南3个主要口岸设施建设与"GMS便利运输协定"的一致性评估

口岸名称 协定要求事项	中老 磨憨磨丁口岸	中越 河口老街口岸	中缅 瑞丽木姐口岸
货物检查仓储设施	√	√	√
集装箱仓库	×	×	×
动物转运驿站	×	×	×
植物检疫、消毒	√	√	√
乘客休息区	√	√	√
医疗救护设施	√	√	√
信息交换设备、手段	√	√	√
护照自动识别器	√	√	√
X光检查设备	√	×	√
车辆牌照识别器	×	×	×
车辆服务设施	√	√	√
硬质路面及遮蔽场所	×	√	√
口岸区域通道建设	×	√	√
危险货物标识	√	√	√
快速查验设备引进	×	√	√
调查项数	15	15	15
符合协定要求项数	7	11	12

注:√表示口岸设施建设已符合"GMS便利运输协定"及其附件的要求;×表示口岸设施建设不符合协定所要求的要求。

　　结果显示,河口老街口岸、瑞丽木姐口岸的实施情况比磨憨磨丁要稍好,见图11—2所示。三个口岸的不符合项主要是"集装箱仓库"、"动物转运驿站"及"车辆牌照自动识别装置"三个方面。

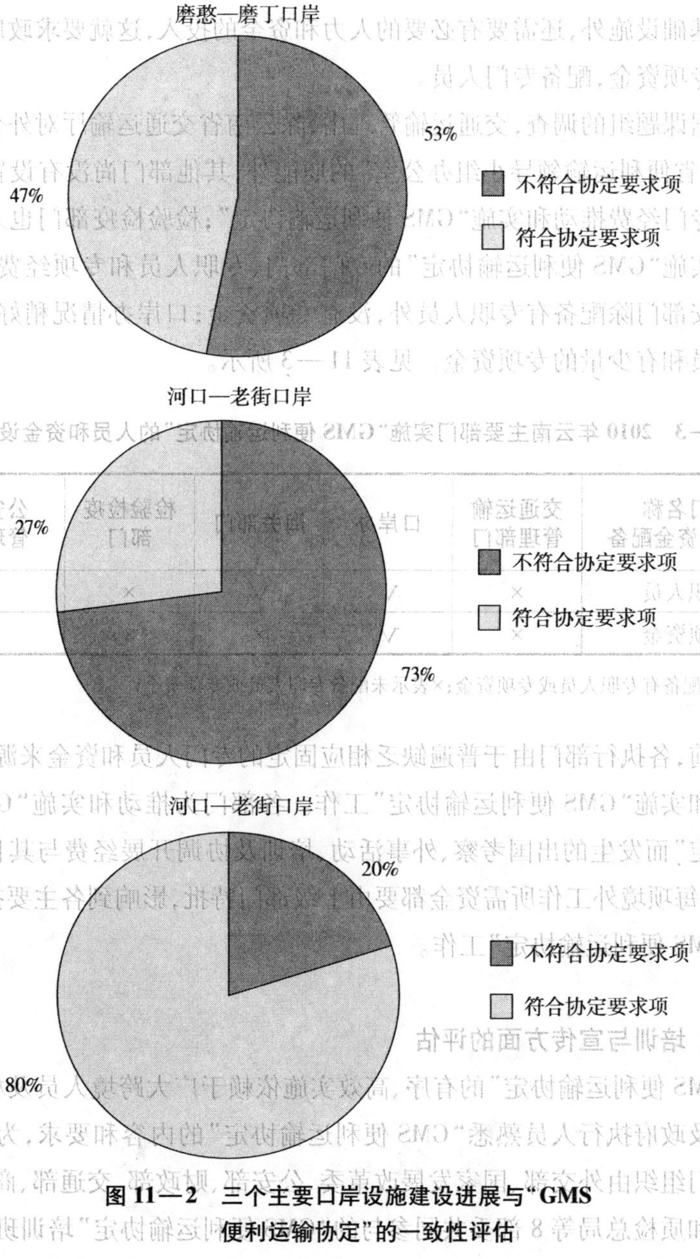

磨憨—磨丁口岸

53%

47%

■ 不符合协定要求项

□ 符合协定要求项

河口—老街口岸

27%

■ 不符合协定要求项

□ 符合协定要求项

73%

河口—老街口岸

20%

■ 不符合协定要求项

□ 符合协定要求项

80%

**图11—2　三个主要口岸设施建设进展与"GMS
便利运输协定"的一致性评估**

四、人员、资金投入方面评估

有效实施"GMS便利运输协定"除须建设有快捷、高等级的交通网和现代化口岸基础设施外,还需要有必要的人力和资金的投入,这就要求政府主要部门设置专项资金,配备专门人员。

依据课题组的调查,交通运输管理中,除云南省交通运输厅对外合作处兼有"云南省便利运输领导小组办公室"的职能外,其他部门尚没有设置专门的部门和专门经费推动和实施"GMS便利运输协定";检验检疫部门也未设置为推动和实施"GMS便利运输协定"的专门部门、专职人员和专项经费;海关部门和公安部门除配备有专职人员外,没有专项资金;口岸办情况稍好,设置有专职人员和有少量的专项资金。见表11—3所示。

表11—3　2010年云南主要部门实施"GMS便利运输协定"的人员和资金设置情况

部门名称 人员和资金配备	交通运输 管理部门	口岸办	海关部门	检验检疫 部门	公安边防 管理部门
专职人员	×	√	√	×	√
专项资金	×	√	×	×	×

注:√表示配备有专职人员或专项资金;×表示未配备专职人员或专项资金。

目前,各执行部门由于普遍缺乏相应固定的专门人员和资金来源,不能很好推动和实施"GMS便利运输协定"工作。各部门为推动和实施"GMS便利运输协定"而发生的出国考察、外事活动、培训及协调开展经费与其目前职能不匹配,每项境外工作所需资金都要由上级部门特批,影响到各主要执行部门落实"GMS便利运输协定"工作。

五、培训与宣传方面的评估

"GMS便利运输协定"的有序、高效实施依赖于广大跨境人员及相关服务部门以及政府执行人员熟悉"GMS便利运输协定"的内容和要求,为此,交通部曾专门组织由外交部、国家发展改革委、公安部、财政部、交通部、商务部、海关总署和质检总局等8部委共同参与的"GMS便利运输协定"培训班;为加强"GMS便利运输协定"中有关细则的实施,各执行部门也多次组织部门内部及跨部门间的交流、研讨和专题培训活动①。按照"GMS便利运输协定"中的要求,交通管理等相关执行部门对国际道路运输经营人开展定期或不定期培训和宣传工作,内容包括道路运输业相关法律问题、运输作业管理(如成本与价格核算、款项支付与资金筹措、价格调控、保险业务、运输中间环节、管理技巧、市场营销)、市场准入条件、运输作业技术问题(如车辆的规格和重量、车辆选择、车辆维修、车辆装卸、危险及易腐烂货物的运输、道路交通中的环保原则)以及道路安全(如道路规章、预防和减少交通事故)等。

在云南省人民政府门户网站服务导航菜单"出入境"目录下,详细列出了办事指南、常见问题、有关文件、法律法规等信息,同时,在云南省商务厅、昆明海关、云南省出入境检验检疫局等部门网站上也发布了有关"GMS便利运输协定"及跨境人员须知的信息。

表11—4是云南省主要执行部门为实施"GMS便利运输协定"开展培训频度的调查结果。

表11—4 云南主要执行部门近年开展"GMS便利运输协定"培训或宣传频度评估

部门名称	评估结果
交通运输管理部门	近三年时间内未开展过关于"中老、中越、中缅运输便利化"培训班。每年至少一次协调主要执行部门就"中老、中越、中缅运输便利化举办讲座和开展研讨。
口岸管理部门	每年至少举行一次关于"中老、中越、中缅运输便利化"的培训班。
海关部门	每两年至少举行一次关于"中老、中越、中缅运输便利化"的培训班;使用英语编写了通关综合宣传手册,通过网站、报纸、手册等媒介向跨境运输人员和公众提供办理通关手续的信息。
检验检疫部门	每年至少举行一次有关"GMS便利运输协定"内容的培训,通过网站、报纸、手册等媒介向跨境运输人员和公众提供办理检验检疫手续的信息。但目前未使用英语编写检验检疫综合宣传手册。
公安边防部门	每年至少举办一次"GMS便利运输协定"培训;使用英语编写了通关综合宣传手册,通过网站、报纸、手册等媒介向跨境运输人员和公众提供办理通关手续的信息。

---

① 如中国国家质检总局先后举办五次区域性检验检疫研讨培训班,通过交流研讨、现场考察等形式,宣传介绍中国检验检疫法律法规和管理制度。

六、国际合作与交流方面评估

"GMS便利运输协定"本质上是缔约六国签定的关于货物和人员跨境便利化的初步框架性协议,其有效实施依赖于缔约方之间持续开展多边或双边的多层次国际交流与合作,研讨和制定一系列辅助协议。

自我国签署"GMS便利运输协定"以来,各层面的相关部门与缔约方开展了内容广泛的国际合作与交流工作。

国家层面。我国与其他协定缔约国就协定实施问题,多次举行了会晤和磋商,并签订了多个双边或多边实施"GMS便利运输协定"的谅解备忘录。2008年中老双方就"中老关于在磨憨磨丁口岸实施便利运输协定谅解备忘录"及其三个附件进行磋商,并就谅解备忘录文本及附件二、附件三内容原则达成一致;2009年举办"昆曼公路物流运输便利化国际研讨会",交通运输部、商务部、云南省交通运输厅、云南省商务厅及工商界的代表以及泰国、老挝交通运输部和商务部等部门官员及亚洲开发银行代表参加会议,就昆曼公路中泰车辆直达运输事宜进行了交流和沟通;通过亚洲银行的协助,实施"GMS便利运输协定"的相关执行部门通过联席会议的形式共同制订了"国家行动计划(草案)"①。

省级层面。云南省先后与越南、老挝两国相关省份建立了年度交通会晤机制,举行过10余次省级会谈和30余次工作会晤,使中越、中老交通部门能及时就国际道路运输单证使用、查验程序、治理车辆超限超载标准等问题进行沟通和协商,对规范GMS国际道路运输管理,维护国际道路运输市场秩序发挥了积极的推动作用。云南省便利运输领导小组为落实国家便利运输委员会的有关要求,协调召开各种专题会议,不断通报我国参与GMS便利运输工作进展情况,就推动云南省便利运输工作存在问题征求各相关单位意见,对下一步工作安排进行协商。

州、县和口岸层面。近年来,各州、县(市)和口岸管理部门在对国际道路运输相关法规、"协定"内容宣传的基础上,积极开展与其他缔约国口岸管理部门的交流与合作。如瑞丽、打洛、孟定、南伞和沧源等口岸管理部门争取当

---

①　自2007年起,"国家便利运输委员会"每年定期举行全体会议,根据国际道路运输便利化的实际需要和发展趋势,对"GMS便利运输协定"的具体实施提出建议。

地政府支持,通过多轮协商,先后与缅方口岸管理部门或当地政府签署各类出入境运输管理协议,开通瑞丽—木姐—南坎中缅旅游客运班车,我国客运车辆从景洪通过打洛口岸可以直达缅甸南板;瑞丽口岸国际道路运输管理站和瑞丽市财保公司就中方跨境运输车辆第三者责任险达成共识并与缅甸木姐口岸管理部门建立了定期会晤机制。

表11—5是云南省主要执行部门为实施"GMS便利运输协定"开展国际合作与交流频度的调查结果。

表11—5　云南主要执行部门近年开展"GMS便利运输协定"国际合作与交流频度评估

部门名称	评估结果
交通运输管理部门	1. 与磨丁、老街、木姐口岸管理部门每季度至少举行一次协调会议。 2. 与老挝、越南、缅甸有关部门每年至少举行一次座谈会、研讨会及双边会谈; 3. 在提供给协定缔约国的多种综合性文件中主要使用中文,不符合协定在语言使用上的要求; 4. 尚没有向越南、老挝和缅甸等方面提供英文的我国不同类型机动车辆外廓尺寸、轴荷及质量限制的综合性文件,但向老挝提供了中文版综合性文件。
口岸管理部门	1. 与其他协定缔约国每季度至少举行一次落实"GMS便利运输协定"的协调会; 2. 与其他协定缔约国就协定实施开展座谈会、研讨会的频度达到一年至少一次; 3. 尚不能与其他协定缔约国口岸管理部门每年联合对口岸通关所需时间作出评估; 4. 尚不能与其他协定缔约国共同对通关所需文件、程序、手续进行联合调研。
海关部门	与越南海关部门就落实"GMS便利运输协定"问题开展座谈会或研讨会一年至少一次; 与老挝、缅甸方面没有组织类似形式的交流活动。
检验检疫部门	1. 与缔约国检验检疫部门一年至少举行一次联合协调会议; 2. 在运输易腐货物时与其他缔约国检疫部门能够事先互通货物名录; 3. 使用的检验检疫单证及文件符合联合国的样式与格式要求;使用的度量衡单位与国际标准单位一致; 4. 缺少专项经费,不能与缔约国交换跨境人员的健康信息; 5. 与缔约国之间尚没有相互提交关于跨境检验检疫法律法规及手续办理的信息文件。

部门名称	评估结果
公安边防部门	1. 与其他协定缔约国举办联合协调会议的频度平均两年一次； 2. 已向其他协定缔约国提供我国公安边防出入境法律法规及手续办理的信息。但其他缔约国尚没有向我国提供该方面信息（包括缔约国所颁发的护照或国际旅行证件的样本）。 3. 目前采用的通关文件类型、内容和格式与其他缔约国不一致。

七、口岸管理信息系统建设方面评估

通过技术手段提升货物和人员跨境运输的管理水平，是实施"GMS 便利运输协定"的关键。

口岸的管理信息系统建设一直受到重点关注，配备了电脑、电信通讯、电子识别护照设备、检验货物和集装箱激光设备、自动识别机动车车牌设备以及识别其他文件条码的设备。2010 年 9 月 20 日，昆明海关出口分类通关系统在瑞丽、河口和机场口岸业务现场上线运行，大大提高了口岸通关效率，降低了企业物流成本，与之前相比，省去了现场交单、审核等海关作业环节，从企业递单到放行的时间由 20 分钟左右缩短为几分钟。瑞丽海关通过科技设备与进出口企业在口岸架起了"通关高速路"，2010 年 8 月，对适合机检的货物采用"透视眼"H986 移动式大型集装箱检查设备查验，非必要时不开箱查验，检查一票货物缩短至 5 分钟，不但提高了海关对进出口货物的实际监管效果，还大大节省了查验时间，提高了通关效率。云南省检验检疫局实现统一管理各分属地区的检验检疫业务计算机操作系统生成的所有数据，已具备接入电子口岸信息平台的条件，与海关建立了"通关单"联网核查机制，为试点实施"一站式"查验模式奠定了良好的合作基础。磨憨磨丁口岸、瑞丽木姐口岸与缔约国检疫部门建立了信息交换和通讯技术联系。但是，GMS 各国尚未建立起电子信息交换系统，未能通过传真、电子邮件和信息系统等方式发送给对方部门，尚不能很好实现电子数据的传输与共享，

依据本项目对"GMS 便利运输协定"实施情况的调查，口岸管理信息系统建设及联通情况见表 11—6 所示。

表 11—6 2010 年云南省三个主要口岸管理信息系统建设评估

口岸 问题	磨憨—磨丁	河口—老街	瑞丽—木姐
1. 是否与海关部门建立起"通关单"联网核查机制？	√	√	√
2. 是否与缔约国检疫部门建立信息交换和通讯技术联系？	√	×	√
3. 跨境口岸管理部门是否与昆明海关实现电子数据的传输与共享？	×	×	×
4. 跨境结关单证是否通过传真、电子邮件和信息系统等方式发送给对方海关部门？	×	×	×

总体而言，口岸部门管理信息系统建设的条件得到了很大程度地改善，极大地提高了通关效率，但建设重点主要集中在国内范围的通关流程及数据交换上，如何在维护信息安全，解决计算机语言和操作障碍基础上，实现与 GMS 其他成员国相关部门进行电子信息交换是今后一段时期推动货物与人员跨境运输便利化的关键。

八、技术标准方面评估

"GMS 便利运输协定"及其相关备忘录要求，应按规定的最低技术标准对本国路段进行修建和重建。我国国内段与缔约方路段的技术标准差距很大，如中方境内的国际公路通道已实现高等级化且大部分是高速公路，但越南境内只有少部分路段是高速公路，二三级公路占绝对比重，个别路段仅达到四级标准。

"GMS 便利运输协定"及其相关备忘录要求，道路要有防眩光设施、交叉口的立交桥、安全护栏、紧急停车带、避险车道、动物下穿道等，并在 2009 年 3 月 31 日前完成英文交通标志的置换。但目前中方境内仅新建的蒙—新高速公路完全符合这一要求，越方道路交通标志均使用越文而没有使用英文，且公路缺乏隔离栅、避险车道、防眩光设施等，离"GMS 便利运输协定"及其相关备忘录的要求很远。

"GMS 便利运输协定"及其相关备忘录要求，在协定附件二批准后不迟于三个月准备好机动车登记号牌和机动车行驶证,并在协定附件二批准后不迟于六个月与对方交换机动车行驶证、登记号牌、安全检验证和国家识别标志的样板/模型,而我国与老挝、越南、缅甸等国家在运输车辆装备外廓尺寸、轴荷、质量限值标准等方面的法律法规、标准、制度上存在较大差异,各国对公路建设及车辆超限超载的规定标准不统一,由此未能按时间要求实施。

据本项目的调查,截至2010年底,中越、中缅、中老主要公路通道(国内段)已完成所有道路和桥梁的建设或重修工作,在路肩带、狭窄中央分隔带上已配置有防眩光设施,在相应位置设有减速车道、紧急停车带、避险车道和紧急通讯系统以及必要的休息场所。但绝大部分的边境站点、长隧道、桥、村镇毗邻区和交叉点等特殊区域没有全面安装照明设施,桥梁没有设置1米宽人行道,没有对公路通道进行英文道路标识的置换。交通运输部门目前尚没有向越南、老挝和缅甸等方面提供英文版的我国不同类型机动车辆外廓尺寸、轴荷及质量限制的综合性文件,但向老挝提供了中文版综合性文件;在磨憨—磨丁口岸尚不能做到所有度量衡单位与国际标准一致;而GMS各国出入境边防检查、海关、检验检疫等联检部门的标志、标识牌各国均不统一。

九、实施监督方面的评估

"GMS便利运输协定"的实施是一项复杂的系统工程,涉及多个国家、从中央到地方的多个部门,在目前政府管理体制下这些部门之间是相互协助的关系,监督部门可以有效起到促进各执行部门按"GMS便利运输协定"及其附件和议定书的进度要求实施。

云南省便利运输领导小组是负责组织、协调、监督云南省有关部门货物与人员跨境便利运输工作的政府部门,同时各政府部门又负责组织、协调、监督本部门内有关货物与人员跨境便利运输工作,从而在组织制度上保障"GMS便利运输协定"及其附件和议定书的实施。

据本项目的调查,目前除公安边防部门外,各执行部门内部均没有设置"GMS便利运输协定"的促进、组织、协调、实施、监督的机构(部门)及其专职人员。货物与人员跨境运输涉及国与国之间的关系和各自上级中央部门的审批,因此,各执行部门在推进"GMS便利运输协定"实施过程中普遍出现畏难和等待现象,仅是结合原有管理业务靠自觉行动配合"GMS便利运输协定"的实施。监督部门受体制制约而监督不到位,在一定程度上影响到"GMS便利运输协定"在云南的有效实施。

第三节　云南实施"GMS便利运输协定"的主要问题

"GMS便利运输协定"的实施具有挑战性和复杂性,云南在推进实施"GMS便利运输协定"过程中主要存在以下问题:

一、"GMS便利运输协定"本身存在的问题

"GMS便利运输协定"即"大湄公河次区域跨境运输协定"(正式名称为"柬埔寨王国政府、中华人民共和国政府、老挝人民民主共和国政府、缅甸联邦政府、泰王国政府及越南社会主义共和国政府间客货跨境运输便利协定")是专为大湄公河次区域成员国便利客货跨境运输设计的多边法律文件,在制定过程中考虑了次区域各国的通关便利化要求,同时吸纳了其他双边和多边行动的指导原则。目前大湄公河次区域六个国家已完成该协定的签订,并在各国共同选定的线路和边境口岸上采用。由于该协定只是一个框架性协议,需要有大量技术文件和附属协定来补充。但由于各国的实际情况及在技术文件和附属协定内容上存在一致性差距,给"协定"的实施带来诸多困难,主要表现在以下方面:

(一)"协定"未指明各缔约国的具体行动计划

虽然缔约六国在经历了十几轮谈判,才最终签订"GMS便利运输协定"及其所有附件和议定书,但该协定只是一个框架性协议,而且17个技术附件及3个议定书均未涉及"协定"实施的细则和详细计划。到目前为止,"协定"的核心内容和要求只是在"议定书一"中所指定的国际运输通道和试点口岸上初步实施;同时,国际道路运输便利化的第一个阶段即"单一窗口"制度还未能在所有通关口岸上全面展开,而缔约各国对国际道路运输便利化的第二阶段即"一站式通关检查"模式仍存异议,影响到"GMS便利运输协定"的有效实施[1]。

---

[1]　如中越河口—老街口岸虽已作为"一站式通关检查"的示范口岸进行建设,但鉴于我国现有法律法规,我国坚持"互认查验结果"模式,而越南则强调用"跨境执法"模式。

"GMS 便利运输协定"的具体实施需要缔约国之间通过多边或双边磋商，并以签署备忘录的形式确定共同达成的条款。如对海关担保机制和通关模式的选择、便利化的组织管理等仍依赖各协定缔约国以签订备忘录的形式协商解决。

（二）协定内容与各国法律法规的衔接不畅

六个"GMS 便利运输协定"的缔约国在发展历史、政治、社会、经济发展水平、法制化进程上差异较大，虽然在制定"GMS 便利运输协定"过程中已充分考虑到了各国国内法律法规的差异问题，但各国在接受议定书及相关备忘录的国内法律程序方面的进展各不相同，导致"GMS 便利运输协定"的实施受到各国国内法规的阻碍[①]。

例如在昆曼公路中泰车辆直达运输问题上，除泰国尚有 9 个关键性附件和议定书未履行国内法律程序外，我国也存在两方面原因影响到昆曼公路全线直达贯通的问题：一是我国海关总署对其他缔约五国商定实行的有限担保额度（55300 特别提款权）持保留意见，导致过境运输海关担保制度尚不统一；二是"一站式通关检查"与我国现有的海关法律法规尚存在不一致之处。"一站式通关检查"制度要求我国海关人员跨境到邻国开展工作，而我国现有海关法及行政法认定我国海关人员无权开展跨境公务活动。

又如在中越河口—老街口岸推行便利化过程中，存在中方机动车驾驶员办理护照及越方签证费用过高的问题；越方机动车驾驶员持边民证只能抵达云南省边境地区，若需进入内地则需要到当地公安机关办理"外国人出入境证"等护照代用证件。

二、国家层面存在的问题

（一）各缔约国完成"协定"的国内法律程序进程不一

缅甸。目前缅甸未完成"GMS 便利运输协定"的国内法律程序，同时中缅两国也未签订汽车运输协定，中缅双方国际道路运输主要由云南省边境地区地方政府和缅甸边境地区政府共同协商，达成协议，仅在一定范围内开展国际

---

① 多数缔约方法制化程度相对较低，执法不规范，随意性强，对中方人员和车辆乱扣车、乱收费、乱罚款等现象时有发生。

道路运输,因此必然存在国际运输运距短、线路少等问题,严重制约了中缅双方国际道路运输及其便利化。

泰国。由于泰国国内政局不稳,泰国政府至今尚未完成"GMS 便利运输协定"相关附件的国内法律程序。云南省交通运输厅草拟了车辆直达运输协议法律文本,并通过外交途径将协议法律文本提交给泰方,但泰国政府执意要求昆曼公路中泰车辆直达运输问题须在"协定"框架下由中、老、泰三国政府协商解决。目前中泰两国汽车运输只能在老挝磨丁或会晒口岸接驳、甩挂等方式进行,至今不能实现两国道路运输的真正互通。

越南。相对于泰国与缅甸,我国与越南在"GMS 便利运输协定"的实施上取得了重大进展。中越两国除已签署双边汽车运输协定外,两国都分别完成了"GMS 便利运输协定"的国内法律程序并签订了"便利运输协定谅解备忘录"。但对照"谅解备忘录"的内容,河口老街口岸便利运输工作的推进速度和效果依然没有达到预期目标,同时,双方在实施"协定"过程中还出现了一些突出而急需解决的问题,如在中越两国签订的"便利运输协定谅解备忘录"和"双边汽车运输协定"中未明确开展"点到点直达运输",故中越双方目前仍只能采取在两国口岸转运、换装的方式进行运输,影响到中越国际道路运输的便利化。

老挝。老挝目前已完成了"GMS 便利运输协定"及其附件和议定书的国内接受程序。中老两国签署了"中老关于在磨憨—磨丁口岸实施便利运输协定谅解备忘录"及其三个附件。目前的主要问题是会晒—清孔跨湄公河大桥尚未建成,一定程度上阻碍了"GMS 便利运输协定"的实施。

柬埔寨。柬埔寨目前已完成了"GMS 便利运输协定"及其附件和议定书的国内接受程序。目前柬埔寨与中国开展客货运输的途径主要是海运,路线为上海—西哈努克港—金边港。中柬间有部分物流通过空运,没有公路物流。连接柬埔寨—老挝—中国的亚洲 7 号公路目前正在建设中。

(二)各缔约国实施"协定"的态度不一

实施"GMS 便利运输协定"是一项系统工程,涉及不同国家及国内从中央到地方的多个部门,而部门之间往往是相互协作的关系,在"协定"条款的落实中,除利益驱动外,更多的是依靠相互协助或自觉行动。由于缔约国之间的国际关系复杂,加之缔约各国在社会经济发展和国际通道基础设施建设水平等实际情况上差异较大,造成各缔约国的利益诉求和实施"GMS 便利运输协定"的态度不一。如大湄公河次区域地理状况复杂,对道路基础设施建设要求较高,部分经济发展滞后国家如柬埔寨、老挝和缅甸(被联合国列入世界最不发达国家之列)强烈要求外部援助以改善其国内道路基础设施建设。这样,这些经济发展滞后国家实施"GMS 便利运输协定"的积极性与外部援助状况就密切相关。

(三)"协定"实施的进度计划落实不到位

早在 2007 年 3 月,我国与越南政府签订了关于在河口——老街实施"GMS 便利运输协定"的"谅解备忘录",按备忘录的要求,中越两国货物及人员跨境运输的便利化总体分三个阶段,第一阶段是在河口—老街口岸实现跨境运输的便利化,第二阶段是在昆明—河口—老街—河内实现两国货物及人员跨境运输的便利化,第三阶段是将两国货物及人员跨境运输的便利化覆盖到越南境内的河内—海防路段。但虽然谅解备忘录的签署已过多年,双方跨境人员和货物的便利化运输仍停留在边境口岸跨境运输的便利化阶段即这一阶段。

又如按"谅解备忘录"要求,允许在缔约另一方境内登记的机动车辆临时进入其境内,并要求在"谅解备忘录"缔约生效后双方不迟于十二个月开始实施。四年过去了,越方仍要求中方车辆须在其关口处卸货,交由越南车辆运输。双方的运输车辆虽然可进入对方口岸,但不可以进入纵深地区,有关机动车临时出入的若干规定也迟迟未能实施。

由此可见,缔约各国实施"GMS 便利运输协定"的实际进展与"协定"或"备忘录"的要求之间存在有较大差距,多数"协定"中的项目实施远远没有达到计划的时间要求。

(四)"国家行动计划"对各部门落实协定的责任与要求不明确

我国已提出实施"GMS 便利运输协定"及其附件和议定书以及中越河口—老街口岸谅解备忘录的"国家行动计划"(草案),但在多项内容上没有明确主要执行部门的责任和推进时间表。例如,在"为过境货物建立国家担保制度"、"实施 GMS 道路许可制度"等目标中,没有明确"GMS 便利运输协定"的发证和担保机构以及实施时间的具体要求。我国法规中也没有授权哪个部门作为"GMS 便利运输协定"的有关证件发放和担保机构,这影响到我国与其他五个缔约国建立跨境运输担保机制的进程。

"初步实施跨境运输协定的谅解备忘录"行动计划第四条第三款"机动车辆第三者责任强制保险"中，只注明了按照 MOU（谅解备忘录）的规定时间和要求实施，而我国目前与其他五国尚未就建立强制第三方车辆责任险达成一致，从而不能确保跨境运输在发生责任事故后的赔偿问题。目前，我国在各口岸上实施第三者责任强制险的政策不一样，比如在河口——老街口岸，我国向越方提供的第三方责任险凭证，是由中国人民保险公司特别制作了一种出境险的单证，出境车辆一旦在越南境内一定范围内出现意外情况，是由中国人民保险公司进行赔付，这种保险的范围很有限；瑞丽——木姐口岸的情况与河口——老街口岸类似；但在磨憨——磨丁口岸，出境车辆须到老方的保险部门购买第三者责任险，车辆出现意外情况时实施赔付相当困难①。

三、云南实施"协定"中存在的问题

（一）协调部门受人员和经费制约职能发挥受到抑制

云南省便利运输领导小组及其办公室为推动和实施"GMS便利运输协定"做了大量工作，取得了可喜的成绩。但由于没有明确的省级"协定"实施的牵头协调部门，加之云南省便利运输领导小组办公室人员少，没有专职人员，也未设立"GMS便利运输协定"实施的专项推动经费，致使云南省便利运输领导小组的协调、组织、监督职能受到抑制，大量工作无力开展。

云南省实施"GMS便利运输协定"的多数行动均依赖于中央部门的授权或批准，实施中出现问题的处理和解决也依赖国家层面的谈判和协商，因此，建立起便捷、通畅的与国家便利运输管理委员会及中央部门的联系渠道格外重要。但由于没有明确的省级"协定"实施牵头协调部门和工作经费支持，与中央部门的联系渠道尚不通畅，"GMS便利运输协定"在云南的实施没有及时得到中央部门的支持，影响到各项工作的推进与实施。

此外，由于缺乏专项推动经费、人员的支撑以及没有明确的"协定"实施的省级牵头协调部门，云南省实施"GMS便利运输协定"工作的事先调查研究

---

① 此外，"国家行动计划（草案）"中也欠缺对各具体执行部门工作的评估与监督方法，因此"国家行动计划"对各执行部门具体工作的指导与约束作用大大减弱。

和组织部署支撑不足,主要执行部门之间和主要执行部门内部的沟通与协调不足,更缺乏对执行效果的跟踪与监督。

再次,由于缺乏专项推动经费、专门部门和人员的支撑,各执行部门无力开展基本的与主要缔约国的国际交流与合作、沟通与磋商;也无力开展对执行人员实施"GMS 便利运输协定"技术标准与法规的培训和对公众的宣传;"GMS 便利运输协定"的实施缺乏持续的基础设施建设投入的支撑,信息与管理手段的提升也不能较好地满足国内各执行部门之间及与国外部门之间的信息共享①。

(二)主要执行部门缺乏落实协定的专门机构,工作模式有待完善

由于缺乏相应的地方直管国际运输便利化的管理机构、缺乏协定缔约双方认可的跨境运输证件颁发和担保机构,在一定程度上影响到"GMS 便利运输协定"的实施。例如在中缅瑞丽—木姐口岸,德宏州在国际便利运输方面没有专门的管理机构、人员编制及经费紧张,工作运转困难。瑞丽口岸的国际道路运输管理站于 1994 年经交通部批准设立,但在地方实施机构改革时没有得到认定。目前瑞丽口岸国际道路运输管理站和瑞丽市交通运政管理所实行两块牌子一套人马。随着瑞丽口岸中缅国际道路运输管理工作向纵深推进,无机构、无编制、无人员、无经费问题已影响了到"GMS 便利运输协定"的实施。

云南省是开展国际道路运输便利化的重点地区,中越、中老和中缅这三条主要出境通道涉及滇中、滇南、滇西的九个州(市)、10 个公安交警支队,目前公安交通管理部门尚没有组建针对国际道路便利运输的工作管理机构,主要依赖现有国内交通管理系统进行管理,不能满足跨境运输交通管理的需要。

云南出入境检验检疫局为促进通关便利化,推出了十五项通关便利措施,按照《财政部、国家发改委、国家质检总局关于出口农产品减免检验检疫收费的通知》及相关规定,继续严格执行出口农产品检验检疫费减免政策,对出口纺织服装产品的检验费用降低 30%。同时从 2009 年 5 月 15 日减免入境原矿石检疫处理收费。但与云南省接壤的周边国家是疫病疫情高发区,加之云南

---

① 例如在中越河口—老街口岸,由于交通部门与海关部门的沟通协调不足,新建成的中越红河货运大桥联检楼中未设立口岸交通运输管理部门窗口及查验点,一定程度上给从事国际道路运输业户办理国际道路运输行车许可证带来不便。

国境线长,民间通道多,在检验检疫部门工作人员编制紧张情况下,检验检疫工作任务繁重,也给监管工作带来较大难度。

通关环节涉及交通运输、法律、公安边防、出入境及检验检疫等多个部门,因此,手续烦琐是世界上许多国家海关普遍存在的问题,但在云南尤为突出。通过落实"GMS便利运输协定"中对通关手续的要求,云南口岸出入境手续较以往已有大大简化,缩短了出入境通关时间,提高了通关效率,极大方便了人员跨境和从事国际道路运输的经营者,但依然存在通关手续办理不便、过境手续费用高、缔约国与我方办公时间不一致等问题。在中越河口—老街口岸便利运输"谅解备忘录"中规定,对跨境单证和手续在2007年12月31日、2008年6月30日和2008年9月30日前,分别完成简化、优化和最终调整。中越双方通过第一阶段即"单一窗口检查"的实施,实现了通关单证、程序和手续的统一及简化,完成了过境查验过程和检查手续的优化。但中越国际道路运输采用在口岸换装、转运的传统模式未能改变,"点到点直达运输"未能实现。

(三)执法依据不充分,不利于货物与人员跨境的便利化管理

云南省公安边防总队为促进中越双方人员往来为我方边民免费办理"中华人民共和国中越边境地区出入境通行证",自2009年1月1日起取消办理出入境车辆"查验卡"收费等措施,并在河口口岸建立边民自助查验系统,大大提高了口岸通关速度。但在公安交通管理的政策法规方面仍存在诸多问题:一是对缔约国车辆进行车辆管理、交通事故以及交通违法处理的具体工作规范仍需完善;二是对缔约国驾驶证、车辆牌证(样式、制作及防卫技术参数)不熟悉,尚需缔约各方驾驶证的核发或主管机构提供驾驶证和车辆牌证资料等相关内容信息;三是不掌握协议缔约国的交通管理法规;四是与缔约方负责道路交通管理职能部门的联络机制尚未真正建立。

在实施"GMS便利运输协定"过程中,由周边国家和边境地区引发的非传统安全问题较改革开放前大大增加,迫切需要对我国现有法规作出调整,使执法既要有依据,又能顾及跨境通关程序和手续的便利化和国家社会、经济运行的安全。

(四)国际通道国外段和国内口岸基础设施投入不足

道路和通关基础设施形成国际道路运输便利化的物质条件。新世纪以来,云南省交通基础设施投入逐年增加,昆曼公路、滇缅公路、滇越公路等主要

国际通道国内段较缔约国有显著的改善,基本实现了高等级化且大部分为高速公路。国际道路基础设施投入不足主要是在国外段。昆曼公路老挝境内磨丁至会晒 247 公里路况差,亟须实施改造。根据亚行及中、老、泰三国协商的意见,由亚行出面统一规划,中、老、泰三国分别融资各负责修建昆曼公路老挝境内段的三分之一,并要求同期完成。中国政府提供 3000 万美元贷款(包括无息贷款和赠款),援建从我国磨憨口岸出境后入老挝经南塔至南伦桥的 85 公里的路段。昆明—缅甸腊戍公路缅甸境内木姐至腊戍 164 公里,路况较差需改建,而腊戍南下 282 公里可达缅甸北部古都曼德勒,曼德勒至缅甸首都仰光 695 公里,这些路段的等级大多仅相当于我国三级公路。滇越公路越南境内段公路等级较低,很多村庄沿公路线细长分布,道路上随时会有牲畜和人员穿行,弯多路窄、路面破损率高,现有高速公路建设质量差,大多缺乏中间隔离带和两侧封闭物,路况较差,不能很好适应国际道路运输便利化的需要。

按中越便利运输"谅解备忘录"的要求,道路要有防眩光设施、交叉口设立交桥、安全护栏、紧急停车带、避险车道、动物下穿道等,并在 2009 年 3 月 31 日前完成中越通道所有路段英文交通标志设置。但至目前,除中方境内新建的蒙—新高速公路段已符合标准外,多年前修建的路段尚没有完全符合要求。越方道路标志目前均使用越文而没有英文标识,公路缺乏隔离栅、避险车道、防眩光设施等。

在口岸建设方面,中方普遍存在口岸基础设施投入不足的问题。在中越河口—老街口岸,中越双方均设有供货物装卸、检验和存放的区域,有相应的供动植物检疫的场所和消毒设施,但设施的先进程度及管理标准有差距。在中老磨憨—磨丁口岸,口岸基础设施投入虽然连年增加,但查验设施、仓储、物流、金融等设施建设依然有待加强。目前勐腊县口岸和通道基础设施建设资金缺口就达 3 亿元。

(五)执行部门人员培训与公众宣传亟待加强

"GMS 便利运输协定"的实施是一项多部门参与的系统工程,要求执行部门管理人员和一线执法人员首先要熟悉"GMS 便利运输协定"的内容和各项技术标准,同时也需要对跨境运输经营人、跨境人员,跨境服务机构宣传"GMS 便利运输协定"及其各执行部门实施的各项货物和人员跨境运输管理制度。

2007年由交通运输部组织了对一线人员开展了关于"GMS便利运输协定"方面的系列相关法律法规培训,各相关执行部门也针对各自职责举办过专题培训,但总体上由于无经费支撑,各执行部门普遍存在无力开展对一线执行人员培训与对公众的宣传工作。

由于缺乏培训,相关交通警察对涉外货物与人员跨境运输便利化的交通管理法律法规尚不了解,工作性质也仅局限于边民的道路交通管理。因此,需要进一步加强对主要国际通道路经区域交通部门执法民警关于"GMS便利运输协定及涉外交通管理相关业务知识的培训;在交通运输管理领域,跨境运输经营人不熟悉"GMS便利运输协定"中的技术要求,对跨境运输的作业管理如成本与价格核算、款项支付与资金筹措、价格调控、保险业务、运输中间环节、管理技巧、市场营销、市场准入条件、车辆的规格和重量、车辆维修、车辆装卸、危险及易腐烂货物的运输、运输中的环保要求、道路行车规章、预防和减少跨境运输交通事故知识普遍欠缺。

（六）与缔约国相关部门的沟通、合作与交流亟待加强

"GMS便利运输协定"中多数条款的有效实施需要与缔约国相关部门在取得共识和互信的基础上,以推动货物和人员跨境运输的便利化为共同目标,相互配合、协调一致才能实现。但到目前尚没有建立起与缔约国相关部门开展国际合作与交流的定期化机制。

根据课题组开展的云南实施"GMS便利运输协定"问卷调查显示,在交通运输管理部门,在提供给协定缔约国的多种综合性文件中使用的语言为中文,尚没有向越南和缅甸方提供我国不同类型机动车辆外廓尺寸、轴荷及质量限制的综合性文件,在近三年内未举行过关于"中老、中越、中缅运输便利化"的培训班;海关部门与越南海关就落实"GMS便利运输协定"问题开展座谈会或研讨会等交流活动一年至少有一次外,与其他两个国家（老挝、缅甸）均没有组织类似形式的交流活动;出入境检验检疫部门反映,缺少专项经费以支持开展国际交流合作活动,未实现向缔约国部门交换跨境人员的健康信息,与缔约国之间尚没有相互提交关于跨境检验检疫法律法规及手续办理的信息文件,还没有印制用英语编写的检验检疫综合宣传手册;公安边防部门与其他协定缔约国举办联合协调会议的频度较低（两年一次）,目前所采用的通关文件类型、内容和格式与其他缔约国不一致,我方已向其他协定缔约国提供了我国边防出入境法律法规及手续办理的信息,但其他缔约国尚没有向我方提供该方面信息(包括其他协定缔约国所颁发的护照或国际旅行证件的样本。

由于国内外有关部门之间缺乏沟通,我方车辆和人员在其他缔约国境内的利益得不到根本的保障,如在境外遇到交通事故,其赔偿或处罚条件都十分苛刻;相应地,其他缔约国车辆在我国境内造成的人身或财产损害也难以及时给予受害人应有的赔偿。

与缔约国相关部门的沟通与交流不足主要原因是缺乏必要的经费,如云南省交通运输厅承担着大量涉及中央事权的出国任务,如每年要与中老缅泰共商澜沧江—湄公河国际航运事宜;要与周边国家会晤解决国际运输合作具体问题;要组织参加交通运输部临时安排与周边国家相关的国际会议等,这不可避免地导致交通对外合作出国经费与其承担的工作不匹配。

(七)各执行部门信息系统共享程度低

由于协定缔约各方在语言、技术标准和积极性上的差异,目前"GMS 便利运输协定"缔约国没有建立起统一的电子信息交换系统。如果适应对方现有条件,势必存在降低我方要求的问题,如果以我方的标准要求对方,则须从国家层面与其他 GMS 缔约国达成协议,并解决系统建设及运行经费保障等问题才能实现统一。在此格局下,势必就造成中外方通关管理部门对货物与人员跨境运输的重复检查,要求过境人员重复提供资料的状况。

近年来,公安边防部门、海关部门、检验检疫部门、交通运输管理部门、公安交通管理部门、出入境管理部门、商务部门等执行部门系统内的信息化建设取得了显著进展。如出入境检验检疫部门现已实现将各检验检疫业务计算机操作管理系统生成的所有数据都集中在云南检验检疫局统一管理,并在口岸一线各工作点均实现了报检、施检、签证、放行的功能,与海关部门建立起"通关单"联网核查机制,"关检"在口岸旅检现场实行"一机两屏"工作模式,实现了对查验货物信息的互联互通。河口口岸在云南边境口岸中率先启用了"出入境旅客自助通关系统",该系统通过预先采集通关人员的证件、指纹、面相等信息,建立人员信息库,通关时,旅客只需"刷卡开门,进入通道,把指纹、注视屏幕面相识别,开门离开通道"四个简单的动作,即可通过系统实现自助查验通关,整个过程只需5—8秒钟。出入境管理部门为适应当前信息化趋势及出入境管理的新要求,推行了电子护照制度,不仅防伪功能非常强大,有效防止护照的篡改、窃取、复制,而且通过持有人信息电子化的方式实现了人员出入境电子化审核的目的。但总体而言,各执行部门间的数据传输、共享及互联互通水平依然不能有效满足货物与人员跨境运输便利化的要求。造成通关管理部门对货物与人员跨境运输的重复检查,要求重复提供资料的状况。离"一次申报、一次审单、一次查验"的通关要求尚有较大差距。

第四节 云南实施"GMS便利运输协定"便利化对策

自我国政府完成接受"GMS便利运输协定"、附件和议定书法律程序以来,"GMS便利运输协定"在云南的实施取得了重大进展,进一步推动并实施"GMS便利运输协定"对实施"桥头堡"战略具有紧迫性和重要意义。

云南进一步实施"GMS便利运输协定"的主要目标、工作思路和对策建议如下:

一、便利化推进目标

通过进一步推动和实施"GMS便利运输协定",到2013年底实现以下目标:

1. 允许对符合条件的跨境运输经营人从事跨境运输,跨境运输运营人资格的确认与审批、机动车登记牌号与登记证、机动车检验证和检验标志、跨境运输车辆行车证、跨境运输驾驶员资格及驾驶证的管理规范有序、手续办理流畅;

2. 承认其他缔约方主管机关颁发的跨境运输机动车登记牌号和登记证、机动车检验证和检验标志、驾驶证、行车证,并在指定通道(线路)开展货物和人员跨境运营;

3. 按国际通道要求,对未完成的跨境运输道路和桥梁、过境站点的基础设施建设进行改造,统一道路交通标志,全面实施跨境运输车辆第三者责任强制保险制度;

4. 初步建立起与缔约国相关部门的国家层面、省级层面、州(或县、市)层面、口岸层面等的合作与定期交流机制;

5. 初步建立起国内执行部门之间及与缔约国相关部门间的数据共享机

制,实现边境事务管理与跨境运输便利化的统一;

6."单一窗口检查"或"一站式通关检查"制度有效建立,全面实现人员跨境、货物跨境、跨境运输、车辆出入境、跨境运输经营的便利化。

二、便利化推进路径

推动"GMS 便利运输协定"的实施应紧紧围绕以下思路开展各项工作:

1. 强化对国内执行部门的协调与整合

"GMS 便利运输协定"的实施需要多部门的紧密配合,既包括国内与国外部门间的沟通交流并达成一致意见,也包括国内各执行关部门横向及纵向的交流与配合,因此部门之间的协调与整合是实施"GMS 便利运输协定"的关键。其次,在目前我国政府部门体制下,推动并实施"GMS 便利运输协定"的各执行部门是分立的,主要受行政约束,而这种行政约束力同时又因部门执行成本与利益而受到削弱,这就增加了执行部门间相互协作的难度,不利于"GMS 便利运输协定"的有效实施。同时执行单位的职责不明确,既影响"GMS 便利运输协定"的落实,也影响到资金的使用效率。因此,充实协调部门,并强化对执行部门的协调与整合就显得十分重要。再者,各执行部门在具体工作中提出的很多措施虽然是可行的,但大多涉及国家层面,是省一级的部门无法解决的,权限问题使推动"GMS 便利运输协定"实施的许多有益尝试无法大张旗鼓地进行。因此,云南省亟须争取国家政策的支持与国家层面相关部门的推动。

2. 强化与缔约国的交流与合作

"GMS 便利运输协定"大多数事项的有效实施需要与缔约国相关部门在取得共识和互信的基础上,以推动货物和人员跨境运输的便利化为共同目标,相互配合、协调一致才能实现,这就要求建立起高效的国内各层次执行部门与缔约国的交流与合作机制,通过交流体现各方的执行成本和利益诉求,通过合作共同推进"GMS 便利运输协定"事项的实施,缔约国各方既要按达成的共识和要求完成本方负责的"分内事宜",同时要完成对其他方的"配合事宜",进一步实现缔约国之间政策层面以及具体操作上的对接。

充分发挥"国家便利运输管理委员会"、"云南省便利运输领导小组"和各执行部门的协调功能,建立起多形式、多层次、全方位的与国外部门的定期会晤、学习交流、学术研讨、工作交流、磋商谈判、合作意向与备忘等合作与交流机制；加强与各缔约国部门的协调与沟通，商议并解决在推进"GMS便利运输协定"执行过程中存在的问题，促进各缔约国相关部门履行协定；就协定内容未得到落实之处展开商议等；发挥各类国际组织的约束力，对各缔约成员国行为进行监督和评估。

3. 促进国外和国内及国内各部门间管理数据的共享

跨境运输管理是一项多部门参与的庞大而复杂的系统工程，各执行部门的管理在追求货物运输与人员跨境便利化目标的同时，还肩负维护国家主权、抵制犯罪的重任。在技术手段落后和各部门数据无法共享的情况下，"边境事务管理要求"与"货物与人员跨境运输便利化"之间具有矛盾关系，手续重复与烦琐几乎是必然的结果。然而，降低边境事务管理要求下的货物和人员跨境运输的便利化是不可取的。在建立国与国、部门与部门之间互信的基础上，通过信息技术手段的提升，逐步推行包括检验检疫、通关、过境货物与人员等信息数据的共享，可以有效解决手续重复与烦琐的问题。同时，加大执法管理工具和手段现代化的投入，提升管理水平以解决边境事务管理与货物及人员跨境运输便利化之间的矛盾。

4. 加大对执行部门人员的培训和公众的宣传力度

相对于沿海发达地区，云南的开放度总体不高，对跨境运输及其管理特别是"GMS便利运输协定"的认知度不高，广大执行部门的工作人员、过境人员、各类服务机构等参与者尚不熟悉"GMS便利运输协定"的具体内容与技术标准要求，这极不利于"GMS便利运输协定"的实施。因此，各层次的协调与执行部门要加大政府执行人员关于"GMS便利运输协定"内容和技术标准的培训，提高工作人员的知识能力、外语水平、整合能力、信息技术应用等方面的专业技能，促进政府执行部门按照法规特别是"GMS便利运输协定"的要求依法执法；还要对货物与人员跨境运输的主要参与人和服务机构如旅行社、保险机构、担保机构、经贸企业、运输企业等的相关人员进行培训，促进这些机构按照国家法规特别是"GMS便利运输协定"的要求依法过境；同时，广泛利用包括电视、广播、报刊、网络等媒介加大对公众关于"GMS便利运输协定"及便利跨境运输的宣传。

5. 持续改善便利运输基础设施条件

"GMS 便利运输协定"对各国的国际道路、桥梁、口岸等基础设施提出了具体的要求，是"GMS 便利运输协定"的重要内容。为此，要持之以恒地加大国际道路、桥梁和口岸等硬件基础设施的建设，提升国际道路等级、完善道路配套设施、布局合理和合乎要求的查验场所，为货物与人员跨境的便利化奠定物质基础。目前，一是要尽快完成国际道路的防眩光设施、交叉口立交桥、安全护栏、紧急停车带、避险车道、动物下穿道等未符合"GMS 便利运输协定"要求的路段的改造、标注英文交通标志等工作；二是装备先进的技术设备，加强查验货场的建设，采用先进检验检疫技术和方法提升检验检疫水平；三是加快过境站点服务设施的建设，配置适应业务需要的人员，实现海关、检验检疫、公安边防及相关单位"一条龙"联合办公，将过境口岸建设成疏散有序、相对独立而又有机协调的功能体系。

6. 逐项对照"GMS 便利运输协定"，规范货物与人员便利运输管理

"GMS 便利运输协定"本质上只是一个框架性协定，之后各缔约国就协定的细化进行过多次多边和双边磋商，陆续出台了许多辅助性协定和文件，要求调整各缔约方部分原有政策与法规、实施办法和管理规定。但由于各缔约国在体制、文化背景及社会经济发展水平上存在差异，尚有许多相关政策法规有待完善。因此，各执行部门应在权限范围内，制定相应实施办法和管理规定，并促进国家层面部门调整跨境运输管理的相关政策与法规。按惯例并结合实情，出台相应的政策或法规，促进国内机构和缔约国相关机构采用国际标准，对没有国际标准的领域，通过多边或双方商议制定共同标准，规范便利运输管理。

三、云南进一步实施"GMS 便利运输协定"的分部门对策

按照上述指导思想、工作思路，各主要参与部门应采取切实有力的措施，协调统一、分工负责，努力实现"GMS 便利运输协定"实施的预定目标。

1. 云南省便利运输领导小组及其办公室。应进一步完善职能，促进地方政府与口岸管理各职能部门的沟通，改善陆路边境口岸通关作业环境，整合优化口岸资源；促进国家层面部门与缔约国在人员与货物跨境运输行动上的同一性；促进由交通部或云南省政府设立"GMS 国际通道便利运输推动专项经费"；每季度定期召开一次联席会议，并分别与其他缔约国成立"通关管理模

式调研小组",共同在口岸内外就具体事项进行调研,提出可行性意见或实施方案,供双方政府决策;促成国家交通运输部牵头每年举办一次"GMS便利运输协定"论坛。

2. 交通运输管理部门。安排专职(或兼职)人员(或部门)负责落实"GMS便利运输协定"工作;定期对跨境运输经营参与人进行"GMS便利运输协定"内容培训;会同相关部门研究并明确国内从事跨境运输车辆(装备)的外廓尺寸、轴荷、质量限值等标准;促进交通部会同相关部门启动瑞丽——木姐口岸的便利运输谈判,商签中缅汽车运输协定;促进交通部会同相关部门研究并解决泰方车辆不能入境云南,中方车辆不能入境泰国的问题;促进交通部会同相关部门与越方谈判并签署相关协定,实现中越双边"点到点直达运输";促进交通部会同保险公司等部门与其他缔约国磋商建立跨境车辆的强制第三方责任保险机制;促进交通部会同海关总署等部门正式授权中国道路协会为实施"GMS便利运输协定"中的发证与担保机构,并与其他五国尽快建立跨境运输担保机制;多渠道争取贷款和投资,加大对云南境内和其他缔约国境内道路建设资金的投入;尽快完善云南境内国际道路防眩光设施、交叉口立交桥、安全护栏、紧急停车带、避险车道、动物下穿道、标注英文交通标志等设施的建设;完善跨境运输经营人从事跨境运输资格确认与审批、机动车登记牌号与登记证、机动车检验证和检验标志、跨境运输车辆行车证、跨境运输驾驶员资格及驾驶证的管理。

3. 海关部门。定期针对海关执行人员及跨境运输经营参与人组织"GMS便利运输协定"技术标准等内容的培训与宣传;会同相关部门促进将云南边境口岸进出口关税和海关代征税收全部返还云南海关,专门用于加强国家一、二类口岸基础设施建设,亮化国门形象;定期与缔约国海关部门开展磋商与沟通,促进境内外通关程序与步调的一致和海关单证格式的统一;对国内国外通关手续中重叠部分进行合并和互认;研究并调整通关手续的先后次序,优化通关业务流程;参照欧盟做法,促进各缔约国开发并使用统一的信息系统,促进通关基础数据的共享;持续提升无纸化通关水平;会同相关部门研究并建立"单一窗口检查"或"一站式通关检查"制度。

4. 公安部门。定期针对签证人员、边防及出入境管理人员、国际通道公安交通执法人员组织"GMS便利运输协定"技术标准及内容的培训,多渠道对跨境运输经营参与人进行边防与交通管理宣传;会同相关部门促进与缔约国实施跨境运输车牌统一制度。会同相关部门建立允许缔约国从事道路运输的驾驶员、乘务人员或从事商务活动的跨境人员办理多次出入境签证制度;会同海关部门、检验检疫部门、交通运输管理部门研究"单一窗口检查"或"一站式通关检查"制度,促进国内主要执行部门间的数据共享;组建省、州(市)涉外便利运输公安交通管理机构(或部门);以信息化为主导,以指挥中心为平台,以监控通讯系统为依托,以实时可视可控为目标,将边防检查梅沙系统、网上预报检系统和视频监控通讯系统以及电子门禁系统的开发建设纳入口岸检查检验配套设施建设规划。

5. 检验检疫部门。定期与缔约国检验检疫部门开展磋商与沟通,简化检验检疫手续,统一检验检疫文件与程序,建立与缔约方检验检疫部门数据共享制度;以"电子申报、电子监管、电子放行"为核心,打造"电子审单快速核放系统"、"企业电子档案"、"通关单联网核查系统"、"边贸检验检疫业务管理子系统"、"标准管理查询系统"、"企业质量信用系统"、"口岸视频监控系统"等,全面实现检验检疫上的"一次报检、一次计收费、一次取样、一次检验、一次卫生处理、一次出证放行"的"六个一";加大供货物检验的仓库或储藏室、集装箱仓库、供所运转动物休息、饲养及饮水的驿站等的检验检疫基础设施的建设。

参 考 文 献

陈才:《世界经济地理》,北京师范大学出版社 1999 年版。

陈文科:《长江经济带开放开发研究》,湖北人民出版社 2010 年版。

陈秀山、张可云:《区域经济理论》,商务印书馆 2003 年版。

陈波莅:《区域综合运输通道的界定》,《交通企业管理》2011 年第 4 期。

陈桦楠、姜德波:《长三角区域市场的地区分割—基于边界效应模型的分析》,《农业经济研究》2006 年第 5 期。

陈晓竹:《运输通道节点协调性分析》,《西华大学学报(自然科学版)》2011 年第 5 期。

程智培、张殿臣、徐长祥:《新亚欧大陆桥》,海洋出版社 1991 年版。

丁斗:《东亚地区的次区域经济合作》,北京大学出版社 2001 年版。

戴洁:《谈交通区位及交通区位线》,《内蒙古公路与运输》2009 年第 2 期。

董华艳:《浅析公路交通在经济发展中的作用》,《中国外资》2011 年第 17 期。

董千里:《高速路网与区域经济一体化发展研究》,人民交通出版社 2007 年版。

董锁成:《经济地域运动论—区域经济发展的时空规律研究》,科学出版社 1994 年版。

杜肯堂、戴士根:《区域经济管理学》,高等教育出版社 2004 年版。

方维慰:《区域一体化趋势下国家的边界功能》,《西安联合大学学报》1999 年第 2 期。

费志荣,刘小明:《西部地区综合运输通道规划多目标优化模型》,《北京工业大学学报》2010 年第 3 期。

丰伟、李雪芹：基于熵理论的综合运输通道耗散结构分析》，《铁道运输与经济》2010年第1期。

冯邦彦、段晋苑：《边界效应与港深跨境区域合作》，《特区经济》2007年第1期。

付红：《区位理论研究及对外商直接投资的启示—基于集聚的视角》，《河北学刊》2010年第1期。

付晓豫、荆新轩、施其洲：《基于神经网络的运输通道—经济带系统的耦合度计算与分析》，《铁道学报》2010年第1期。

高美真：《欧亚运输便利化与交通合作发展设想》，中国公路学会公路规划分会2006年论文集。

高新才、张婷婷：《产业区位选择因素研究综述》，《中国流通经济》2009年第2期

葛喜俊、刘凯：《物流区位及其空间结构分析》，《生产力研究》2009年第9期。

郭洪太、刘雅杰：《交通运输管理》，人民交通出版社2005年版.

韩增林等：《交通经济带的基础理论及其生命周期模式研究》，《地理科学》2000年第4期。

韩增林、刘伟、王利：《"点—轴系统"理论在中小尺度区域交通经济带规划中的应用—以大连旅顺北路产业规划为例》，《经济地理》2005年第5期。

韩增林等：《交通经济带的基础理论及其生命周期模式研究》，《地理科学》2000年第4期。

海峰：《区域物流论》，经济管理出版社2006年版。

韩彪：《交通经济学》，经济管理出版社2000年版。

黄承锋、宾雪峰：《试论运输通道的概念》，《重庆交通学院学报（社会科学版）》2011年第4期。

黄承锋：《论运输通道的时空结构及合理性》，《综合运输》2008年第9期。

黄承锋：《运输的交易成本与运输通道的产业区位优势》，《重庆交通学院学报》1999年第1期。

黄晶晶、张旭：《民族地区经济发展中的区位因素分析》，《农村经济与科

技》2010 年第 3 期。

黄静兰:《道路运输结构现状分析及调整建议》《综合运输》2005 年第
1 期。

黄强:《推进长江综合运输通道建设研究》,《中国水运》2009 年第 9 期。

黄承锋:《运输通道合理运行及经济聚集作用研究》,重庆大学 2001 年博
士学位论文。

郝寿义:《区域经济学原理》,上海人民出版社 2007 年版。

何多奇等:《美苏区域开发:历史·经验·启示》,中央文献出版社 2006
年版。

黑龙江社会科学院西伯利亚研究所:《苏联西伯利亚和远东经济概况》,
人民出版社 1983 年版。

胡鞍钢、王绍光、康晓光:《中国地区差距报告》,辽宁人民出版社 1995
年版。

蒋仁才、荣朝和、李雪松:《发达国家放松运输管制原因的理论分析》,《经
济学家》1996 年第 6 期

荆新轩、付晓豫、施其洲:《京沪运输通道—经济带系统协调研究》,《铁道
运输与经济》2009 年第 7 期。

李成勋:《区域经济发展战略学》,社会科学文献出版社 2009 年版。

李平、李义敢主编:《泛亚铁路新加坡至昆明通道研究》,云南民族出版社
2000 年版。

李芹芳、任召霞:《经济地理学》,武汉大学出版社 2010 年版。

李师程:《大通道经济与贸易区经济》,上海交通大学出版社 2002 年版。

李铁立:《边界效应与跨边界次区域经济合作研究》,中国金融出版社
2005 年版。

李拓晨、周强:《国际贸易》,哈尔滨工业大学出版社 1998 年版。

李维斌:《公路运输组织学》,人民交通出版社 2004 年版。

李晓帆:《生产力流动论》,人民出版社 1993 版。

李玉、陆庭恩:《中国与周边及"9.11"后的国际局势》,中国社会科学出版
社 2002 年版。

李善同、冯杰:《我国交通基础设施建设与区域协调发展》,《铁道运输与

经济》2002 年第 10 期。

李铁立、姜怀宇:《边境区位及其再创造初探》,《世界地理研究》2003 年第 4 期。

李郇、徐现祥:《边界效应的测定方法及其在长江三角洲的应用》,《地理研究》2006 年第 5 期。

李稚:《综合运输系统通道功能结构的系统分析与研究》,《交通运输工程与信息学报》2011 年第 1 期。

梁吉义:《区域经济通论》,科学出版社 2009 年版。

梁胜利:《通道经济扬帆起航》,广西人民出版社 2006 年版。

梁中:《基于可达性的区域空间结构优化研究》,南京师范大学 2002 年硕士学位论文。

刘斌:《产业集聚竞争优势的经济分析》,中国发展出版社 2004 年版。

刘德生:《世界自然地理》,高等教育出版社 1986 年版。

刘鹏:《高速铁路对综合运输通道货运的影响研究》,《综合运输》2011 年第 6 期。

刘强:《区域运输通道交通方式选择 3 层模型》,《哈尔滨工业大学学报》2011 年第 8 期。

刘昕:《区域经济发展的扩散效应研究—以"哈大齐工业走廊"为例》,《经济研究导刊》2009 年第 9 期。

刘奕、贾元华、朱俊峰:《综合运输通道结构演化的自组织机制研究》,《综合运输》2009 年第 8 期。

鹿彦、李玉江:《基于要素禀赋和区位环境视角的中国区域比较优势分析》,《西南民族大学学报(人文社科版)》2009 年第 12 期。

鲁传一:《资源与环境经济学》,清华大学出版社 2004 年版。

陆大道:《区位论及区域研究方法》,科学出版社 1988 年版。

陆大道:《区域发展及其空间结构》,科学出版社 1995 年版。

栾贵勤:《区域经济学》,清华大学出版社 2008 年版。

吕春城:《国际贸易学原理》,中国财政经济出版社 2002 年版。

孟庆红:《区域优势的经济学分析》,西南财经大学出版社 2000 年版。

蒲开夫:《关于霍尔果斯口岸发展国际大物流的若干设想》,《大陆桥视野》2010 年第 10 期。

　　秦四平:《运输经济学》,中国铁道出版社 2004 年版。

　　芮杏文等:《新亚欧大陆桥(中国段)经济带开发的战略思考》,《中国软科学》1998 年第 8 期。

　　施祖麟:《区域经济发展:理论与实证》,社会科学文献出版社 2007 年版。

　　孙杰、陈修颖:《产业区位方法研究的新进展》,《产业与科技论坛》2009 年第 1 期。

　　邵俊杰:《货物运输通道的演变及实证研究》,北京交通大学 2010 年博士学位论文。

　　苏东水:《产业经济学》,高等教育出版社 2000 年版。

　　苏兆国:《基于集聚效应的企业区位选择研究》,西南交通大学 2009 年硕士学位论文。

　　覃娟:《广西口岸建设与通关便利化——基于中国—东盟自由贸易区背景的研究》,《经济与社会发展》2010 年第 9 期。

　　唐建:《市场经济条件下的交通运输经济管理》,《时代经贸》2008 年第 6 期。

　　田鹏:《京津廊运输通道综合交通发展研究》,《产业与科技论坛》2011 年第 13 期。

　　王建廷:《区域经济发展动力与动力机制》,上海人民出版社 2007 年版。

　　王磊:《大开发—世界各国开发落后地区实录》,北京图书馆出版社 2000 年版。

　　王韶玲、崔日明、罗军:《国际贸易》,辽宁大学出版社 1999 年版。

　　王晓菊:《俄国东部移民开发问题研究》,中国社会科学出版社 2003 年版。

　　王之泰:《现代物流学》,中国物资出版社 2001 年版。

　　王谷成:《港口区位价值理论探析》,《经济研究导刊》2009 年第 23 期。

　　王鹏:《贯通亚欧大陆桥打造东方桥头堡》,《大陆桥视野》2009 年第 1 期。

　　王爽:《论经济与交通协调发展策略》,《黑龙江交通科技》2009 年第 2 期。

王晔倩、林理升:《引力模型与边界效应分析—以长三角和珠三角服务贸易为例》,《上海经济研究》2006 年第 8 期。

王瑛:《发展通道经济的理论探讨》,《改革与战略》2004 年第 10 期。

吴彪等:《基于运输通道理论的高速公路对哈大齐工业走廊影响研究》,《价值工程》2010 年第 25 期。

吴文化:《中国交通运输效率评价体系研究分析》《综合运输》2005 年第 1 期。

武前波、宁越敏:《中国制造业企业 500 强总部区位特征分析》,《地理学报》2010 年第 2 期。

魏后凯、刘楷、周民良:《中回地区发展—经济增长、制变变迁与地区差异州》,经济管理出版社 1997 年版。

谢如鹤:《物流系统规划原理与方法》,中国物资出版社 2004 年版。

谢卓然:《西藏与南亚贸易的通道建设与区域经济发展研究》,北京工业大学 2003 年硕士学位论文。

熊清华、王崇理:《云南"国际大通道"建设理论探索》,云南人民出版社 2002 年版。

夏海斌等:《基于 GIS 的中国县级尺度交通便利性分析》,《地域研究与开发》2006 年第 3 期。

徐明德、王森:《基于道路和城镇的区位优势度分析》,《世界地理研究》2009 年第 4 期。

徐剑华:《运输经济学》,北京大学出版社 2009 年版。

许桂灵:《中国泛珠三角区域的历史地理回归》,科学出版社 2006 年版。

许学强、周一星、宁越敏:《城市地理学》,高等教育出版社 1997 年版。

杨万钟:《上海及长江流域地区经济协调发展》,华东师范大学出版社 2001 年版。

杨兆生:《交通运输系统规划》,人民交通出版社 2004. 年版。

杨兆生:《运输系统规划与模型》,人民交通出版社 1996 年版.

杨明华、洪卫、高燕梅:《论交通经济带的一些基本问题》,《重庆交通学院学报(社科版)》2004 年第 4 期。

姚士谋、朱振国、官卫华:《大都市圈域交通走廊建设的新思维》,《城市》

2003 年第 5 期。

姚兵、刘咏梅：《打造西江亿吨黄金水道推进区域经济合作发展》，广西人民出版社 2009 年版。

余巧凤，梁栋：《铁路运输通道现状分析与发展设想》，《铁道经济研究》2009 年第 2 期。

于世军、梁先登、刘英舜：《运输通道结构变动的机理研究》，《综合运输》2011 年第 2 期。

袁洪泉、庄玉平：《泛珠三角地区经济一体化的经验分析—从市场边界效应的视域》，《市场论坛》2006 年第 11 期。

叶裕民：《中国区域开发论》，中国轻工业出版社 2000 年版。

殷剑平：《早期的西伯利亚对外经济联系》，黑龙江人民出版社 1998 年版。

张敦富：《区域经济学原理》，中国轻工业出版社 2002 年版。

张帆、李东：《环境与自然资源经济学》，人民出版社 2007 年版。

张国伍：《交通运输系统分析》，西南交通大学出版社，1991 年版。

张可云：《区域经济政策》，商务印书馆 2005 年版。

张培刚、杨建文：《新发展经济学》，河南人民出版社 1999 年版。

张文尝、金凤君、樊杰：《交通经济带》，科学出版社 2002 年版。

张红丽：《高速公路建设运营对沿线产业—经济带经济发展影响的实证分析》，辽宁师范大学 2002 年硕士学位论文。

张铱莹：《基于场论的运输通道聚散效应研究》，西南交通大学 2009 年博士学位论文。

张国文：《聚散原理——可持续发展的一般理论》，《系统科学学报》2006 年第 2 期。

张文尝：《工业波沿交通经济带扩散模式研究》，《地理科学进展》2002 年第 4 期。

张文尝：《运输通道系统分析》，《交通运输系统工程与信息》2001 年第 2 期。

张学良：《中国交通基础设施与经济增长的区域比较分析》，《财经研究》2007 年第 8 期。

张铱莹、彭其渊:《论运输通道的聚散现象》,《铁道运输与经济》2010 年第 2 期。

赵淑芝:《运输经济分析》,人民交通出版社 2008 年版。

赵永亮、徐勇:《制度因素与贸易的边界效应》,《国际贸易问题》2007 年第 9 期。

朱传耿、沈山、仇方道:《区域经济学》,中国社会科学出版社 2001 年版。

朱海:《运输通道与城市群空间结构发展的适应性分析》,《铁道运输与经济》2011 年第 5 期。

中国大百科全书总编辑委员会、《世界地理》编辑委员会:《中国大百科全书·世界地理》,中国大百科全书出版社 1990 年版。

中国社会科学院美国研究所:《美国年鉴 2004》,中国社会科学出版社 2004 年版。

[美]美国国务院国际信息局:《美国地理概况》,杨俊峰等译,辽宁教育出版社 2003 年版。

[美]保罗·克鲁格曼:《国际贸易新理论》,张兆泽译,社会科学版社 2000 年版。

[美]詹姆斯·多尔蒂、小罗伯特·普法尔茨格拉芙:《争论中的国际关系理论》,阎学通等译,世界知识出版社 2003 年版。

[英]巴里·菲尔德、[美]玛莎·菲尔德:《环境经济学》,原毅军、陈艳莹译,中国财经出版社 2006 年版。

Andrés Monzón, Alvaro Rodríguez-Dapena: "Choice of mode of transport for long-distance trips: Solving the problem of sparse data", *Transportation Research Part A: Policy and Practice*, Vol. 40, No. 7, 2006.

Ashish Verma, Devendra Upadhyay, Rahul Goel: "An integrated approach for optimal rail transit corridor identification and scheduling using geographical information system", Journal of King Saud University-Science, Vol.23, No.3, 2011.

Aura Reggiani, Giorgio Lampugnani, Peter Nijkamp, Gerard Pepping : "Towards a typology of European inter-urban transport corridors for advanced transport telematics applications", Journal of Transport Geography, Vol. 3, No.1, 1995.

Bliss, Christopher: Economic theory and policy for trading blocks,

Manchester：Manchester University Press，1994.

　　Boarnet.M.G："Spillovers and the locational effects of public infrastructure"，Journal of Regional Science"，Vol.38，No.3，1998.

　　Capello R："Spatial Transfer of Knowledge in Hi-Tech Milieux：Learning Versus Collective Learning Progress"，Regional Studies，Vol.33，No.4，1999.

　　Daniel Campos，Joaquim Fort，Vicenç Méndez ："Transport on fractal river networks：Application to migration fronts"，Theoretical Population Biology，Vol. 69，No.1，2006.

　　Friedmann J：Regional development policy：a case study of Venezuela，Cambridge，Mass.and London，MIT Press，1966.

　　Malin J. Hansen，Anthony P. Clevenger："The influence of disturbance and habitat on the presence of non-native plant species along transport corridors"，Biological Conservation，Vol .125，No.2，2005.

　　Martin Wietschel，"Ulrike Hasenauer Feasibility of hydrogen corridors between the EU and its neighbouring countries"，Renewable Energy，Vol.32，No. 13，2007.

　　Myrdal G：Economic theory and underdeveloped regions，London：Duckworth Press，1957.

　　Peter J. Mackie："Induced traffic and economic appraisal"，Transportation，Vol.23，No.1，1996.

　　Sergio Jara-Díaz，Alejandro Tirachini，Cristián E. Cortés："Modeling public transport corridors with aggregate and disaggregate demand"，Journal of Transport Geography，Vol.16，No. 6，2008.

　　Thisse，Jaques-Fracois："Location Theroy，Regional scence And Economics"，Journal of Regional science，Vol.27，No.4，1987.

　　TRB，*National Research Council. Multimodal Corridor and Capacity Analysis Manual*，Washington，D. C，National Academy Press，1998.

　　United States Information Agency：*An Outline of American geography*，Washington，D. C，New York University Press，1985.